兩岸關係中的交往理性

唐樺 著

崧燁文化

目 錄

前言 研究緣起

第一章 交往理性：兩岸關係研究的新視角
　　第一節 從合理性到交往理性
　　第二節 交往理性理論的主要內容
　　第三節 交往理性理論適用於兩岸關係分析

第二章 從「獨白」到「對話」：兩岸關係的認識論轉向
　　第一節 「獨白」的「自我中心」困境
　　第二節 「主體間性」建構下的「對話」
　　第三節 兩岸關係在我們的「理解」中流動

第三章 「對話」，還是「獨白」：兩岸關係的現實嬗變
　　第一節 李登輝時期：前期對話，後期獨白
　　第二節 陳水扁時期：獨白為主，兼有對話
　　第三節 馬英九時期：對話為主，兼有獨白
　　第四節 2009 年兩岸關係備忘錄
　　第五節 2010 年兩岸關係的回顧與展望

第四章 「交往」與「仁」的契合：兩岸共同的儒學傳統
　　第一節 兩岸共同的文化傳統
　　第二節 以「二」釋「仁」
　　第三節 「文化中國」與儒學發展
　　第四節 兩岸對話的倫理資源

第五章 理性的共識何以可能：走向商談型兩岸關係
　　第一節 商談倫理
　　第二節 商談型兩岸關係

第六章 兩岸理性交往的制度分析
　　第一節 新制度主義理論
　　第二節 兩岸關係是一種制度
　　第三節 制度變遷中兩岸合作的供給不足

第七章 兩岸合作的行動資源
　　第一節 社會資本的概念釐定
　　第二節 兩岸關係中的社會資本
　　第三節 兩岸合作的物質載體：社團

第八章 培育兩岸理性交往的公共領域
　　第一節 公共領域的緣起及界定
　　第二節 從兩岸傳媒交流歷程看公共領域的實踐
　　第三節 構建兩岸理性交往的公共領域

第九章 和平發展時期兩岸青年的交往實踐
　　第一節 兩岸青年交流現狀及認知障礙
　　第二節 兩岸青年社團聯合
　　第三節 深化兩岸青年交流的建議

第十章 主觀博弈論與兩岸政治互信
　　第一節 兩岸政治互信的博弈詮釋
　　第二節 兩岸政治互信的演進軌跡及深層基礎

結語 培育兩岸關係中的共同認知
參考文獻
後記

前言　研究緣起

　　從曾經的衝突與對抗，到如今的和解與交流，現在兩岸直航，臺灣朋友一個多小時就可以來到廈大美麗的芙蓉湖邊，臺灣也隨著兩岸關係的發展在我們這輩青年人眼裡由模糊漸漸清晰。但是，為什麼講著同樣的方言，祭拜同樣的祖宗，卻不能和諧地生活在一起？懷著這樣的疑惑，我進入臺灣研究院開始了深入認識臺灣的旅程。兩岸關係既是一種能夠渴望去理解存在的存在，也是最為有趣的存在。這令我一直很想要去瞭解兩岸關係的處境。廈大政治系整整十年的學養，令我覺得有必要尋找到適合自己的研究方法。目前哲學在兩岸關係領域中尚沒有得到很好的使用，而它其實能夠拓展我們對於兩岸關係的視野。對人類處境最早準確的描述，大概就是柏拉圖的洞穴喻：「有一個洞穴式的地下室，一條長長的通道通向外面，有微弱的陽光從通道裡照進來。有一些囚徒從小就住在洞穴中，頭頸和腿腳都被綁著，不能走動也不能轉頭，只能朝前看著洞穴後壁。在他們背後的上方，遠遠燃燒著一個火炬。在火炬和人的中間有一條隆起的道路，同時有一堵低牆。在這堵牆的後面，向著火光的地方，又有些別的人。他們手中拿著各色各樣的假人或假獸，把它們高舉過牆，讓他們做出動作，這些人時而交談，時而又不做聲。於是，這些囚徒只能看見投射在他們面前的牆壁上的影像。他們將會把這些影像當作真實的東西，他們也會將回聲當成影像所說的話。此時，假如有一個囚徒被解除了桎梏，被迫突然站起來，可以轉頭環視，他現在就可以看見事物本身了；但他們卻以為他現在看到的是非本質的夢幻，最初看見的影像才是真實的。而假如有人把他從洞穴中帶出來，走到陽光下面，他將會因為光線的刺激而覺得眼前金星亂蹦，以至什麼也看不見。他就會恨那個把他帶到陽光之下的人，認為這人使他看不見真實事物，而且給他帶來了痛苦。但柏拉圖強調，只要有一個逐漸習慣的過程，他的視力就可以恢復，首先大概看陰影最容易，其次是

看人或事物在水中的倒影，再次是看事物本身，在夜間觀察天象，之後就可以在白天看太陽本身了。」柏拉圖的洞穴喻描述了人類的根本處境，人是其所處時代及場所中權威意見的囚徒。兩岸關係研究中最大的問題就是，我們生活在眾人的眼光和我們自己的眼光之中，經年累月，已經習以為常，習焉不察。這眼光包圍著我們，讓我們以為，我們看見的，就是世界，就是事實的全部。當這包圍著我們的眼光內化為我們自己身體的一部分時，我們會變成我們想要看見的東西，我們才看得見；而我們不想看見的東西，我們果然就也看不見了。而使我能看到洞穴的，則是來自於哈貝馬斯的交往理性理論。

過去的兩岸關係，臺灣和大陸基本上是各自孤立地被研究，更多地是從各自的出發點來看待對方。交往理性以主體間性為基礎，將兩岸關係界定在社會聯繫上。過去由於政治上的緊張，使得兩岸交往的合理結構被嚴重侵蝕，導致了判斷標準的模糊以及人際關係的破壞。交往行動以溝通為取向，參與者是為了達致理解；策略行動以目的為取向，參與者是為了滿足各自的需要。兩岸關係被看做是交往實踐，有一個共同預設的前提，即自我與物件的內在同一性，即自我本來在物件之中，物件本來在自我之內，這樣兩岸才能形成相互交往的關係。交往象徵著人在物件化活動中的一種生存境遇，只有當其與物件實現內在的同一的時候，他才是交往的。在認識論上，他者的意義在於，他是一個使我作為認識主體而成為可能、使我的認識過程的開展能賴以進行的存在。同時，他是一個我在認識之際，無法僅憑自己的判斷和認識就能信以為真，從而必須以其為參照並考慮他的認識和判斷的那種存在。在生存論意義上，他者不同於我、獨立於我，同時又與我相「類」似、相關聯。他人是這樣一種存在，就是我的生命在根本上不能與之相分離，而是我生命和享受的物件化和直接實現，是我生存的依託以及生命的價值、源泉和意義之所繫，同時他人也是損害我、剝奪我、遠離我，從而使我們感到喪失生命和意義的那樣一種可怕的、令人恐懼的存在。他人也是這樣一種存在，就是我不能以對待物的方式加以對待的，或者縱然我以物的方式加以對待，卻令我感到或應該感到某種不安、愧疚以及內在的責任。

兩岸關係是歷史存在的，從根本上說是先見的存在。理解者無法從根本上擺脫自身與生俱來的前見。先見是理解得以可能的前提，就是歷史給予我們的一

切。先見規定了理解者的視域，決定了他所能夠看到的東西及理解的程度，即理解總是受到前理解的侷限的。我們是從我們的前見出發來理解兩岸關係的，我們必須承認理解者也是歷史的存在，是具有前見的存在，其自身的特殊性和歷史侷限性也是無法消除的。理解永遠不可能是一個全新的精神狀態也不可能從沒有某種理解的狀態產生出來。在任何新的理解發生之前，「先見」是主體所熟悉和理解的東西，因為「先見」正是主體進行理解前的已理解的精神儲備。歷史研究離現實、離政治越近，「客觀」與「主觀」之間的關係可能就越緊張。主體間性理解意味著這樣的可能性：我能認識他人的人性，並能像看待我的自我一樣看待他人的自我；我能像理解我自己一樣理解他們的意圖、動機和感覺；我能期望他們理解我，我能與他們一起工作、與他們發生關係、和他們一起生活，我能分享他們的興趣、目標和觀點。他人的意識與我們的意識的進行過程在時間上是平行的，兩者在社會互動中同時發生並交錯在一起，這就是主體間關係的本質，也是我們理解他人的基礎。從另一個角度看，我們瞭解他人又甚於瞭解自己，因為當他人的主觀經驗實際發生時，我們可以觀察和感受它們，而我們只有等自己的經驗成為過去時才能對它加以反思性的對待。我們對自我的認識只有透過反思才能完成，我們只能在反思中把握自己的感受，也就是對過去的感受的把握，而不是對現在正在進行的感受的把握。任何一個人都可以把握其他人現在的感受，我可以認識他人的現在，他人也可以認識我的現在，但是，沒有人可以在行動中看到自己。因此，主體間性的理解才是兩岸關係的真正的理解。

　　本書的篇章結構具體安排如下：總共分為十章。第一章主要是梳理交往理性的理論，同時探討交往理性理論適用於兩岸關係研究的適當性。哈貝馬斯建構交往理性以對抗工具理性，此一思路很適合當前兩岸關係的研究，尤其是將兩岸關係界定為大陸和臺灣兩個行為主體之間的互動，則其交往的合理性就存在於彼此之間的持續互動中，從兩岸關係是一種交往實踐來反思兩岸關係概念本身。第二章主要是從認識論的視角來探討兩岸關係的發展。傳統的意識形態話語模式，嚴重妨礙了兩岸交流和瞭解，這種扭曲的交往持續了很久，當前兩岸關係進入了和平發展時期，但是固有的交往模式依然存在，所以需要去深入分析這種困境。交往理性的核心概念是主體間性，如果理解的主體是兩岸各自的孤立活動，那麼經

驗的溝通和理解則不可能，更不用談共識了。從主體性到主體間性的發展為兩岸關係從對話到獨白的轉向提供了認識論的基礎。第三章主要是從兩岸關係的整個歷史發展過程入手，以對話、獨白為分析要素，從李登輝時代、陳水扁時代和馬英九時代分別來分析其中的特點，同時對近兩年的兩岸關係進行詳盡的回顧及展望。第四章主要是探討交往理性與儒家思想的契合性。兩岸具有共同的儒學傳統，可以嘗試發展出一種別具一格的兩岸交往理性，使儒學中的人倫與事理、交往性與合理性有機地結合。第五章確定交往理性的最終目的是透過建立程式化的兩岸民眾參與機制及公共領域，使民眾透過對話參與到兩岸關係中去。梳理哈貝馬斯商談倫理的主要特點，以此發展出商談型兩岸關係的模式。在兩岸共同的「生活世界」中實現符合交往理性的「話語意志」的平等和自由：不論話語活動的參與者的社會政治經濟地位如何，在不允許使用權力和暴力的前提下，每一個人都應享有平等的發言權。第六章是從新制度主義的視角入手分析兩岸關係中規則的形成。把兩岸關係看做一種制度，則可以分析出制度變遷中兩岸合作供給不足的原因。第七章從社會資本的概念入手，認為要實現兩岸關係和平發展，有賴於兩岸之間社會資本的塑造，和平發展的兩岸關係也為社會資本的重塑提供了良好的機制。一個綜合的促進兩岸關係和平的社會資本培育框架是政府權威結合社團交往的上下良性互動。正是政府和社團組織的合作和互動，使得兩岸關係中的社會資本存量不斷提升。第八章從哈貝馬斯的公共領域概念入手，透過兩岸傳媒交流的歷程分析來思考兩岸公共領域的實踐，搭建公共議程平臺，培育最具有潛力的公共領域，透過公權力和私領域之外的機制化商談，兩岸民眾就兩岸的公共事務進行相互協商，以形成公共輿論，表達兩岸民眾的共同意願，並就與普遍利益相關的問題最終導向共識。第九章則是從認知理論和雙重態度模型入手，分析和平發展時期兩岸青年交流的現狀，及其障礙因素以及成因，透過一種兩岸青年交互參與網路，特別是兩岸間青年社團的合作，能更好地解決兩岸青年交流中集體行動的困境。第十章則是從青木昌彥的主觀博弈論視角出發，重構兩岸關係中的政治互信。政治互信內生於兩岸參與者的博弈過程，並作為博弈的均衡形態外化形式出現，得以成立取決於兩岸在博弈過程中構建的一系列制度。理解兩岸政治互信的發展過程就等於理解兩岸參與人協同修正其理念的方式，有利於減少兩

岸交往的複雜性。兩岸的政治互信就是我們在互為「他者」的情境下，互相理解，然後形成共同理解。透過對政治互信演進軌跡的歷史分析，梳理出政治互信的邏輯起點、關鍵節點和路徑依賴機制。結束語則是從主客觀兩個方面對增進兩岸關係的和平發展提出一種現實建構，即一種公共秩序和集體行動邏輯的達成，以及制度創新和文化實踐的促動。

維特根斯坦說：「許多對我們至為重要的事物，卻由於他們的簡單易懂與為人所熟悉而被隱蔽（人們總是無法注意到常駐足於他們眼前的事物）」。在兩岸關係中建立交往理性，要求兩岸關係中不要只注意目的一手段的工具合理性，要以語言為媒介，注重對話，加強溝通，相互理解，達成共識。在進行交流之前，需要對他者的狀況有一種敏感意識。換句話說，兩個人完全可能在一個相交點上相遇，以解決重大分歧或開闢一個合作領域。當雙方建立了足夠的信任從而可以懷著相互尊重的意識面對面坐下時，一種富有成效的對話才真正開始。透過對話，可以欣賞他者的價值。差異是值得慶倖的，因為它擴展了雙方的視野。這樣的對話不是說服或壓服的技巧，它將透過分享對方的價值而建立相互理解並共同創造一種全新的生活意義。傾聽不同的聲音，向不同的視野開放，反省自己的預設，分享真知灼見，發現彼此心領神會的空間就能為兩岸開闢出最佳路徑。需要的，其實不過是一個自由、具有開拓性和理性的公共論述空間，進一步交流的可能。畢竟經驗常常成為人們唯一的價值判斷取向。兩岸分離太久，不僅隔著海峽，還隔著歷史，隔著制度，更像是太極圖中的陰陽兩極，異質衝突卻又相抱而生。碰撞和誤解是因為我們總是把自己建成一堵堅硬的牆。如果把自己當成一扇門，就能讓自己通透，也讓對方通過。陳孔立老師說過：要有同胞的情誼，要有同情的理解。劉國深教授說過：無知才是兩岸最大的敵人。所以，有著「無可救藥愛國心」的我們在前輩的諄諄教誨下，秉持著寶貴的同理心去學著傾聽，學著相互理解，不斷地把「他」變成「我們」，讓海峽變窄，讓島嶼變寬。

最後附上我在愛河根據高雄的十條道路以及我們同行十人的情誼寫下的詩。

望海潮

　　序：戚繼光封侯非我意，但願海波平。

君不見十全天子平寇碑，

鷺島一剎立南壁。

君不見天下圍攻紅顏漫，

漢家天子重少年。

穿雲破霧入高雄，

條條大路何等閒。

九如八德星月皎，

竹林七賢久寂寥。

靖海施公神裊裊，

倚天長劍誰脫鞘。

六合明，雲夭矯，

五福梅，香飄渺。

綿幽無人覺，

太虛元始無聲臭。

兩岸一水潮音牽，

桂月海信共嬋娟。

四維於穆天之命，

骨肉相依更相偎。

三多竹葉報平安，

涇渭分明待釣翁。

二聖毋意必固我，

浩然至誠易春秋。

芸萬物，歸一心，

周公吐輔乾坤定，

源在一呼一吸間。

第一章　交往理性：兩岸關係研究的新視角

交往在哈貝馬斯理論的語境下有廣義和狹義之分，廣義的交往大致相當於亞里斯多德意義上的實踐，即是一種旨在實現一種目的的行為，也就是有目的地、因果地介入客觀世界的行為；狹義的交往則主要是指人與人之間的語言交流和溝通。哈貝馬斯在分析交往行為和生活世界的過程中，建構起交往理性概念，並賦予交往理性以彌補合理性、對抗工具理性的使命。兩岸關係主要是指大陸和臺灣兩個行為主體之間的互動以及由兩岸行為主體組成的兩岸的聯動關係。兩岸交往的合理性不表現為透過個體的自我反思可以找到標準，而存在於兩岸的主體和主體之間持續進行、生動多變的交往、討論和批判之中。這個層面上，兩岸關係是一種交往實踐。

第一節　從合理性到交往理性

一、馬克思・韋伯合理性理論的啟示

在19世紀，出現了關於當時的西方社會的兩極的看法：一極是以黑格爾和馬克思為代表的所謂自然主義進化論或客觀歷史哲學的樂觀立場；另一極是以曾宣布上帝和啟蒙主義理性的死亡的尼采為代表的悲觀的虛無主義。「合理性」概念是古典社會學家馬克思・韋伯繼承和發揮黑格爾哲學中關於「理性」是事物的本質和內在規律的思想後得出的一個重要概念。他從理性出發探討歐洲工業文明的進程以及解釋它所帶來的一般性社會問題，將歐洲資本主義現代化合理性化視

作同一歷史過程,這給哈貝馬斯以正面的啟迪,同時也使哈貝馬斯認識到要真正把握歐洲現代化的真諦,必須超出韋伯的合理性理論。

　　韋伯從分析人的社會行為入手,將社會行為分為:目的—工具合理性行為、價值合理性行為、傳統行為和情感行為。他說:「如同任何行為一樣,社會行為也可以由下列情況來決定:1.目的合理性的,即透過對外界事物的情況和其他人的舉止的期待,並利用這種期待作為『條件』或者作為『手段』,以期實現自己合乎理性所爭取和考慮的作為成果的目的;2.價值合乎理性的,即透過有意識地對一個特定的舉止的——倫理的、美學的、宗教的或作任何其他闡釋的——無條件的固有價值的純粹信仰,不管是否取得成就;3.情緒的,尤其是感情的,即由現時的情緒或感情狀況;4.傳統的,由約定俗成的習慣。」[1]在這其中,前兩種社會行為是合理性的,後兩者是非理性的。目的—工具合理性有兩個基本的特徵:一是它合理地選擇、採用最有效的達到目的的手段;二是它同時也合理地權衡確立行為的目的。韋伯認為,行為的工具合理性是根據運用手段達到既定目的過程中的有效性來加以衡量的,是針對既定目的有效地使用手段和工具中體現出的合理性。行為的選擇合理性是根據準確構想的價值、可利用的手段和限制條件等選擇目的的合理性。「誰的行為如果不考慮預見到的後果,而只堅持其關於義務、尊嚴、審美、宗教律令、虔誠或『事實』的正確性的信念,並且不管對他提出的是何種要求,那麼,他的行為就純屬價值理性行為。價值理性行為⋯⋯永遠都是一種行為者對自己提出的『要求行為』或符合『要求』的行為。[2]價值合理性關注的是道德責任的履行、道德良心的召喚。受價值合理性支配的行為,不計成敗得失和功用效益,以道德命令、政治信念、人生理想為取捨標準。

　　目的合理性與價值合理性處於一種對立的關係,合理性處於一種不相容的對立的關係中。他說:「從目的合理性的立場上看,價值合理性始終是不合理的。的確,價值合理性越是把自身價值推崇到絕對價值的地步,與之相應的行為就越是『不合理的』。因為行為者越是無條件的善行、對義務的獻身,他就越不考慮其行動的後果。」[3]其實,韋伯在使用合理性概念時,並沒有對其內涵做出過精確的概括,它因被使用領域的不同,其內涵也不盡相同。合理性概念從根本上說,是一個關係概念。一件事情是否合理並不在事情本身,它是從人與世界的相

互關係中生出來的，人以自己的活動或行為確證著自己在這個世界上的存在和地位。一個行動或行為模式，若對目的有效則是合理性的，若對目的無效則是不合理性的，此時合理性或不合理性的判斷，乃在於「因果關係」上。在一個既定信仰的選擇上，個人行為若是與信仰一致，則是合理性的，若不一致，則是不合理性的，此時合理性與不合理性的判斷，是在「邏輯關係」上。合理性概念表達的是人對事情的一種態度範型，從屬於使用它的人的價值取向，具有主觀性，所以合理性不等同於合乎理性。[4]

韋伯關注的焦點是合理性概念所指涉的現代社會現象，並透過這些現象，達到對西方現代社會本質做出準確透視的目的。在韋伯看來，資本主義社會的建立和發展過程主要表現為目的—工具合理性行為形成和擴大的過程。在資本主義經濟生產中，目的—工具合理性原則使得生產能夠以計算的方式進行，這樣資本主義生產方式就被那些精明能幹的企業家創造出來，這促進了經濟發展；在公共行政領域中的科層制的建立，帶來了行政效率的提高，這同樣也是貫徹目的—工具合理性原則的結果。總之，西方文明的全部成就皆源於目的合理性的追求。韋伯以合理化說明了西方近代社會的誕生，並且提醒了作為合理化的結果的近代文明所隱含著的負面影響，即自我破壞的潛力。他所指出的合理化的負面影響可以概括為意義喪失命題、自由喪失命題及官僚化命題。到了近代社會，目的合理行動成為最具支配性的社會行動，隨著諸價值領域的分化，所有社會關係只有以形式合理性才得到控制，造成社會關係的物化，導致異化的深化和自由的減少以及體系之間的緊張和衝突。面對喪失意義和喪失自由的現代社會，韋伯對文明的前途感到悲觀失望。他說：每當想到世界上有一天將會充滿著這樣一些小小的齒輪——一些小人物緊緊抓著職位不放並極力鑽營更高的職位——就像埃及歷史的景象重現……真使人不寒而慄。這種對官僚制的追逐真使人絕望透頂。就好像在政治中……我們只需要『秩序』，此外別無他求；倘若一旦秩序發生動搖，我們就會感到六神無主、畏葸不前，倘若完全脫離了秩序，就會感到孤立無援。難道世界有朝一日只有這種人而沒有別的人存在嗎？」[5]現代資本主義及其目的—工具合理性的行為模式對人的本性、人的自由不啻是一座「鐵的牢籠」。

11

二、交往理論回顧

　　以歷史角度看,交往的萌芽可追溯到古希臘時期,歷史學家在研究戰爭中考察交往,戰爭使交往擴大。近代交往理論具有較明顯的哲學意義。經驗論者考察交往關係,洛克是其中代表,他認為在認識論領域,人是社會動物,必然與他人發生聯繫,以語言為工具並把語言作為「公共紐帶」,人們以溝通來實現自身利益最大化。休謨立足人性觀,提出人性中有先驗因素——同情心,同情心成為人與人普遍的原則,同情心建立在財富基礎上,財富具有人享有樂趣的特性。休謨以人性為基礎把交往理論轉到社會生活領域。18世紀法國思想家立足社會領域來揭示人與人的交往,孟德斯鳩認為人是自私自利的,人們在交往中要遵守自然法則,如設法養活自己、和平、快樂和依戀、過社會生活等。他把交往推向社會層次,以感情溝通與共同生活,來建立人與人和平共處的交往關係。愛爾維修和霍爾巴赫從人們現實的物質需要角度,以及為獲得這些需要的方式理解交往關係。

　　康德反對法國唯物主義交往觀,他認為社會歷史有合目的性,可以達到個體和諧。經驗的、慾望的自我是偶然的存在、不是真實存在;只有理性、道德的人才是真實存在。交往中以絕對命令為準則,交往中動機高於結果。康德把交往從物質層面推到精神層面。黑格爾把交往建立在勞動基礎上,在勞動中個人與他人相互承認、相互作用,他以勞動的社會性角度考察交往大大超出了前人,勞動交往對哈貝馬斯影響較大。交往是馬克思主義哲學體系中的重要範疇,它是人的社會關係的動態表現,也是人類特有的社會行為。馬克思並沒有對交往概念作嚴格界定,往往賦予它多種意義。如交往在不同著作中被認為是單個人之間的交互活動、人們之間的交換、或人們的生產關係等等。交往[6]在《德意志意識形態》中的論述是哈貝馬斯形成交往行為理論的重要資源,馬克思的交往關係由人與自然和人與人這兩部分構成。交往理論是歷史唯物主義的基本組成部分,從某種意義上講交往理論是唯物史觀的基礎。唯物史觀可以說是從物質生產、物質交往及其關係中匯出生產力和生產關係範疇及其辯證關係原理;從精神生產、精神交往中

匯出政治上層建築和思想上層建築範疇及其辯證關係原理，由此匯出經濟基礎與上層建築辯證關係原理。經濟基礎對上層建築的決定作用要經過一系列的中間環節，當然，交往是其中的重要環節。「交往」是哈貝馬斯理論體系的一個核心問題，其交往理論的形成也是以前人的成果為基礎。交往是以語言符號為媒介，使主體間能夠以理解為目的，語言符號沉澱為文化和社會意識是主體交往的背景，主體間性在交往中表現出來。

三、哈貝馬斯的批判和創新

哈貝馬斯贊成韋伯認為理性化是社會合理性全面增長的過程，是科學、藝術從神學與宗教形式中解放出來獲得獨立發展的過程，是倫理和政治擺脫教會和傳統服從批判性理性並由此獲得合法性的過程。肯定韋伯發現了理性化過程內在的矛盾，即理性化導致非理性的後果。哈貝馬斯對韋伯理性化的批評，首先認為韋伯的理性概念過於狹隘，他只是或主要討論的是工具理性，而未關注以達成共識為目的的交往理性。其次，理性化產生非理性結果的悖論，不是如韋伯所斷言那樣的工具理性與價值理性的對峙，「衝突並不在於交往行為和目的行為這兩種類型之間，而在於社會整合的不同原則之間……生活世界合理化使得一種系統整合成為可能，這種系統整合與理解的整合原則之間存在著衝突」，[7]此即以貨幣和權力為媒介的系統對以語言為媒介的生活世界的侵入和支配，而導致的生活世界的殖民化。再次，韋伯對理性化的理解也是片面的，他只看到目的理性行為的擴張，並將此種資本主義特有的理性形式選擇視為現代世界理性化的全面圖景，其實，交往行為中的合理性潛能才是核心之所在，這種合理性潛能永遠不會完全枯竭，從交往角度看，合理化主要表現為生活世界的結構轉型，這種轉型指人類的認知活動、規範活動和審美活動得以按各自的有效性要求。「而各自獲得專業化的知識的生產機制，滲透到了日常交往層面當中，並且取代了傳統知識主宰互動的功能。正是在這個意義上，導致了一種日常生活實踐的合理化……亦即導致了一種生活世界的合理化」[8]。韋伯看到了經濟和國家等行為系統的合理化，卻

13

「忽視了這種生活世界的合理化」,因此面對由目的理性造成的「鐵籠」,韋伯只能看到世界理性化的悲觀主義前景。韋伯的悲觀主義影響了整整第一代批判理論。

哈貝馬斯在此基礎上做了兩點努力:把理性概念擴充為四種,把交往理性遠遠置於其他理性之上;同時在現實的交往過程中尋找出路。在交往實踐的基礎上重建理性的生活方式,就是哈貝馬斯在現時代的語境下對這一問題的一種嘗試性回應。在他看來,隨著宗教——形而上學基礎的瓦解,在多元分化和工具理性凸顯的資本主義社會中,必須尋求新的基礎來拯救現代性造成的價值和意義可能失落的危險。他力圖藉助交往行動理論賦予政治以道德基礎,把政治從工具化的利益計算中拯救出來,使其重新成為解決價值衝突和尋求真理生活方式的領域。在公共領域的道德實踐中,交往理性對分化的理性進行有效整合,並在商談過程中實現互主體意志的合理化,最終達到對現代性的拯救——在理性的生活體驗中使真理得以展現。

哈貝馬斯在吸取馬克思交往理論基礎上對「交往」也提出批評[9]:第一,人與人最基本的交往活動不是勞動。哈貝馬斯認為,雖然「勞動」與人們的交往密不可分,但馬克思的「勞動」觀是技術理性的關係,它僅涉及人與自然之間的關係,人與人的關係在勞動之外,人與人「道德—實踐關係」的構建只存在於人與人的「相互作用」中。我們看到,哈貝馬斯在此把「勞動」的社會性以及在人際關係構建中的作用取消了,把馬克思的勞動概念的內涵大大縮小了,勞動在馬克思交往理論中應有的地位消失了。第二,人們的交往、交往形式與交往關係的發展並不是生產力、生產方式決定的。生產力、生產方式的發展只是技術性的知識,對交往與交往結構有決定意義的是道德—實踐類型的知識。第三,人們最基本的交往活動不是物質交往,最基本的交往形式是「交談」或「言說」。人們只有透過言語行為才能溝通,達致相互理解。第四,社會非合理性的解決途徑不是發展生產力能夠完成的。透過生產力的發展促使社會進步是馬克思主義歷史觀的一個基本觀點。但是,哈貝馬斯認為,工具理性行為促使了生產力發展,若使主體間相互理解以致誤解、衝突消除,必須在交往理性規範下,主體間無壓力、無拘束的情況下自由對話。

《交往行為理論》是哈貝馬斯交往行為思想的最系統的表達，也是哈貝馬斯思想的核心。哈貝馬斯將人的行為範疇分為四種：目的性行為（teleological action）、規範性行為（normatively regulated action）、戲劇性行為（dramaturgical action），以及交往行為（communicative action）。第一種，目的性行為，又稱作工具性行為，意指行為者透過選擇一定的有效手段，並以適當的方式運用這種手段，而實現某種目的的行為。第二種，規範性行為，行為者以群體的共同價值和規範作為行為取向的行為。第三種，戲劇性行為，行為者在公共場合有意識地展示自己的主觀情感、品質、願望等主觀性的行為。第四種，交往行為，至少有兩個行為者透過語言的理解來協調相互間關係的互動行為。初看起來，似乎只有「目的性行為」是真正理性指導的活動，因為它涉及了人與客觀世界的關係，但在哈貝馬斯看來，這是對現代性的一種錯覺。他認為，「目的性行為」是工具行為，指勞動，即「合理的選擇」行為、「有目的合理行為」。它的特點是按照既定的以經驗知識為基礎的行動方案行動，有優先制定的規則和行為準則。因而是工具性的、策略性的、目的—手段性的，工具行為反映了人與自然的關係，強調了人對自然的改造。但是一旦這種人與物交往的狀態表現在了人與人的交往過程中，就走向了消極的一面，人的精神交往就會受到損害。這個世界從本體論上說雖由行動者個人組成，但規範關係才是最重要的；戲劇行動與主觀及外部世界相適應；在交往行動模式中，行動者「從他們自己所解釋的生活世界的視野」，「同時涉及客觀世界、社會世界和主觀世界中的事物，以研究共同的狀況規定。」[10]因此，交往行動比其他行動在本質上更具合理性，因為它考慮了所有這三個世界。

第二節　交往理性理論的主要內容

一、交往行為

在哈貝馬斯看來，工具行為把手段關聯於目的，把技術關聯於目標，卻沒有去反思這些目標本身是否合理，是否公正。與此相反，交往行為卻是以達成理解和一致為目的行為。它是以主體之間透過符號協調的相互溝通的一致性為基礎，致力於達成理解，形成非強迫性的共識。在哈貝馬斯看來，「馬克思的社會勞動概念適用於區分靈長目和原始人的生活方式，但卻不適合於人類特有的生活方式的再生產」。[11]而只有在現代人建立了「家庭式社會結構」，並作為社會角色進入相互間遵循有效的角色交往時，才產生人類生活的再生產問題，所以，人類社會的發展不能用勞動，而只能用交往行為的合理化的發展過程來解釋。在20世紀哲學「語言學轉向」的背景下，哈貝馬斯認識到，要制定一般的合理的交往理論必須深入到人類生活最深層次——語言中，因為語言是唯一使人超出自然的東西。人類最初的語言表達了普遍的、非強迫的交往意向，如果說目的—手段的技術經濟運動服務於征服自然、提高生產力，那麼交往行動則是主體間透過符合協調的作用，以語言為媒介透過對話達到人與人之間的理解和一致的行動。他在《交往行為理論》中指出：「只有交往行為模式，首先把語言作為直接理解的一種媒體，在這裡，發言者和聽眾，從他們自己所解釋的生活世界的視野，同時論及客觀世界、社會世界和主觀世界中的事物，以研究共同的狀況規定。」

哈貝馬斯這樣定義他的交往行為：在哈貝馬斯看來，所謂「交往行為」乃是一種主體之間透過符合協調的相互作用，它以語言為媒介，透過對話，達到人與人之間的相互的理解和一致。具有以下幾層含義：第一，交往行為是兩個以上主體之間產生的涉及人與人之間關係的行為；第二，它是以符號或語言為媒介的；第三，它必須以社會規範來作為自己的準則；第四，交往的主要形式是對話，透過對話以求達到人們之間的相互理解與一致為目的的行為。「當技術規則和行為方案的有效性依賴於經驗上是真實的或者分析上是正確的命題的有效性時，社會規範的有效性則可以從共同的主觀性對於諸種願望的理解中找到根據。而且這種有效性可以藉助於公共規則被普遍承認而得到保障」[12]。哈貝馬斯強調，人總是社會的人，不能沒有交往行為，不能脫離種種交往關係，而必須生活於交往行為的聯繫之中。社會是一個交往的網路。人類社會之所以成為社會的先決條件，本來就是其成員之間相互交往。人是交往行為及其生活形式中的人，但人的這種交

往行為卻未必合理。晚期資本主義社會就是人的交往不合理的社會。科學技術的發展帶來了工具行為的合理化,而工具行為合理化又造成了交往行為(即相互作用)的不合理化。他認為,人類奮鬥的目標不是使工具行為合理化,而是使交往行為合理化,交往行為合理化意味著人的解放、自由、個體化、不受控制的交往的擴大。

二、生活世界與系統過程

哈貝馬斯把合理化問題本身看做是隨著現代社會的產生而產生的,是社會進化的產物。那麼,如何把交往行動理論放入一個更廣闊的解釋背景,在歷史演變的進程中去理解合理化問題呢?在這裡,哈貝馬斯運用了「生活世界」概念。「生活世界」這一概念是胡塞爾在1936年發表的《歐洲科學的危機與先驗現象學》一書中提出的,哈貝馬斯借鑑了這一概念。「生活世界」在哈貝馬斯的整個理論構架中占據著重要的地位,正是交往活動與生活世界的交互解釋構成了其交往行動理論的規範性基礎。任一交往行動在邏輯上都可劃分為兩個組成部分,一是理解,指交往參與者對一種表達的運用性的贊同;二是意見一致,指「主體內部對發言者所表達的適用性提出的運用要求的認可」。[13]哈貝馬斯認為,對表達的理解和運用要求的認可皆取決於一種固定的狀況規定,這個狀況規定構成了交往行動的背景,它不僅是交往行動成功的前提條件,也是交往行動發生的範圍或界限。哈貝馬斯把這個狀況規定定義為生活世界。在哈貝馬斯看來,生活世界劃分為事實、規範和經歷,相應地,其象徵性結構表現為文化、社會和個人。

生活世界中進行的交往行動必然涉及象徵性結構的三個方面:「在理解的職能方面,交往行動服務於文化知識的傳統和更新;在行動合作化方面,交往的行動服務於社會統一和聯合的形成,最後在社會化方面,交往行動服務於個人同一性的形成」。[14]在哈貝馬斯看來,一方面,「自我─他人互動」為「個人」提供了「社會化」與「反文化化」的資源,另一方面,「個人」又從「自我─他人互

動」那裡獲得了「能力與動機動員」；一方面，「社會」為「自我─他人互動」提供了「輸送忠誠」的資源，另一方面，「個人」又透過「自我─他人互動」對「社會」造成「形成和維護團結」的作用，二者間形成所謂的「社會性整合」的關聯；一方面，文化為「自我─他人互動」提供了「傳遞文化知識」的資源，另一方面，「個人」又透過「自我─他人互動」實施「文化知識的再生產與改造」，文化對之形成了所謂的「文化傳統」。[15]而且，這種交互網路並不是靜態的，而是在歷史生成中動態運作的。對個體來說，它不僅要繼承以往的傳統，文化和社會首先就在一個能統攝的世代關係網的形態中呈現出來；而且還要參與當下的運作並面對以後的未知世界開放。這就涉及人類生活世界的時間結構（或歷史維度）的問題。這一動態過程表現為，「生活世界的各個部分，如文化模式、合法制度以及個性結構等，是貫穿在交往行為當中的理解過程，協調行為過程以及社會化過程的濃縮和積澱。生活世界當中潛在的資源有一部分進入了交往行為，使得人們熟悉語境，它們構成了交往實踐知識的主幹。經過分析，這些知識逐漸凝聚下來，成為傳統的解釋模式；在社會群體的互動網路中，它們則凝固成為價值和規範；經過社會化過程，它們則成為了立場、資質、感覺方式以及認同。產生並維持生活世界各種成分的，是有效知識的穩定性，群體協同的穩定性，以及有能力的行為者的出現。」[16]文化、社會、個性分別貫穿在交往行動內的涉及文化模式的理解過程、涉及合法制度的協調行動過程和涉及個性結構的社會化過程這三者之中，即「文化再生產」、「社會整合」、「社會化」這三種再生產過程，它們分別承擔著文化傳統的傳承、群體藉助規範和價值達到社會的整合、個人的社會化進程三種不同的功能，這些功能相互交織在一起構成生活世界的屬性。

在哈貝馬斯看來，系統是與「生活世界」相對應的概念。它指按照目的合理性的模式活動，其合理化趨勢依賴於工具理性的擴張，即強調透過最佳手段和最佳策略，以達到系統整合的最優化和最有效性。哈貝馬斯認為，「生活世界和系統這兩個範式都很重要，問題在於如何把它們聯繫起來」。社會既是系統又是生活世界。也就是說，社會一方面是「生活世界」，在其中，人們在共同的背景下透過交往行為進行互動；另一方面，社會也是系統，由經濟、政治等擔負不同功

能的子系統組成。哈貝馬斯認為,「一種真正的社會進化理論,必須從交往行動理論的角度,把當今社會的基本矛盾理解為生活世界與系統的矛盾,具體表現為:一方面,在科學技術和文化高度發達的當今社會,人們之間的交往成為了一切活動的基礎,生活世界層面的社會整合構成了社會子系統再生產的槓桿,從而推動系統不斷進行整合;另一方面,相對生活世界,經濟、政治子系統儘管處於被動和消極的地位,但由於其自身再生產過程中體現著一種控制功能,經濟、經濟的子系統反過來卻要去控制生活世界的發展。生活世界——系統的雙層結構模式既是社會進化的一對基本矛盾,又是診療當今社會之病象特別是晚期資本主義的一把鑰匙。」[17][18]由於晚期資本主義社會的公共領域崩潰,作為公共領域根基的生活世界遭到系統的入侵,系統的合理化模式同化、甚至扭曲了建立在相互作用的交往實踐基礎之上的生活世界,從而導致生活世界的技術化、物化,這即是哈貝馬斯所謂的「生活世界的殖民化」。在哈貝馬斯看來,生活世界的殖民化是晚期資本主義社會的必然病症。要想消除這一病根,最根本的就是發掘潛藏於生活世界中的反抗系統入侵的潛力。為此,哈貝馬斯引入了交往理性這一概念,認為在生活世界的交往行為中,交往理性透過釋放自己的潛能,能夠在與工具理性的抗衡中,阻止經濟政治子系統的勢力藉助貨幣和權力的操控媒體向生活世界侵蝕和蔓延。由此出發,他為人類社會的未來發展精心設計出了一種「理想的交往共同體」,試圖透過交往行動把社會整合起來,以期待人類生活世界的恢復,促進被經濟政治子系統控制的、單向度的工具理性的社會向全面發展的交往合理性社會的躍進,這就是所謂「生活世界合理化」。

三、普通語用學

「普遍語用學」就是分析說話行為,研究語言的交往職能,探討說者和聽者之間的關係,闡述他們二者如何透過語言達到相互理解和一致的學說。他從普遍語用學角度立論:現代理性必須是一個追問意義的「過程」,即人們透過語言的交往活動所達到的一種具體的「共識」。這種在交往過程中所進行的普遍共識就

是一種理性化過程,即「交往的理性」。交往行為是行為者「從他們自己所解釋的生活世界的視野」,「同時涉及客觀世界、社會世界和主觀世界中的事物,以研究共同的狀況規定。」[19]相互理解是交往行為的核心。哈貝馬斯從三個層面來解釋「達致理解」這個概念:「1.在最低限度上,對話雙方至少以同樣的方式瞭解字面表達的意思;2.要理解說話人想透過這個言說做什麼事情,聽者就得知道在什麼條件下這個行動是可以被接受的;3.當聽者接受一個言語行為時,說話者和聽者是在三個方面達成了同意:規範正確性,命題真理性以及表達的真誠性」。[20]也就是說,從狹義上講,理解是表示兩個主體以同樣方式理解一個語言學表達;而廣義上講,則是表示在與彼此認可的規範性背景相關的正確的話語上,兩個主體之間存在著某種協調。可見,無論在狹義還是在廣義上,哈貝馬斯都把理解看作展開於主體之間的交互性意識活動。理解的意義也正是為了成功或有效地交往。交往行為理論要達到的目的是相互「理解」而非相互「瞭解」。哈貝馬斯認為,這只有透過參與者在相互作用中達到對他們相互提出的有效性聲明的交互主體性的肯定和承認,理解才以協調行為的動機起作用。交往行為是主體之間以語言為媒介,為達到相互理解而進行的實踐活動。

由於哈貝馬斯特別強調他的交往行為理論的出發點是相互關係,因此他特別重視交往關係中的媒介的作用。

首先,哈貝馬斯在強調交往行為中交往與行為的區別的同時,突出了他的交往媒介的問題。交往是以語言作為媒體的,而語言又是為理解服務的;行為則是行為者遵循技術規則或社會規則進行的身體的運動。交往行為就是,行為者透過語言交流,相互理解,使自己的行為得到合作,以實現一定的目的。透過交往行為,行為者試圖達到的,是行為計畫和行為方面的一致。交往行為的關鍵是解釋或理解,即透過解釋或理解以達成意見一致。

其次,哈貝馬斯在四種行為類型中考察了語言的媒介作用。他認為,在目的論的行為中,語言是許多媒體中的一種,行為者透過語言,試圖影響別人,使別人發表符合自己利益的意見或做出符合自己利益的決斷,即客觀行為者對於客觀世界的意圖。在規範調節的行為中,語言首先是一種可以提供文化價值、取得意

見一致的媒體，它主要是說明人們建立規範和行為導向，建立社會世界的合法關係。在戲劇行為中，語言是自我表現的媒體，表現行為者的認識和情感，再現行為者的主觀世界。在上述三種交往行為中，都只注重了語言的一種功能，而沒有同時注意到語言的所有功能，並且把一種交往關係類型當做交往關係的界限。只有在注重相互關係的交往行為中，語言才同時承擔陳述並判斷事實的功能，使行為者與客觀世界發生聯繫，承擔幫助人們達成共識的理解媒體的功能，使行為者與社會世界發生聯繫，並承擔表達者表現的功能，使行為者展示自身的主觀世界。只有在這種交往行為中，行為者才是從他們所處並理解的生活世界出發，談論客觀世界、社會世界和主觀世界中的事物，即同時與客觀世界、社會世界和主觀世界發生聯繫，並在主觀世界的交流中，在評判客觀世界、社會世界中達成共識。並且也只有在這種交往行為中，行為者才把這個三重世界的體系作為在交往行為中達成理解的前提，而不捨棄任何一個世界。在注重相互關係的交往行為中，對於作為行為者的發言者，要求其論斷或判斷具有真實性，其語言和行為所涉及的規範具有正確性，並且要求其表達的主體經歷具有確實性，以便其他行為主體的理解和認同。因此，語言這一媒介在交往行為中具有特別重要的地位。[21]

在交往過程中，一個人要達到理解的目標，他就必須滿足以下有效性要求：言說者必須選擇一個可理解的表達，即所言必須符合語言結構和規範，以使言說者與聞者可以相互理解，即可領會性；言說者必須提供真實的陳述，或具有提供存在性先決條件已經得到滿足的陳訴性內容的意向，以便聞者可以分享言說者的知識和資訊，即真實性；言說者必須真誠地透過所言使自己成為可理解的，真誠地表達自己的意向，使自己所言能夠在為他人所理解的基礎上，能信任他，即真誠性；言說者所言必須是正確的，以便聞者接受並且使他們能在以公認的規範背景的話語中達到認同，即正確性。達到理解的目標是言說者和聞者互相認同，而認同是以四種有效性要求的認可為基礎的。其中，只有可領會性處於語言學研究的範圍內，其餘三種有效性要求要得到滿足，就屬於語用學討論的話語獲得成功的必然條件。在此基礎上，成功的交往才能得以實現。

交往行為要滿足「有效性要求」的原則。哈貝馬斯指出：「我將展開這樣一個論點：任何處於交往活動中的人，在施行任何言語行為時，都必須滿足若干普

遍的有效性要求,並假定它們可得到兌現」。[22]話語的「有效性要求」即是一個話語若想成為有效的就必須事先滿足有效性的條件,只有這樣才能被任何可能的聽者所接受。那麼在以理解為目的的交往行為中,首先,說話者在言說時必定已經包含了有效性要求,否則,他就不是以理解為目的行為。其次,說任何話語都必定包含了有效性要求,這僅僅是指邏輯的必然性,至於該話語在實際的場合是否有效,究竟能否得到認可,還要由聽者的肯定或否定的態度來決定。因此當主體間達成同意或認可時,就是「有效」的,同時也就表明,話語滿足了「有效性要求」的原則。在此,「有效性要求」既起了批判的作用,又肩負奠基的功能,造成了雙重作用。首先,當一個話語受到普遍質疑時,就表明聽者對話語所包含的有效性的條件表示懷疑,這就意味著有效性的批判作用開始啟動了。其次,一個說話者說出一句話或做出一種斷定的同時就必須承擔起對話語做出辯護或奠基的義務,那麼在他成功地說服了聽者去接受他的論斷的同時,對方也認可了該論斷所包含的前提以及它賴以成立的根據。

　　哈貝馬斯指出,交往行為要做到自由的相互理解和無強制的批判實踐,除了對其本身有特殊要求之外,還需要一個「理想話語情境」。哈貝馬斯把它解釋為:自由和無強制交往的形式條件和規則集,是交往行為規範要求的形象化表達。具體說來這些要求包括:「(1)話語的參與者均有同等的權利,都可以隨時發表任何意見,提出質疑或反駁質疑;(2)話語參與者都可以提出主張、建議和論證,並對話語的有效性規範提出贊成或反對的理由,任何方式的論證或批評都不應遭到壓制;(3)話語參與者都有同等權利表達他們的好惡、情感和願望。透過個人陳述空間的相互契合以及行為關聯中的情感互補,保證行為者和話語參與者面對自身採取真誠的態度,袒露自己的內心;(4)話語參與者作為行為人都有同等的權利實施調整性的話語行為:發出命令和拒絕命令,作出允許或禁止、承諾或拒絕承諾,自我辯護或要求別人辯護。只有行為期待的相互性才能排除某種片面要求的行為義務和規範判斷,為平等的話語權利提供保證,解除現實強制,過渡到一個獨立於經驗和行動的話語交往領域。」[23]按照哈貝馬斯的觀點,只要上述條件都得到滿足,那麼,規範的共識就體現為一種合理的意志。

　　理想的交往條件首先對言語交往的參與者的能力提出要求,進行限定;其

次，對交談各方的角色進行公平的分配，杜絕特權和權力因素對交往的影響；最後，交往者還必須滿足不同類型話語中的真實性、真理性、誠實性和合法性的要求。只有這樣，交往才是無障礙的，說話者對自己和他人都是開放的和透明的。另外，哈貝馬斯提出「理想話語情境」概念的意義在於，給現實的交往與公共討論提供了參考標準和方向，並且論證了在最基本的個人行為層面上，理性、民主和個人自由具有內在的聯繫——每個人都有權介入到討論中，不受限制的批判、質疑、反駁和辯護體現了理性；個人非強制的認可作為理性的最後法庭，在這裡，權利既不能被別人代表，也是別人無權剝奪的，這意味著個人道德的自主性；話語行為的力量來自以理服人的效果，而不是外在權力、地位的影響。

第三節　交往理性理論適用於兩岸關係分析

哈貝馬斯區分了不同類型的社會行動模式，並最終歸為兩類：交往行動和策略行動。交往行動以溝通為取向，參與者是為了達致理解；策略行動以目的為取向，參與者是為了滿足各自的需要。[24]任何一個經由交往而達成的共識並基於共識而進行的行動，都是交往行為。人透過交往行為，在相互的社會化學習過程中，人的認識能力、語言能力和相互作用能力的形成和發展具有統一性，這種同一性是人類合作機制的基礎。[25]交往理性是交往行為理論的核心概念。交往理性有以下四個特點：首先，交往理性是語言性的。哈貝馬斯否認存在一種自我意識的理性範式，而肯定一種語言理性的範式。在他看來，語言，尤其是言語，是主體一致性理解以及合理性社會秩序得以實現的條件，「相互理解作為目的寓於人的語言中。」[26]其次，交往理性是論證性的。哈貝馬斯認為，根據只存在於言語商談的論證過程中，理性的準則存在於程式性的交往操作中，存在於流動的生活世界中，因此，交往理性用論辯的程式取代了傳統理性哲學中的基礎和根據的概念。再次，交往理性是互主體性的。在哈貝馬斯看來，交往理性的核心是主體之間的關係，它處理的是主體之間達成一致、相互理解的可能性條件，與各個主體相關聯。因為，人是社會動物，其判斷和意志的形成的可能性和有效性不能脫離

交往共同體的交往，不可能僅僅理解為個體意識的成就。最後，交往理性是程式性的。在哈貝馬斯看來，交往理性從形式上被規定為一個純程式性的操作原則，強調的是程式和規則的合理性。它與對話的具體內容相脫離，是一種有效性的對話的普遍形式、程式，是一種獲得共識的對話過程的程式性操作規則。從這裡可以看出，交往行為理論體現的是一種程式主義的民主觀，它並不說明內容上的取向，並不是建立在某種共同的價值觀內容基礎上，而只是說明交往行為中的方法、程式、規則。[27]

交往理性包含著對以往傳統理性概念的批判和揚棄，尤其是克服了韋伯只把理性單純理解為認識上的、獲得真理的功能和實現成功的目的和手段的狹窄觀念，而把理性放在人際關係的廣泛的和相互交往的生動關係網絡中去考察，使得理性成為交往關係的總和。交往理性的建構實際上就是理性規範的重建，哈貝馬斯透過重建理性來擺脫主體哲學的困境，他為重新實現社會合理化提供了新的視角。尤為重要的是交往理性的建構有助於在比較中完善歷史唯物主義。哈貝馬斯曾運用交往理性對馬克思的歷史唯物主義進行重建。他認為，社會進化是行為主體在與外部世界的交往中把外部結構轉變為內在結構——思想、觀點、能力的學習過程。一方面，他把生產力歸結為生產活動，把生產活動歸結為生產領域學習水準的提高，即科學技術的發展。另一方面，他把生產關係作為一種社會規範，歸結為交往活動，把交往活動歸結為交往領域學習水準的提高。這樣，在社會學習水準的意義上，他把生產力與生產關係重新統一起來。[28]交往的社會實踐方面首先表現為參與共同活動並解決其任務的個人在歷史行動中必要的組織和統一。交往實踐造就了集團性主體，也創造了能表達任何社會活動的公共性和一致性。透過交往，經驗的主體和主體的經驗「從個體擴大到類」並在個體外積累起來和世代傳遞，人類創造的一切真正的歷史意義也就得以傳遞下去。

根據臺灣楊開煌教授的考證，「兩岸關係」的提法是在臺灣1990年代臺灣結束「動員戡亂時期」後才正式使用的名稱，在此之前臺灣所談的只是大陸問題、中共問題，沒有所謂的兩岸關係；在大陸方面也是以臺灣問題為名，沒有使用兩岸關係一詞。[29]「兩岸關係」是在臺灣和大陸分別成立海峽交流基金會和海峽兩岸關係協會後，官方才正式使用的，正是這一名詞的普遍化、正式化，才說

明兩岸關係研究議題的正式催生。[30]廈門大學臺灣研究院劉國深教授指出:「兩岸關係」的內涵比「和平發展」的內涵更複雜,人們之間的理解差異更大。有些人偏向於認為兩岸關係的主要問題是如何解決領土與主權歸屬問題;有些人偏向於認為兩岸關係就是中國境內兩個敵對政權之間的成王敗寇問題;也有些人認為兩者兼而有之;另有一些人認為,兩岸關係本質上是兩種不同政治意識形態和生活方式之爭。劉國深教授指出,上述不同理解在一定的時空背景中具有一定合理性,但是,在現階段,不應將領土主權歸屬問題視為兩岸關係的問題,因為這個問題在1945年臺灣光復即得到解決。因此,兩岸關係和平發展的內涵可以聚集成以下兩個方面的問題:一是如何正式結束兩個政權之間的敵對狀態,達成重新分配內政和外交空間安排的共識;二是如何解決與兩岸人民生活密切相關的經濟、社會和文化發展的問題。李鵬副教授認為,兩岸關係從本質上是一種政治社會關係,具有廣義與狹義之分,廣義的兩岸關係雖然拓展到社會、經濟、文化等諸多領域,但我們日常涉及的兩岸關係依然是政治與安全視野中的關係,也就是狹義上的兩岸關係。筆者認為,兩岸關係主要是指大陸和臺灣兩個行為主體之間的互動以及由兩岸行為主體組成的兩岸的聯動關係。兩岸關係是一個發展著的問題體系,各種問題相互交織、彼此牽制,同時新的問題又不斷產生。這些問題的解決只有靠兩岸團結起來,以整個中華民族的整體和長遠利益為重心共同尋求解決方案。哈貝馬斯的交往理性理論,交往主體按照預設的理想條件,透過普遍的、可論證性的、程式化的對話和商談,從而加強交流、謀求理解、形成規範、達成共識,這對我們正確認識和處理兩岸關係有一些有益的啟示。[31]過去由於政治上的緊張,使得兩岸交往的合理結構被嚴重侵蝕,導致了判斷標準的模糊以及人際關係的破壞。在兩岸關係中建立交往理性,要求兩岸關係中不要只注意目的—手段的工具合理性,要以語言為媒介,注重對話,加強溝通,相互理解,達成共識。

　　一定時代的哲學方法論影響著哪個時代的人的世界觀、價值觀,從而影響人們思考的邏輯推理過程。然而,方法論也是隨著人類認識的發展而發展的。正如黑格爾所言:「每一個哲學都是它的時代的哲學,它是精神發展的全部鎖鏈裡的一環,因此,它只能滿足那適合於它的時代的要求和興趣。」[32]交往理性作為一

種在對工業社會文明的工具理性批判基礎上確立起來的後工業社會的語言哲學，用它來研究當前的兩岸關係至少有以下兩點意義：第一，交往理性從主體間性角度研究人的社會行為，是對認識兩岸關係的進一步昇華。過去的兩岸關係，臺灣和大陸基本上是各自孤立地被研究，更多的是從各自的出發點來看待對方。交往理性以主體間性為基礎，將兩岸關係界定在社會聯繫上。交往理性以主體間性為基礎，正是將人的行為界定在社會聯繫上。一種主體間性是指「人作為主體在物件化的活動方式中與他者的相關性和關聯性。主體間性範疇的具體內涵是人作為認識主體、生存主體、倫理主體、實踐主體超越自身界限，涉及同樣作為認識、生存、倫理和實踐主體的他者的方面和維度」。[33]兩岸透過交往、溝通、協商進行互惠合作，是兩岸關係中交往理性的必要性基礎。第二，交往理性的對話性和商談性，有利於推進兩岸關係中的民眾參與進程。與工具理性所宣導的技術官僚統治不同，交往理性強調人們行為的協調應以共同的規範為基礎；而共同的規範是由人的統一認識促成的，實現這一目標的方法就是對話。一種以語言為媒介，透過滿足人際交往中有效性語言的條件，主體間經過相互溝通、協商、相互理解達成共識。在交往行動中，兩岸民眾不僅僅是作為一個「意志自由」的主體，被動地在兩岸關係中活動；而是作為一個「自主性」的主體，他們本身就是兩岸關係的「創造者」。透過建立程式化的兩岸民眾參與機制及公共領域，使得兩岸民眾透過對話參與到兩岸關係中，才是交往理性的目的。

兩岸關係被看做是交往實踐，有一個共同預設的前提，即自我與物件的內在同一性即自我本來在物件之中，物件本來在自我之內，這樣兩岸才能形成相互交往的關係。交往象徵著人在物件化活動中的一種生存境遇，只有當其與物件實現內在的同一的時候，他才是交往的。隨著兩岸交流的日益廣泛和深入，兩岸間的依存關係也進一步發展。交往理性中有兩大基本原則，即普遍化原則和話語原則。哈貝馬斯認為，商談必須具有規範的普遍規則，任何有效的道德規範在被普遍認可及遵循時都必須滿足一切有關的意趣並為這些人欣然接受。這意味著人們在認同別的生活方式的同時，將自己的生活方式相對化；意味著對陌生者及其他所有人的容讓，意味著知識的客觀性和有效價值的合法性等等。話語原則，哈貝馬斯又稱之為「論證性原則『D』」，強調的是讓一切與社會規範的建立有關的

人，參與到對規範的商談、對話與討論之中，從而共同尋求一致性的意見。兩岸之間發生交往關係和交往行為，實現相互理解，一方面要求交互主體擁有交往資質，具有認知能力、言說的能力和反思的能力等多方面的能力，只有這樣才能勝任交往；另一方面就是必須具有確定性和規範性的準則，包括共同的語言規則和價值準則。交往理性表明在兩岸關係中，只要各行為主體堅持對話、溝通和協商，形成普遍化規範，就能找到解決問題的出路。

第二章　從「獨白」到「對話」：兩岸關係的認識論轉向

兩岸關係中傳統意識形態話語模式，嚴重妨礙兩岸交流與瞭解，這種扭曲的交往隨著一個特定社會裡制度化的系統所特有的壓抑的程度的增加而增加。主體主義兩岸關係的理解的一個致命弱點是不能解決自我與他者的關係問題，它帶來了這樣的問題：如果理解主體是兩岸各自的孤立活動，那麼理解經驗如何溝通？如何達成共識？把與主客體關係不同的主體間性關係引入兩岸關係領域，為揭示兩岸關係存在的境遇提供了認識論基礎。在一個更大的視域中重新把握兩岸關係，即所謂更大範圍的主體間的「視域融合」，從而達到主體間的「理解共識」。

第一節　「獨白」的「自我中心」困境

一、主體性思想的溯源

主體（subject）一詞源於希臘文「subjectum」，其大意是在底下的東西。亞里斯多德用主體表示一切性質、變化或狀況的範疇，實際上是「基礎」或「實體」的意思。對於亞里斯多德來說不僅人是一個主體，一隻貓、一塊石頭也可以成為一個主體。亞里斯多德所謂的主體和實體指稱的是同一個物件。直到笛卡爾才把主體作為人的專門範疇從一般實體範疇中獨立出來。笛卡爾認為，所謂主體就是指自我、意識或心靈。自我、意識或心靈雖然與物體同為實體，但與後者卻

有本質的區別。物體的本質是廣延，而自我、意識或心靈的本質則是思想。笛卡爾是在心物平行或身心二元的邏輯下提出他的主體性理論的。[34]康德用無限的先驗意識取代了笛卡爾的有限的自我意識，用共同性的普遍理性取代了個體理性，大大地弘揚了人的主體性。經驗論和唯理論關於自我意識主體的同一性的困境使康德認識到，自我主體不可能透過經驗或有限的個體理論來保證。因此，康德由經驗意識轉向先驗意識，透過先驗統覺來說明自我意識的同一性以及先驗統覺對經驗的普遍性和必然性的規範。把普遍必然性的知識歸於主體的先驗構造，完成了自我意識向先驗意識的轉化，使認知主體哲學真正得到了確立。表明了在人的理性和自然的關係上，不是自然牽著理性走，不是理性到自然中去尋找法則，而是理性為自然立法，也就是「人為自然立法」。

　　黑格爾是康德主體性哲學的批判繼承者。黑格爾認為作為主客統一的基礎既不能是主觀的意識也不能是被動的客體，而是兼具能動性和客觀性兩種性質的存在，即絕對精神。把主體和理性上升為本體，這是黑格爾的主體性思想同笛卡爾、康德的主體性思想的根本差異。「絕對精神作為實體和主體的統一」必須要在發展和整體聯繫中來實現。因為，實體作為主體是一個發展的過程，這一過程既是客體進入主體，揚棄片面的隨意的主觀性，使認識現實化的過程；又是主體規定客體，揚棄片面的客觀性，使存在真實化的過程。主客體正是在相互揚棄的發展中趨於一致，達到主客統一。這樣，在認識論上，主體才能進入客體、認識客體，對存在的認識就是對精神的自身認識。黑格爾透過在本體論上把世界精神化，解決了認知主體哲學的主客二元分裂的難題，是認知主體哲學的最高成就。

　　但是黑格爾最終不是在現實的歷史過程中發現主客體的自我揚棄和同一，而是將其歸結為絕對精神自我實現的過程，不是歷史孕育精神，而是精神外化為歷史。因此，現代哲學的發展就是從批判黑格爾哲學開始的。從近代認知主體哲學的發展，我們可以看到，在近代主體性哲學中，隨著人成為主體，產生了古希臘哲學中所沒有的，標誌著人特有的自覺能動性的主體性概念。主體自由成為近代哲學真正意義上的主題和貫穿在全部哲學中的核心線索，而理性則是實現這一目的的手段。近代的主體哲學的出發點是理性，研究的內容是認識，追求的目標是真理，屬於知識論的理論理性範疇，在哲學史上完成了認識論轉向。[35]近代認知

主體哲學在認識論的範疇內以主體為中心去統攝客體，把主體性推向了極端，導致了主客的二元分裂。近代主體哲學所講的個體的自主性是割斷了人與社會的聯繫，把社會關係完全當作外在的、異己的關係，當做對自身自由的束縛而加以排斥。從這樣的個體出發，必將陷入「自我中心」主義的困境。現代西方哲學的人本主義力圖打破認知主體性的侷限，解決主客的二元分裂，使主體性回歸於人本身，從人的生存的價值和意義去界說主體，但這種人本主義的生命主體性在思維方式上同近代的認知主體性並沒有本質的區別，仍然堅持絕對主義的立場，堅持把主體作為造物主和萬物的中心來看待。

二、「獨白」的困境

兩岸曾隔絕數十載，在過去對峙的狀態下，無論是大陸的對臺宣傳還是臺灣對大陸的報導，其基調主要為「政治喊話」。隔絕和對峙情境下的兩岸關係本質是一種交往的扭曲。被曲解的交往行動的公共性、可理解性已經完全喪失，變成私人性，甚至個體自身也無法理解的交往模式。[36]長期以來大陸主要以「統一／獨立」的兩極對立為論述形式；臺灣則以「民主／專制」的兩極對立為論述形式。兩岸傳統意識形態話語模式，嚴重妨礙兩岸交流與瞭解。這種扭曲的交往隨著一個特定社會裡制度化的系統所特有的壓抑的程度的增加而增加。在這種交往中，日常語言受到了扭曲。由獨白方式構建的語言系統在過去的兩岸關係中是很常見的，它基本上就是表達經驗，是對語言的工具式使用，所能達到的，不可能是主體間的理解，而只能是自身的自我理解，變成一種操作化的語言。在這樣的語境中，即使交往主體之間有某種認同，也是迫於社會力量的支配、控制與操縱，因而是一種虛假的「意見一致」。這樣一種違背主體意志的扭曲性交往是一種「無效交往」。[37]

以自我為中心，以自己的立場、情感去瞭解對方，批判對方。兩岸交往往往以不同形式淪為手段或客體，這種交往主體的手段化會導致交往主體的片面化，

即相互交往的人們不是作為特定主體的規定性而進行相互平等的交往，而是作為片面的、被動的人進行片面的、扭曲的、異化的交往，從而使人與人的交往與理解難以真正建立起來或者只能虛假地建立起來。這就存在著一種從自我出發，膨脹並誇大自我的傾向，認為自己才是主體，並從這種自我的某一固定先驗的本質來說明兩岸關係。兩岸關係變成了「自我」中心，從而導致了與對方的對立。這種「自我中心」困境實際上說明了主體在認識客體時所表現出的一種方法論意義上的困境，主體必須透過認識去認識客體，而一旦他藉助於認識形式去認識客體時，認識的結果就打上了「不可克服」的主觀性。一方面，兩岸把彼此視為對立的物件性世界，變成一味去探索、利用和征服的物件；另一方面，兩岸在逐漸變為主體的過程中，認識的結果只能是在主體視野中的客體世界，而不能揭示真正意義上的兩岸關係的本質，兩岸很多時候都將兩岸關係當做一種資源手段，卻忽略了人際間的相互瞭解多於策略性的取向，這使得正常的交往變得不合理。人類的認知能力、行為動機和互為主體性的語言是交織並關聯的。兩岸過去糾纏於意識形態鬥爭導致「同意本身的主體間性變形，並一貫地歪曲日常交往」。[38]

第二節 「主體間性」建構下的「對話」

一、從「關係」中超越而出的「主體間性」

西方哲學有過兩次大的轉向：一是主體性的轉向，歐洲近代哲學尤其是德國古典哲學，從康德肇始經費希特、謝林到黑格爾，乃至費爾巴哈，便是此種主體性哲學的典範。主體性的轉向是從古老的喋喋不休的本體論向近現代講求精密科學的認識論的轉向，是從客體論向人本論的轉向。二是主體間性的轉向。主體間性的轉向與語言學的轉向，與現象學、解釋學、存在主義和交往理論的興起一脈相承。之所以有主體性向主體間性的轉向，是由於傳統主體性哲學是在主一客二元對立的前提下立論的，以追求效率和實用為唯一宗旨，在個體主義和自由競爭

大行其道的背景下,極易滑向單一主體性,變成一種走向極端的個人主義和利己主義,從而產生自我中心主義和人類中心主義的不解情結,導致社會關係的異化和生態環境的惡化,威脅到人類自身的生存。正是對人類所面臨的諸如工業異化這些特定的社會歷史境域的深刻反思,人們開始認識到,單向的主客關係的取向和建立在這一主客關係上的認知的及工具的合理性的努力,既不能真正給人類帶來全面的、實質的自由和幸福,也不能真正解決人類社會的尖銳的、深重的社會衝突。對此進行深入的哲學反思,主體間理論的提出就成為必然。主體間性否定的不是主體性,而是單一主體性,因為主體性正是構成主體間性的基礎,沒有主體性也就沒有主體間性。

現代哲學從一定意義上說就是主體間性哲學,胡塞爾第一次在現象學中明確提出了主體間性的概念,企圖透過共現、配對和移情來確認他人的存在,繼而擺脫唯我論的困境。海德格爾把主體性作為他的批判對象,認為主體性的突出,使人失去自我的存在,從而導致現代西方文明的危機。他認為人在世的存在是一種主體間性的存在,深入研究了交互主體共在的生存狀況。雅斯貝爾斯認為人是在交往的互動中確立自身的,自我與他人的主體間性關係是人們之間最深層的關係。薩特在肯定了歷史主體性的同時,把主體性推向了虛無,從反面揭示了人與人互為主體、互為客體的主體間性關係。[39]哈貝馬斯透過交往理性來重建主體性,把主體間性作為主體性的一個成熟發展階段,注重交往的「有效性」,在「語言的轉向」中來尋找走出主體性的困境的出路。交互主體性的提出為解決主體性的困境提供了契機。

主體是相對於客體而言的,因而主體性是在「主體—客體」關係中的主體屬性。主體間性是主體間即「主體—主體」關係中內在的性質。主體間性的英文名稱為「intersubjectivity」。除了被譯作「主體間性」外,還有「交互主體性」「主體際性」、「主觀際性」、「主體通性」以及「共主體性」等等。從漢語來看其字面意思就是「主體之間的」、「位於主體之間的」,也就是指主體之間的一性質和狀態。主體間性作為主體性的一種再生形態,是人們在交往活動中基於主體間關係體現出來的主體性。主體性從產生之日起,就已經內含了主體間性的萌芽,只不過它是以一種「直接的主體間性」的萌芽形式存在的。「人生活在關

係之中,自我與他者打交道,因此主體性就衍化為交互主體性,而不是孤立主體性。這才有社會,才有社會存在。如果把他者考慮進去,才是完整的主體性。」[40]人的存在是平等的、自由的,主體間性的思想要求我們正視他人的存在,從而達到一種共在的境界。人只能在關係中實現自身,沒有關係,人就不能成其為人。

對於每一個生活在關係中的人而言,他的生存只能是一種主體間性生存,就像海德格爾所說,「與他人共在」。「在認識論上,他者的意義在於,他是一個使我作為認識主體而成為可能、使我的認識過程的開展能賴以進行的存在。同時,他是一個我在認識之際,無法僅憑自己的判斷和認識就能信以為真,從而必須以其為參照並考慮他的認識和判斷的那種存在。在生存論意義上,他者不同於我、獨立於我,同時又與我相『類』似、相關聯。他人是這樣一種存在,就是我的生命在根本上不能與之相分離,而是我生命和享受的物件化和直接實現,是我生存的依託以及生命的價值、源泉和意義之所繫,同時他人也是損害我、剝奪我、遠離我,從而使我們感到喪失生命和意義的那樣一種可怕的、令人恐懼的存在。他人也是這樣一種存在,就是我不能以對待物的方式加以對待的,或者縱然我以物的方式加以對待,卻令我感到或應該感到某種不安、愧疚以及內在的責任。」[41]人的現實存在是一種社會關係的存在,在人的類存在的宏觀背景下,人的主體性才有價值意義。

二、兩岸關係中「主體間性」的內涵

兩岸關係經歷劍拔弩張的隔絕對立階段,發展到經濟合作加速、政治對立緩和、社會整合加快階段,迎來了目前的大開放、大交流、大發展的新局面。兩岸關係真正的轉捩點,是在2008年5月臺灣島內政局發生積極變化之後。2008年12月31日,胡錦濤在紀念《告臺灣同胞書》發表30週年座談會上發表重要講話,深刻闡述兩岸關係和平發展思想,鄭重發表推動兩岸關係和平發展的六點意見,

涉及政治、經濟、文化、社會、涉外事務等方面，為兩岸關係和平發展勾勒出清晰的「路線圖」。從「和平解放」到「和平統一」再到「和平發展」，都是與時俱進、一脈相承，具有長遠和偉大戰略意義的重要調整。[42]交通、通訊手段的發展減少了兩岸交往的時空障礙。透過旅遊觀光、參觀訪問、學術交流、互派學生等形式的文化交流使得兩岸的知識、思想、制度、觀念、習俗不斷融合。兩岸交流日益頻繁，越來越具有相互滲透和依賴的特徵，很自然會引發兩岸人民對共同命運的關懷。同時，兩岸面臨諸多共同問題所造成的危機感，以及解決這些問題所做出的共同努力，都會使兩岸人民產生共同的命運感，而這種對命運的共同經驗與記憶的結合恰恰是共有觀念形成的條件。胡錦濤2009年5月在會見國民黨主席吳伯雄時表示：「今後一個時期仍然要把全面加強兩岸經濟合作作為重點，當前最突出的任務是共同應對國際金融危機衝擊。考慮到兩岸同胞是一家人，我們採取了一些實際措施同你們共克時艱。今後，如果形勢需要，我們還會繼續這樣做。」[43]隨著共同命運的地位不斷提高，認同他者的動力也增加了。兩岸關係和平發展以及胡錦濤在紀念《告臺灣同胞書》發表三十週年座談會上的講話所描繪出的兩岸關係和平發展的整體架構，有利於促成兩岸「命運共同體」的形成。

兩岸的「命運共同體」是透過兩岸在文化傳統、合法秩序和個人認同等方面的交往行動出現在人們面前[44]。當中潛在的資源有一部分進入了交往行為，使得人們熟悉語境，它們構成了交往實踐知識的主幹。經過分析，這些知識逐漸凝聚下來，成為傳統的解釋模式；在社會群體的互動網路中，它們則凝固成為價值和規範；經過社會化過程，它們則成為了立場、資質、感覺方式以及認同。[45]一方面，當兩岸的「命運共同體」作為兩岸交往行為的背景假設出場時，它是流動的；另外一方面，兩岸的「命運共同體」一直在進行「文化再生產」、「社會的整合」和「社會化」的自身再生產。兩岸的「命運共同體」不是先驗的，是日常的，可經驗感受的，將兩岸的社會空間、歷史時間、個人的生活歷史和交互主體的共同生活形式交織在一起，相互構成網路。自此，兩岸關係從扭曲的交往模式向合理的交往模式轉換，認識論的角度就是從主體與客體關係模式進入主體與主體關係模式。

「理性的檢驗尺度是其主體間性，合乎理性是作為主體的社會化的個人，在

語言互動作用中即人際交往的網路中獲得的資質。」[46]在兩岸關係中，強調與主客體關係不同的主體間性（也被翻譯為交互主體性）關係，這是一種嶄新的視角。主體間性思想用於兩岸關係領域，為揭示兩岸關係存在的境遇提供了認識論基礎。首先，主體間性具有明顯的認識論特徵，可以使我們認識兩岸關係從一種主客內在統一的生活世界出發。傳統上我們研究兩岸關係總是主客分開，然後再去尋找統一的基礎。其次，主體間性可以使我們認識兩岸關係從兩岸民眾的生存狀態出發，從現實不斷生成與發展的狀態出發。第三，主體間性可以使我們認識兩岸關係從過程和相互生成的關係來看問題。傳統認識論遵循的是自己特有的理論邏輯。最後，主體間性可以深入到兩岸經驗的基本層面，探求基本的價值取向、目的、情感和意志對兩岸關係的構成作用。

主體間性涉及兩個或兩個以上的主體，實質是個人與他人、個人與社會、個體與群體的關係問題。主體間性消弭了主體和客體之間的對立，賦予交往中的個體同等的主體性，而交往在這些對等的主體之間展開。[47]主體間性在兩岸關係中所表現的兩岸主體間的相互交流、相互作用、相互協同，即社會性的交互主體性的涵義。兩岸關係在形成「主體間性」的過程中，必然出現互動性、差異性、共通性等特性。1.互動性是兩岸理性交往的第一層含義。互動性就是在主體間關係形成的過程中，主體之間在雙向交流溝通的活動中顯現出來的互為主體、互為客體的交往角色不斷變化的特性，即兩岸為了達到對對方的認識理解，就必須把對方當做客體；同時，為爭得對方的支持認可，又必須把自己設定在客體的位置上。在互動過程中，兩岸關係中的雙方，既是主動的，又是被動的；既是能動的，又是受動的，這樣的主體才是一種真正的主體。一味地把他人當做無意識的客體對待，就會走向唯我論。巴赫金認為「存在就意味著進行對話的交際」，我不僅是「自己眼中的自我」，同時也是「他人眼中之我」。兩岸交往主體在雙向互動的角色轉移中確證了主體間性的存在。兩岸參與到交往實踐中，在彼此差異，又相互關聯的結構中，形成了主體間性的互動性關係。2.差異性是兩岸理性交往的第二層含義。它是兩岸在互動過程中表現出來的差別個性。交互主體除了注重對話溝通協調，而且更重要的是強調主體間的差異。這是交互主體性不能忽視的一個特徵。主體間性所達成的共識也始終包含著個性差異，這是兩岸關係的

特殊性所在。共識就是在差異中相互協調合作，尊重差異，正視個性。抹殺人差異的交往溝通不是主體間性的本意，是對主體間性的扭曲。3.共通性是兩岸理性交往的第三層含義。共通性就是兩岸之間的可理解性。共通性首先是兩岸之間有著共同的現實基礎。兩岸之間共同分享的經驗感受，使主體相互間的理解成為可能，也使兩岸之間的交流達到一定意義的共鳴。意義透過兩岸間的交往而得以建立，兩岸之間透過分享經驗，使得相互間的理解成為可能，並且因此而構成相互間的交流，達到一定的意義的共用。隨著兩岸交往實踐活動的展開，交往活動的水準層次不斷提高，主體間的關係展現出新的層次和形式，主體間性的內涵也隨之不斷豐富與發展。

第三節　兩岸關係在我們的「理解」中流動

一、「先見」的烙印

兩岸關係是歷史存在的，從根本上說是前見的存在。[48]理解者無法從根本上擺脫自身與生俱來的前見。前見是理解得以可能的前提，而前見就是歷史給予我們的一切。前見規定了理解者的視域，決定了他所能夠看到的東西及理解的程度，即理解總是受到前理解的侷限的。我們是從我們的前見出發來理解兩岸關係的，我們必須承認理解者也是歷史的存在，是具有前見的存在，其自身的特殊性和歷史侷限性也是無法消除的。伽達默爾發揮了海德格爾「理解的前結構」的思想，[49]證明了理解者的「前見」是理解者自身無法徹底克服的因素，一切理解都只能在理解者的「前見」中展開。而作為理解之「前見」主要內容的歷史文化傳統，在理解過程中不僅可以堂而皇之地存在，而且還應該被視作理解的一個積極因素和必要條件。任何新的理解產生之前，已經存在有一種理解，新的理解是由主體處在的某種已有的理解狀態開始，才可能由此擴展開形成與先前的理解所不同的理解。所以，理解永遠不可能是一個全新的精神狀態，也不可能從沒有某種

理解的狀態產生出來。在任何新的理解發生之前,「先見」是主體所熟悉和理解的東西,因為「先見」正是主體進行理解前的已理解的精神儲備。[50]歷史研究離現實、離政治越近,「客觀」與「主觀」之間的關係可能就越緊張。譬如,海峽兩岸史學界無論怎樣解說秦漢之際的劉項之爭,基本上都不會出現所謂「公說公有理,婆說婆有理」現象,但一涉及抗戰時期的「正面戰場」與「敵後戰場」的貢獻問題,一涉及國共兩黨的「三年內戰」問題,理解的分歧就很明顯了。

由於個人經驗捲入了兩岸關係理解的形成過程,不同的個人經驗實際上是賴以觀察兩岸關係的不同的「眼鏡」,「眼鏡」的顏色不一,人們所看到的景觀當然各異。兩岸間共同分享著經驗,由此形成了主體之間相互理解和交流的平臺。我們理解兩岸關係的發展過程中,作為兩個不同存在的物件,不可能由一方去消滅或征服對方。兩岸分隔多年,有自己的歷史「視域」[51],即在一定的歷史時刻的人和歷史存在中產生出來的。[52]比如,臺灣民眾對大陸的複雜態度,「有脫離大陸的心態,也有征服它的心態;有輕視大陸貧困落後的尊貴心態,也有不信任中共、被出賣的畏懼心態;有免於與大陸交往過密的避禍偏安心態,也有與大陸人民積極往來從事商業貿易的務實心態;有其心必異的我族心態,也有血濃於水、禍福與共的一體心態。」[53]兩岸雙方都帶著自己由歷史給予的「視域」去理解對方時,就一定會出現兩個不同「視域」的問題。當理解者自身的生活環境、自身的生活實踐行動以及理解者的「理解實踐」發生變化,就必然引起理解者自身前見的變化,從而理解者可以獲得新的視域,看到更多的東西。兩岸關係的發展過程是一個傳統延續與變化革新的過程。一方面,不斷發展的兩岸關係需要解釋;另一方面,兩岸關係不斷向前,隨之就把反思過去的視域不斷向前推進。為此,我們必須對兩岸關係進行新的理解,發現原來沒有意識到的東西。傳統的客觀性觀念將客觀性看做是獨立於人的認識活動之外的存在,認為人可以擺脫自身侷限性獲得關於對方的知識。在兩岸關係的理解過程中由於不可避免的主體性,在理解領域中對兩岸關係的判斷難以達到自在客觀性時,主體間一致性就成了判斷普遍有效性的重要指標。兩岸關係的理解既是個性化的,又是可以互相傳達的。那麼,原因何在呢?原因就在於理解活動本身就是主體間性活動。兩岸關係的理解活動中的自我主體不是孤立的個體,而是共在的自我。自我必然與他人進

行交流、溝通，從而形成了某種共識。這種共識成為自我個體的前理解，參與了當下的兩岸關係的理解活動。對兩岸關係的理解不僅源於自我意識，也接受了他人的影響。因此，兩岸關係不僅是自我與歷史物件之間對話的直接產物，也與其他主體的社會實踐相關；不僅僅是個體性的，而且是社會性的。

二、視域的融合

兩岸關係的理解過程是歷史視域和當代視域的融合過程。因此，理解兩岸關係，絕不是以當代人的價值觀念為尺度所進行的任意性的活動，而是在「活著的」歷史文化傳統制約下進行的一種活動。正如哈貝馬斯所認為，「理解這個詞是含混不清的，它最狹窄的意義是表示兩個主體以同樣方式理解一個語言學表達；而最寬泛的意義則是表示在與彼此認可的規範性背景相關的話語的正確性上，兩個主體之間存在著某種協調；此外還表示兩個交往過程的參與者能對世界上的某種東西達成理解，並且彼此能使自己的意向和對方的意向達成理解，並且彼此能使自己的意向為對方所理解」。[54]所以，理解的普遍有效性目標絕不是個體理解者與歷史傳統的視界融合就能夠達到，而只能是在交往中使多極主體達到意義認同和共識。認同歸於相互理解、共用知識、彼此信任、兩相符合的主體之間相互承認。

我們無法擺脫由自身歷史存在而帶來的「先見」，又不能以自身的先見去任意曲解對方。所以我們需要一種融合產生的新的更大的視域，意味著給兩岸關係開闢新的可能。以媒體為例，改革開放前大陸對臺方針政策是以「解放臺灣」為主，大陸媒體對國共關係和兩岸關係的歷史是採取批判態度。兩岸關係進入緩和開放階段，大陸就開始重新審視兩岸關係的歷史，重新評價國民黨的歷史地位，並且與國民黨展開合作與對話，採取平等的態度開展對臺報導，開始注意用細節刻畫臺灣同胞的感受。對兩岸關係問題探討的主體間性轉向勢在必行。主體間性的兩岸關係理解較之於「主體—客體」框架的舊理性而言是一次更為深刻的變

39

革：理解主體從單一性走向多極性，從孤立性走向交往性。交往理性絕不是脫離交往共同體的語境而永恆的，相反，它是依據交往實踐共同體的公共整合的結果。每一個理性都相對於交往共同體而言，理性隨著交往共同體的變化而轉換。在兩岸關係中，我們一方面堅持兩岸之間存在的差異性和多元性，另一方面強調過交往、對話和理解是彌合兩岸間差異鴻溝的基本方式。

兩岸關係是一種主體之間的關係，是一種人際關係。真正的理解活動只有在主體之間的社會交往關係中，在主體與主體相互承認和尊重對方的主體身分時才能存在。「『自我』是在與『他人』的相互關係中凸現出來的，這個詞的核心意義是其主體間性，即與他人的社會關聯。唯有在這種關聯中，單獨的人才能成為與眾不同的個體而存在，離開了社會群體，所謂自我和主體都無從談起。」[55]在經歷了不同的視域後，在一個更大的視域中重新把握物件，從而達到主體間的「共識」。兩岸關係對彼此的理解是透過交互主體化來實現普遍有效性。正是基於交往實踐基礎上的主體間性維度，才保證了結果的有序性、規範性和一致性。兩岸交流擴大導致實踐發生變化，這也必然引起先見的變化，從而獲得新的視域。「為了交談能夠進行，必須學會傾聽」，[56]兩岸關係的發展就是不斷突破先見的過程，是一個視域不斷轉換的過程。兩岸關係位於當代的交往空間中，兩岸關係的主體間性轉向勢在必行。交互主體先天地處於對兩岸世界的共用之中。兩岸中「我」與「你」的相遇，是一個雙重事件。一方面，我體驗你的處境與話語，另一方面，我並不因體驗而喪失我的根基和自我性。[57]「生活於對話之中的存在者，即使處於極端無主的狀態之中，也能接受到一種粗糙而強烈的相互性；生活於獨白中的存在者，即使在最親密的狀態中，也不會越過自我的界限。」[58]如果說主體主義理解就表現為自我獨白的話，那麼主體間性理解就表現為主體之間對話。獨白在形式上可能表現為人與人聊天，但是其中的每個人都想著自己，渴望在別人那裡建立自己的形象，別人根本就沒有進入他的視域。我談我的一套思路，他談他的另一套思路，兩套思路沒有任何相交之處，甚至南轅北轍。因此，個體獨白是自我言說，而非對「你」言說。

如何在兩岸關係中獲得有關主體間性的理解，包含著我們如何能形成共同理解的問題。主體間性理解意味著這樣的可能性：我能認識他人的人性，並能像看

待我的自我一樣看待他人的自我；我能像理解我自己一樣理解他們的意圖、動機和感覺；我能期望他們理解我，我能與他們一起工作、與他們發生關係、和他們一起生活，我能分享他們的興趣、目標和觀點。他人的意識與我們的意識的進行過程在時間上是平行的，兩者在社會互動中同時發生並交錯在一起，這就是主體間關係的本質，也是我們理解他人的基礎。從另一個角度看，我們瞭解他人又甚於瞭解自己，因為當他人的主觀經驗實際發生時，我們可以觀察和感受它們，而我們只有等自己的經驗成為過去時才能對它加以反思性的對待。我們對自我的認識只有透過反思才能完成，我們只能在反思中把握自己的感受，也就是對過去的感受的把握，而不是對現在正在進行的感受的把握。任何一個人都可以把握其他人現在的感受，我可以認識他人的現在，他人也可以認識我的現在，但是，沒有人可以在行動中看到自己。因此，主體間性的理解才是對主觀經驗的真正的理解。

在兩岸關係中，臺灣和大陸是互相理解和互相建構的。正如薩特所說：「我們經常說『我們』，這是千真萬確的。存在本身和這種語法形式的應用必然歸結為共在的實在經驗。『我們』能是主體，並且在這種形式下，『我們』相當於『我』的複數。」「在主體『我們』中，個人不是物件。我們包含互相承認為主觀性的眾多主觀性。」[59]過去的兩岸關係，沒有顧及「主體間性」的維度，導致了人們交往關係的扭曲，使得只有「獨白」，沒有「對話」，從而堵塞了「理解共識」形成的可能途徑。那麼，要使一致性理解成為可能，必須擺脫「獨白性」建立「主體間性」。也就是說，兩岸民眾在社會生活中形成自己的視域，同時還需要我們能理解和假定其他參與者的角度，以及從參與者的角度變換為觀察者的角度，從外部即主體間的或普遍的尺度來審視自我和他人的目的、期望、行為。正是在這種實踐包括他人和社會的評價時，主體反覆鑒別並完成了自身的自我同一性，同時也就擺脫了動物的本能關係而獲得了社會性、普遍性。「從根本上說，理解就是對意義的認同、共識和行動的協調。達到理解是一個在可相互認可的有效性要求的前設基礎上導致認同的過程。」[60]還需要說明的是，兩岸的交往實踐，不僅表現在認知和評價的理性態度中，也表現在感覺、體驗等同現實接觸的諸形式中。對於同一歷史客體，不同理解主體就會做出不同的評價，不同主體

就會賦予同一歷史客體的幾種不同的意義,這就是理解的多元性和意義的多元性。但在具體的理解中,在各利益主體對立的基礎上,當然也可以做到求同存異,只有透過兩岸之間不斷的交往對話來實現。

三、承認與理解

我們強調理解主體間的對話,對話就必須承認相異主體的存在,即允許「他者」的存在。既承認「他者」的存在,主體與「他者」的關係就是互相平等的。主體不能以自我為中心,一切唯我是從;從「他者」看,要互為主體,互相觀照;對話就是面對「他者」,需要互相理解、諒解。在互為「他者」的情境下,要互相理解其背景。互相理解、諒解才能相互尊重、相互禮儀,只有互相理解,才能達成共識。當然,對話的基礎也需要一定程度的誠信,誠信使對話蘊涵著誠意,誠意使對話通向順利,甚至成功。若無誠信,對話這種遊戲便流於謊言或一紙空文。對話既然是承認「他者」的存在,在與「他者」的交往中就不能唯我獨尊,不能非此即彼,你死我活,消滅「他者」、對話者。[61]在主體間的相互承認之中,不斷地擴大交往共同體的範圍。減少侮辱、蔑視和暴力,不斷地把「他」變成「我們」,不斷加強對話和交往共同體內的聯合,從而增進人們的「團結」,形成和創造更具包容性的共同體,這一點構成了兩岸「命運共同體」的最真實的價值追求。[62]只有透過這樣一種兩岸命運共同體的生成,才能使公共生活的每一個成員獲得真正的自由和幸福。當「自我」成為「真理」、「道德」和「價值」的化身時,他與他人、與世界的關係必然是一種「我」與「它」的關係,而不可能是「我」與「你」的對等關係。體現在社會生活中,「主體」必然不可能以一種真正平等的方式來對待別人,而只能把他人「客體化」與「物件化」。這種「我」與「它」的關係,就像馬丁‧布伯所指出的那樣:「『我』與『它』並非邪惡,恰如物質並非邪惡,但兩者均狂妄地以存在自居,因而在此意義上乃是罪孽。倘若人聽憑它們宰制自我,則無限擴張的『它』之世界將吞沒他,他之『我』將蕩然無存。」其結果必然是,人們的社會生活「除了瘋狂擴張

的『它』之暴政，它無物可以繼承。『我』在此暴政下日漸喪失其權力，可它仍沉醉在君主的迷夢中」。[63]尊重可以產生信任，信任可以使人敞開心扉，尋找共識，尋求合作的可能。所謂「相互承認」，就如黑格爾在《精神現象學》中所指出的，「自我」與「他人」是一種互為前提的辯證關係，「自我」只有透過他人，從他人那裡獲得承認、確證時，才成其為「自我」。「他人」不可能在抽象的自我關係中形成，如果不超出自身，也就不會生成和認識自己，「我就是我們，而我們就是我。」每個人只有「透過它的對方才是他自己」。[64]這就說明，兩岸之間是相互依存、相互影響、相互制約的，每一主體必須考慮相應的對方的目的、利益和需要，必須顧及對方的歷史意義評價與選擇。

　　兩岸交往面臨很多現實障礙，但也正因為如此，主體間性要求某種不帶強制的扭曲的兩岸交往實踐，要求兩岸間真實、真誠、正當的多元對話，就具有重要的價值。這種要求不僅是兩岸各自應當具備的，而且也是為了實現理解必須接受的。只有這樣，交往和對話才是無障礙的，說話者對自己和他人才是平等開放的，才能形成合理的共識。兩岸交往主體在繼續交往中努力從對方的角度去理解客體，並把自己看問題的角度暴露給對方，以求得彼此理解。在理解過程中，個體不一定放棄自己的視域，而在經歷了不同的視域後，在一個更大的視域中重新把握那個物件。我們強調兩岸關係中主體間性的理解，其實是希望把參與理解的每一個理解主體都容納於其中，透過每一個人的充分參與，並且以「參與者都可以接受」為標準的普遍性。在這種普遍性中，「每一個人的視角與所有人的視角相互重合，所有可能的當事人都參與到了這種話語之中，而且在話語過程中能夠用一種假定的立場。透過論證總是值得追問的規範和行為方式的有效性來表明自己的態度。這種不偏不倚的視角超越了每個參與者的主觀性，而又沒有喪失共同參與者記述式立場之間的聯繫。」[65]

　　主體之間的交流行為既是依賴於語境的，總是透過有血有肉的個體們在社會文化和歷史的情景中由於交流的需要而被產生，但它們又是先驗於語境的。這種內在的先驗的語境力量，是建構交流的日常過程的理性潛勢，以作為一種理想化的普遍預設和行為規則，對個體之行為目的的實現起普遍作用，並涵蓋所有形式的交流行為。從而將規則的「普遍」和語言的「使用」內在地連接起來，只有在

43

這個意義上，一種「普遍語用學」的研究才成為可能。這就說明，由日常語言支撐的交流行為組成的世界就是生活世界，對應的則是交流理性。人與人之間透過符號協調的相互作用，在規則的引導下，進入人的語言的世界，從而以語言為媒介，透過對話，進而達到溝通與相互理解。兩岸人民在社會生活中形成自己的視域，同時還需要能理解和假定對方的角度，以及從外部的尺度來審視自我和他人的目的、期望、行為。在兩岸的交往實踐中，理解主體發現了他人，發現他人同時就是發現自我。此時主體才能從他人的角度來看自己，即自我物件化。透過發現他人與自我的差異而暴露出自己的先入之見的侷限性。但是僅僅暴露偏見還不足以克服偏見，如果交往雙方不是為了指向共同的客體而繼續交往下去，交往就會在雙方各持己見的情境中中止。交往實踐的客體指向性是保證主體超出自身的主觀片面性，從而達到普遍有效性理解的關鍵。與「他者」的相遇，我們便超越了我們自己知識的狹隘。一個通向未知領域的新的視界打開了，這發生於每一真正的對話。[66][67]

第三章 「對話」，還是「獨白」：兩岸關係的現實嬗變

1949年到1979年的三十年時間裡，兩岸關係格局的基本特點是全面隔絕和軍事對峙。1978年末，中美兩國達成建立外交關係的協議，一個基本前提就是美國武裝力量撤出臺灣海峽，由中國人自己來解決自己的問題。美國當時同意了，同時美國政府也撤銷了對臺灣的「外交」承認，廢除了1954年簽定的「共同防禦條約」。在這樣一種國際背景下，既然外國勢力撤出了，中國人自己的事情完全可以用和平商談的形式解決。1979年元旦，全國人大常委會發表《告臺灣同胞書》，宣告了中國政府和平解決臺灣問題的方針，並命令人民解放軍從當天起停止對金門等島嶼的炮擊，提出「透過兩岸的商議結束軍事對峙狀態，為雙方任何一種範圍的交往接觸創造必要地前提和安全的環境」。[68]1980年代，大陸確立了「和平統一，一國兩制」方針，臺灣依然堅持「三民主義統一中國」，並堅持「不接觸、不談判，不妥協」，雙方隔絕對峙。[69]

1986年5月因偶發事件引發中華航空公司和中國航空公司在香港舉行兩航談判。這是海峽兩岸自1949年以來第一次真正意義上的接觸談判。[70]它的成功舉行，在某種程度上影響到臺灣長期營造的「恐共」心理，使臺灣民眾認識到，兩岸是可以透過談判解決問題的。在此之後，經過再三斟酌，臺灣又作出了有限度開放臺灣民眾赴大陸探親的重大決策。自1987年7月28日起，解除赴港澳觀光的限制，允許臺灣民眾以港澳為出境第一站；自1987年11月2日起，允許民眾除現役軍人和公職人員外，凡血親、姻親、三等親以內，均可申請到大陸探親，從而邁出了臺灣調整大陸政策的第一步。1989年3月，兩岸體育組織之間曾在香港就臺灣體育代表團參加當年在北京舉行的「亞洲青年體操錦標賽」的相關問題進行過協

45

商。兩岸的隔絕狀態被打破，兩岸對話開始進行。

第一節　李登輝時期：前期對話，後期獨白

　　李登輝在臺灣主政的時期，亦是兩岸關係發展日趨複雜化的時期。1988年1月13日，李登輝宣誓繼任臺灣領導人，初期由於政局不穩，地位不鞏固，他所推行的大陸政策總體上延續了蔣經國時代所確定的反共、反「臺獨」的基本立場和「革新保臺，拒和偏安」的基本方針。1988年2月，李登輝在繼任後的首次記者招待會中表示：「中華民國的政策，就是只有一個中國的政策，而沒有兩個中國的政策。」在這種態度下，國民黨十三全大會未對蔣經國時期的各項內外政策作出帶有根本性的調整，大陸政策仍維持了蔣經國生前所確定的反共反「臺獨」的基本立場和原則。此後，李登輝還曾多次強調「一個中國」政策，稱「今天政府雖然立足於臺灣，但我們必須共同確認，中國只有一個，而且必須統一於自由民主的制度之下」，「我們與中共之間，是一個敵對關係，我們如不能統一大陸，中共就要統一我們」。1988年12月，李登輝首次提出必須面對「中國只有一個，但卻無法有效在全國行使統治權的現實」。[71]1989年3月，國民黨籍「增額立委」林鈺祥在「立法院」質詢時，提出了「一國兩府」構想，主張參照東西德關係，用「一個國家、一個民族、兩個對等政府」為兩岸關係定位，受到了臺灣的重視。1989年4月，李登輝派財政部長郭婉容到北京參加亞銀會議，打破兩岸官員「不接觸」的政策。1989年，中國科學院地理研究所研究人員首次赴臺交流。這一時期，兩岸交流處於單向交流狀態，主要是臺灣民眾來大陸交流。1990年5月6日，李登輝發表了對兩岸談判的看法，稱：「願意同中共進行政府對政府的對話，對話必須在一個中國、政府對政府和雙方地位平等的基礎上進行。但是不能由兩個政黨進行談判。」緊接著，李登輝在就職演說中正式使用了「中共當局」的提法，並表示「願意以對等地位建立雙方溝通管道」。1990年10月至11月間，由李登輝親自主導，臺灣相繼成立了「總統府國家統一委員會」、「行政院大陸委員會」和「財團法人海峽交流基金會」三個機構，隨之弱

化了國民黨中央的「大陸工作指導小組」功能，有意使大陸政策和兩岸事務脫離黨的系統而置於「政府」系統之下。可見，李登輝不僅接受了「一國兩府」構想，而且在實際操作上也在按「一國兩府」架構來規劃處理兩岸關係。1990年9月11日上午，中國紅十字總會祕書長韓長林等4人乘坐一艘懸掛白底紅十字旗的鐵殼船，從廈門東渡碼頭出發，直接朝金門方向航行，隨後，即由同樣懸掛紅十字旗的臺灣船隻引導，順利泊靠金門金湖漁港。在下榻的仁愛新莊，韓長林等與臺灣紅十字組織祕書長陳長文等就兩岸紅十字組織參與見證主管部門執行海上遣返事宜進行了協商，並於12日簽署了協議。雙方本著切實解決問題、迴避目前尚難以解決的兩岸政治分歧的務實精神，就見證遣返的原則、物件和遣返程式等方面作了明確的規定。《金門協定》雖然是以兩岸紅十字組織的名義簽署的協定，但卻得到兩岸官方的認可和授權。1990年10月8日，雙方根據「金門協定」第一次順利進行了海上遣返工作，首批55名私自渡海去臺的大陸居民從馬祖回到了福州馬尾港。此後，共有120多批近2萬名違反有關規定進入對方地區的兩岸居民和刑事嫌疑犯、刑事犯循《金門協定》的模式完成遣返。《金門協議》的簽署，不僅保證了兩岸遣返作業的順利進行和兩岸同胞的生命安全，也為其後兩岸的授權民間機構的商談打下了良好的基礎。

　　1991年2月23日，臺灣制定了「國家統一綱領」。這是臺灣40多年來公開提出的第一個關於「國家統一」的方案。「綱領」的基本出發點是以「對等政治實體」原則處理和解決兩岸關係問題，明確提出「在互惠中不否定對方為政治實體」，核心是謀求成為與我「平等的獨立政治實體」，實質上還是堅持「一國兩府」。1991年3月9日，臺灣率先成立海峽交流基金會（簡稱海基會），希望藉此推動兩岸對話，兩岸交流進入雙向交流的對話階段。1991年12月16日，大陸社會團體法人性質的民間團體海峽兩岸關係協會（簡稱海協會）在北京成立，它以促進海峽兩岸交往，發展兩岸關係，實現和平統一為宗旨。1992年3月23日，兩會協商正式開始，此後在北京、廈門、香港、臺北舉行多輪兩岸對話。1992年10月28—30日，兩會在香港舉行商談，集中討論兩岸事務性商談中如何表述堅持一個中國原則的問題。1992年11月，兩岸達成體現一個中國原則的「九二共識」，為「辜汪會談」及此後各種事務性協商談判奠定了基礎。1993年4月27

一30日,在「九二共識」的基礎上,在大陸的積極推動下,海協會會長汪道涵與海基會董事長辜振甫,在新加坡正式舉行第一次辜汪會談。這是海峽兩岸高層人士在長期隔絕之後的首度正式接觸。雙方就兩會會務、兩岸經濟交流、科技文化交流等三項議題進行了廣泛討論。會談達成了四項協議。兩岸在經濟交流與合作、科技交流、文化交流、事務性商談,以及兩會聯繫與合作方面均取得具體成果,為推動兩岸的對話創造了積極的氣氛。它標誌著兩岸關係發展邁出了歷史性的重要一步。兩岸及國際社會均對會談普遍給予高度評價,認為「具有相當深刻的政治意義」。首先,雙方在會談中相互尊重、平等協商,為今後各領域的互助合作提供了可資借鑑的範例,標誌著兩岸的「談判時代已經來臨」。第二,兩會聯繫與溝通管道的確立,開啟了兩岸溝通正常化、制度化的大門,對今後兩會領導人互訪及解決兩岸交往中存在問題將造成積極的作用。第三,會談的成功有助於增進兩岸的互信,說明只要雙方本著「求同存異,平等協商」的原則坐下來談,許多問題都可望得到解決。[72]

但是,兩岸之間的這種對話還是受到很大的侷限,雙方的一些原則性的分歧依然存在。1993年年底在APEC會議上,大陸重申「臺灣是中華人民共和國的一個省」,臺灣回應「我們主張『階段性兩個中國』」。而且,兩岸關係在李登輝執政的後期出現幾次波折,甚至跌入谷底。1995年6月,李登輝到美國的訪問極大地破壞了兩岸關係。《人民日報》和新華社評論員先後發表了四評「李登輝在康乃爾大學的演講」和四評「李登輝的『臺獨』言行」共8篇文章,中國的報刊、電視臺、廣播電臺等主要輿論機構也就李登輝的行為發表了一系列的文章。國務院臺辦發言人指出,大陸的目的在於揭露李登輝的「臺獨」真面目,批判李登輝「挾洋自重、分裂祖國的行徑」。大陸還在外交、兩岸交流方面採取了相應措施。在反對美國允許李登輝訪美和對美交涉方面。10月,江澤民出席聯合國成立五十年週年慶祝活動期間,於24日與美國總統柯林頓正式會談。江澤民強調:「影響中美關係最重要、最敏感的問題是臺灣問題,構成中美關係基礎的三個聯合公報的核心問題也是臺灣問題。我們不希望再發生兩國關係穩定發展受到干擾的事件」。在兩岸交流方面:海協會宣布暫停原定於7月進行的辜汪會談,兩會其他層次的事務性商談也一律停止。大陸從1995年7月到1996年3月在臺灣

海峽和臺灣附近進行了四次有針對性的軍事演習，臺海地區出現了1970年代末以來前所有未有的緊張局面。此後兩年，兩岸關係發展比較平靜，始終未能突破。1999年5月李登輝出版《臺灣的主張》一書，鼓吹要把中國分成七塊各自享有「充分自主權」的區域。7月9日，他公然將兩岸關係定位為「國家與國家、至少是特殊的國與國關係」，企圖從根本上改變臺灣是中國一部分的地位，破壞兩岸關係特別是兩岸對話談判的基礎，破壞兩岸和平統一的基礎。「兩國論」公然挑戰一個中國原則，臺灣對於一個中國原則由混淆、否定演變為背棄，兩會商談被迫中斷，兩岸結束對話，走向獨白。

第二節 陳水扁時期：獨白為主，兼有對話

2000年臺灣政權首次「政黨輪替」，標舉「臺獨」黨綱的民進黨取得了執政地位。陳水扁就職時提出「四不一沒有」，「只要中共無意對臺動武，本人保證在任期之內，不會宣布獨立，不會更改國號，不會推動兩國論入憲，不會推動改變現狀的統獨公投，也沒有廢除國統綱領與國統會的問題。」大陸提出了「聽其言、觀其行」，使對話停滯的兩岸關係露出的一縷曙光。2000年臺灣政黨輪替，3月19日陳水扁上臺當天國臺辦授權發表聲明，指出「世界上只有一個中國，臺灣是中國領土不可分割的一部分。臺灣領導人的選舉及其結果，改變不了臺灣是中國領土一部分的事實。和平統一是以一個中國原則為前提的。任何形式的『臺獨』，都是絕對不允許的。對臺灣新領導人我們將聽其言觀其行，對他將把兩岸關係引向何方，拭目以待」。[73]2000年8月，錢其琛副提出「一個中國」的新三段論述，即「世界上只有一個中國，大陸和臺灣同屬於一個中國，中國的領土和主權完整不容分割」，作為對陳水扁上臺伊始就職演說中「四不一沒有」的善意回應。但由於民進黨內「臺獨」極端勢力活躍，臺灣方面幾乎斷絕了與大陸方面的政治交往。2001年大陸一方面對臺灣「臺獨」活動進行批判，另一方面也強調只要臺灣接受一個中國原則，回到「九二共識」，兩岸就能恢復對話和談判，而且什麼問題都可以談。5月30日，張銘清在新聞發布會上指出：「臺灣

領導人上任以來的所作所為，證明了他自己的『誠意和善意』只不過是權宜之計，造成目前兩岸政治僵局和無法重開對話的責任，完全在臺灣。臺灣領導人不承認一個中國原則，說明他對兩岸的商談是沒有誠意的，這只是欺人之談。兩岸至今無法展開商談，是臺灣自己關閉了商談的大門」。[74]

2002年以來，以胡錦濤為總書記的新一屆中央領導集體，面對臺灣局勢與兩岸關係的巨大變化，根據新的形勢與需要，在繼承過去對臺政策基礎上，逐漸形成了對臺政策的新思維，使兩岸關係出現了引人注目的積極變化。2002年8月3日，陳水扁向在日本東京舉行的「世界臺灣同鄉聯合會第二十九屆年會」發表講話，公然聲稱「臺灣跟對岸中國一邊一國」，鼓吹要用「公民投票」方式決定「臺灣的前途、命運和現狀」。陳水扁提出的「一邊一國」論，讓兩岸關係再次跌入谷底。2003年至2004年，陳水扁在競選過程中變本加厲地拋出「臺獨」主張，不僅將選戰定調為「一邊一國」對「一個中國」的對決，並推出「臺灣正名」、「公投制憲」的「臺獨時間表」，以「公投綁大選」的方式強勢進行「和平公投」；此後，陳水扁更是有恃無恐地推動「中國化」、鼓吹帶有「臺獨」意識的「臺灣主體意識」、廢除「國統會」和「國統綱領」、透過「憲改」謀求「臺灣法理獨立」、鼓噪「以臺灣名義」申請加入包括聯合國在內的各種明顯需要主權國家身分的國際組織、推動舉辦「以臺灣名義加入聯合國」的「公投」、授意民進黨炮製「正常國家決議文」這一新的「臺獨」綱領等赤裸裸的「臺獨」分裂活動[75]全面緊縮兩岸經貿政策，將過去的「積極開放、有效管理」改為「積極管理、有效開放」，企圖遏阻兩岸交流，兩岸關係陷入僵局，對話阻滯。2004年中共中央臺灣工作辦公室、國務院臺灣事務辦公室5月17日受權就當前兩岸關係問題發表聲明。聲明開篇就指出：「當前，兩岸關係形勢嚴峻。堅決制止旨在分裂中國的『臺灣獨立』活動，維護臺海和平穩定，是兩岸同胞當前最緊迫的任務……四年來，陳水扁的所作所為表明，他自食其言、毫無誠信……陳水扁竭力挑釁大陸和臺灣同屬一個中國的現狀，公然提出透過『臺灣獨立制憲』走向『臺獨』的時間表，將兩岸關係推到了危險的邊緣……中國人民將不惜一切代價，堅決徹底地粉碎『臺獨』分裂圖謀」。[76]至此，大陸對陳水扁已經「定性」，認定其為「臺獨」分子，其人「自食其言、毫無誠信」。1999—2008

年,是兩岸關係的「九年僵局」,即獨白時期。這個時期的大陸將反對和遏制「臺獨」分裂勢力作為這一時期最重要最緊迫的任務,並進行堅決的鬥爭,同時沒有放棄以靈活務實方式突破兩岸政治僵局的努力。期間,民進黨當局在事務性的事情上曾採取一些比較正面具體的作為,以滿足兩岸交流對話的現實需要。2001年1月,福建廈門和馬尾與金馬地區的「小三通」正式開展,2002年1月,臺北開放了第三類即旅居港澳及海外4年以上、並取得工作證的大陸人士赴臺旅遊,同年5月又開放了第二類即赴國外旅遊或海外商務考察的大陸人士赴臺觀光;2003年1月,兩岸第一次春節包機成行;2005年10月金馬地區實施小額人民幣兌換。

　　2005年兩岸關係出現了一些促進對話的積極因素,3月國民黨派江丙坤組團訪問大陸,就是有意透過「緬懷之旅」承繼孫中山先生開創的歷史傳統;4月26日—5月3日、5月5日—13日,中國國民黨主席連戰、親民黨主席宋楚瑜相繼應中共中央和中共中央總書記胡錦濤的邀請,率領黨內高層和骨幹成員到大陸參觀訪問。胡錦濤分別在北京與連、宋兩位主席舉行了正式會談,並就促進兩岸關係發展的相關重大問題,以及加強彼此之間的黨際交流和對話達成了重要共識,建立了溝通對話平臺。連、宋大陸行開創了兩岸之間對話的新管道,在兩岸官方對話無法展開、兩會商談停擺的情況下,走出了兩岸對話的第三條道路。兩岸關係的總體氛圍出現了有利於緩和、合作的轉變,兩岸民意在這兩次訪問中得到集中展示,大大增進了兩岸民眾的互相瞭解。兩岸政黨透過溝通對話,在求同化異中融合出兩岸問題的解決之道。兩岸中國人透過此次政黨對話,切實促進了兩岸關係的緩和,並為兩岸關係的發展揭示了光明的前景。這再次讓國際社會認識這樣一個事實,那就是兩岸中國人有智慧、有能力解決中國人自己的問題,化解他們對地區和平穩定的擔憂。[77]中共與國民黨、親民黨之間的政黨溝通平臺啟動後,兩岸民間的對話變得活躍。2005年8月,國民黨臺中市、彰化縣、臺南市、新竹市黨部參訪團先後抵達廈門、青島、深圳、蘇州展開交流訪問,中國共產黨與國民黨基層黨部交流分階段展開。[78]

第三節　馬英九時期：對話為主，兼有獨白

　　2008年臺灣政治局勢發生重大變化，國民黨獲得「大選」的勝利，馬英九當選後，遂將推動兩會複談、開放陸資登島和大陸觀光客赴臺以及兩岸直接「三通」作為發展兩岸關係的重點，兩岸關係走向對話。2008年6月，中斷九年的海協會與海基會商談機制在北京正式恢復，並簽署了《海峽兩岸包機會談紀要》與《海峽兩岸關於大陸居民赴臺灣旅遊協定》兩項協定。2008年7月，兩岸旅遊包機直航正式啟動，大陸遊客赴臺旅遊首發團成行，同時人民幣開始在臺灣全面兌換。11月初兩會在臺北達成四項經貿合作協定，尤其是《海峽兩岸空運協議》、《海峽兩岸海運協議》、《海峽兩岸郵政協議》的簽署，讓海峽兩岸基本上實現了直接通郵與通航，也就實現了某種程度的直接通商，兩岸經貿關係正常化向前邁出了重要一步。自「三通」以來，兩岸各項對話全面開展，比較值得關注的有在福建舉行的兩岸民間性質的海峽論壇，在湖南召開的兩岸經貿文化論壇，兩岸故宮博物院合作舉辦「雍正文物特展」，在浙江舉行的兩岸農漁水利合作交流會，在臺灣舉行的「兩岸一甲子」研討會等。[79]2009年12月22日，兩會領導人在臺中市舉行第四次會談，在「開誠布公、務實協商」的原則下，簽署《海峽兩岸漁船船員勞務合作協定》、《海峽兩岸農產品檢疫檢驗合作協定》、《海峽兩岸標準計量檢驗認證合作協定》等三項協議，成果相當豐碩，有利於保障兩岸漁業勞務合作的健康開展，促進臺灣漁業發展；有利於保障農產品品質安全和兩岸同胞的生命健康，促進兩岸農產品貿易持續發展；有利於促進兩岸經貿往來和貿易投資便利化，提高兩岸產業合作層次和水準，強化兩岸產業在國際上的競爭力。[80]兩岸同胞往來之頻繁、經濟聯繫之密切、文化交流之活躍、共同利益之廣泛是前所未有的。在海峽兩岸兩會協商機制恢復與重新確立之後，國共黨際交流平臺也逐步得到新的確認與發展，從而初步形成海峽兩岸之間「兩軌交流機制」。

　　從2006年初開始，馬英九在有關臺灣前途的問題上逐漸有了新的說法，為統一增加了較之「國統綱領」更為苛刻的前提條件：2006年3月馬英九在華盛頓

接受「美國之音」專訪時明白指稱，改變現狀，甚至討論統一問題「沒有時間表，但是有條件。也就是說，兩岸都能達到自由、民主、均富，保障人權，尊重法治。同時，臺灣的人民必須要充分參與，充分表達意見，因為這畢竟是對臺灣現狀非常重大的改變。臺灣人民如果不贊成的話，就不能推動」[81]。2008年3月馬英九在「愛臺保臺大家一起來」大會上致詞時又稱，「國民黨嚴正聲明：有關臺灣未來的前途與發展，必須臺灣人民說了才算，必須由臺灣人民自己決定」[82]。2008年開始，兩岸低階經濟性、事務性層面的交流對話已經逐漸展開，高階的政治議題暫時擱置，依然處於獨白的狀態。馬英九的大陸政策是臺灣外政治現實、臺灣民眾多元而複雜心態的集中反映，也為自身對政治現實的無力感所牽累，這些都是兩岸對話的消極因素。胡錦濤在紀念《告臺灣同胞書》發表三十週年座談會上的講話中提出「1949年以來，大陸和臺灣儘管尚未統一，但不是中國領土和主權的分裂，而是1940年代中後期中國內戰遺留並延續的政治對立，這沒有改變大陸和臺灣同屬一個中國的事實。」2009年6月11日，馬英九在接受《天下》雜誌專訪時表示，「『不統』不是排除統一這個選項，而是在他任期8年內不去討論統一問題，因為這8年不可能有答案，這討論意義不大」；「臺灣要不要統一，當然全體人民要表示意見，一定要公投」。2009年6月26日，即將卸任的美國在臺協會（AIT）臺北辦事處處長楊甦棣稱，「在『臺灣關係法』下，臺美關係仍舊穩固，美國樂見臺灣與大陸改善關係，也會持續與臺灣合作、確保臺灣的安全」，「讓臺灣『不成熟的民主』能夠持續茁壯成長，是臺美雙方人民共同的心願」[83]。楊甦棣此語，表明美國長期以來對臺海兩岸的戰略意圖與目標並沒有隨著新形勢下兩岸關係的新發展而改變。這就是，以共同的價值觀念（意識形態）牢牢掌控臺灣，進而「以臺制華」，使兩岸維持長期的「和而不統」局面。馬英九的大陸政策正給了美國進一步落實其戰略意圖和目標的機會。[84]2009年7月27日，馬英九回覆了中共中央總書記胡錦濤對其當選黨主席的賀電，電文提到的16字「原則」中，「正視現實」首當其衝。可見，這是馬英九在兩岸政治交往中最為強調的一點。所謂「正視現實」，正如國民黨內高層人士解讀的那樣，就是「兩岸是兩個不同的政治實體，各自統治，互不隸屬，大陸只要正視這個現實，兩岸關係才能往良性方向繼續發展下去」。這無疑是馬讓大

陸默認「對內兩府，對外兩國」現狀的既含蓄又堅定的表達，可以說是馬英九的底線。因此，馬英九對兩岸現狀的政治操作，就是追求以「互不否認」的「一中各表」維持「兩岸兩個政治實體共存」的現狀，對外則以「彈性、務實的共存模式」進行「活路外交」。[85]這都是臺灣一廂情願的政治獨白。

第四節　2009年兩岸關係備忘錄

2009年是兩岸關係取得全面進展的一年，是60年來兩岸關係發展史上和平發展的第一年。在這一年裡，兩岸雙方努力保持良性互動，兩岸執政黨之間黨際交流和高層互動出現新高潮，政治互信基礎進一步增強；兩會協商談判制度化加強；兩岸直接全面「三通」基本實現，經貿關係正常化穩步前進，民眾和社會各界的往來更為頻繁。[86]同時，阻礙兩岸關係和平發展的消極因素依然存在並影響兩岸關係的發展，但是兩岸關係的和平發展成為不可逆轉的大勢。

一、兩岸關係取得全面進展

2009年，兩岸在政治、經貿、文教衛生、民間交流等多方面都呈現出大開放、大發展的格局。兩岸高層互動頻繁、兩會溝通順暢、兩岸經貿文化及人員交往邁上新臺階、兩岸涉外事務得到妥善處理。兩岸關係呈現出蓬勃發展的良好局面。隨著交流繼續推動，兩岸關係進一步深化面臨新的機遇。

1.兩岸高層互動頻繁

一年來，兩岸高層進行了頻繁、良性的互動。2009年4月底，馬英九在派前監察院長錢復參加海南博鰲亞洲論壇時，提出「同舟共濟，相互扶持，深化合作，開創未來」的兩岸基本理念。這一思想在某種程度上次應了胡錦濤在2008年年底發表的重要講話。溫家寶會見了錢復一行，指出「在當前嚴峻的國際經濟

形勢下，兩岸同胞要牢牢把握兩岸關係和平發展的主題，面向未來，捐棄前嫌，密切合作，攜手並進」。5月17日，首屆海峽論壇大會在廈門海峽會議中心舉行。賈慶林等出席論壇活動並會見朱立倫、胡志強等人。5月25日—31日，國民黨主席吳伯雄率團訪問大陸，並與胡錦濤舉行了第二次「胡吳會」。胡總書記針對「在新的起點上進一步推動兩岸關係向前發展」發表了六點重要意見[87]。7月26日，馬英九當選國民黨主席，胡錦濤致賀電並獲馬英九回覆，這是兩岸領導人60年來首次直接互動。這既是兩黨善意、互信的一個表達，也是兩岸關係日益密切的一個信號。10月17日國民黨舉行第十八次黨代會，胡錦濤和中共中央先後發出賀電，接到賀電的馬英九、國民黨中央、榮譽主席連戰和吳伯雄即刻復電致謝。11月14日，胡錦濤在新加坡會見了中國國民黨榮譽主席連戰。胡錦濤強調，希望國共兩黨和兩岸雙方加強交流對話，增強良性互動，增進政治互信，堅定信心，多做實事，積極推動兩岸關係取得新進展。兩岸高層領導人的互動，加深了兩黨領導人個人之間的瞭解、互信和友誼，也反映了兩岸關係日益密切，兩岸交流已達到一個歷史新高度，對於今後推動兩岸的進一步合作，共同破解難題，將會造成非常重要的作用。

2.兩會協商成果豐碩

自2008年以來，兩岸恢復了兩會的協商會談。2009年4月6日，海協會副會長安民率理事團赴臺交流，這是兩會恢復協商後海協會首度組團訪臺。[88]4月26日，海峽兩岸關係協會會長陳雲林與海峽交流基金會董事長江丙坤在南京舉行會談。這是兩會恢復協商後領導人第三次會談。雙方就兩岸空中定期航班、兩岸金融合作、兩岸共同打擊犯罪及司法互助等議題進行了商談，就大陸資本赴臺投資事宜交換意見，並討論了下半年兩會協商議題規劃、加強會務聯繫與交流合作等事宜。簽署了《海峽兩岸空運補充協議》、《海峽兩岸金融合作協定》、《海峽兩岸共同打擊犯罪及司法互助協議》，並就大陸企業赴臺投資事宜達成共識。根據《海峽兩岸金融合作協定》，雙方同意加強兩岸金融領域廣泛合作，相互協助履行金融監管與貨幣管理職責，共同維護金融穩定。建立兩岸金融監管合作機制，儘快推動雙方商業性金融機構互設機構，繼續磋商兩岸金融機構準入及開展業務等事宜。逐步建立兩岸貨幣清算機制，先由商業銀行等適當機構，透過適當

方式辦理現鈔兌換、供應及回流業務,並在現鈔防偽技術等方面開展合作。根據《海峽兩岸空運補充協議》,雙方同意將兩岸常態化包機轉換為空中定期航班,實現兩岸航空運輸業務正常化。增開南線和第二條北線雙向直達航路,將客運班次由目前每週108班增至270班,增加合肥、哈爾濱、南昌、貴陽、寧波、濟南等6個直航點。雙方在稅收互免、收入匯兌、航空安全等方面加強合作,按航空慣例處理相關事宜。根據《海峽兩岸共同打擊犯罪及司法互助協議》,兩岸同意在民事、刑事領域開展互助,採取措施共同打擊雙方均認為涉嫌犯罪的行為,重點打擊涉及綁架、槍械、毒品、人口販運及跨境有組織犯罪等重大犯罪,詐騙、洗錢、偽造或變造貨幣及有價證券等經濟犯罪。互助送達民刑事司法文書、調查取證、移交罪贓,認可及執行民事裁判與仲裁裁決,移管被判刑人。[89]

12月22日,海協會會長陳雲林與海基會董事長江丙坤在臺中市舉行兩會恢復協商以來的第四次領導人會談。這次會談簽署了三項協定:《海峽兩岸漁船船員勞務合作協定》、《海峽兩岸農產品檢疫檢驗合作協定》、《海峽兩岸標準計量檢驗認證合作協定》。三項協定的簽署,有利於保障兩岸漁業勞務合作的健康開展,促進臺灣漁業發展;有利於保障農產品品質安全和兩岸同胞的生命健康,促進兩岸農產品貿易持續發展;有利於促進兩岸經貿往來和貿易投資便利化,提高兩岸產業合作層次和水準,強化兩岸產業在國際上的競爭力;同時,鼓勵雙方專業機構透過多種方式在地震、風災、水災等自然災害的預報、預警及監測等方面加強交流與合作。雙方還就推動商簽兩岸經濟合作框架協定(ECFA)原則性交換了意見,同意作為第五次會談重點推動的協商議題,儘快安排兩會框架下的專家級磋商。[90]兩會恢復制度性協商之後,簽署了多項協議,有力地促進了兩岸直接「三通」的進程,透過協商推動兩岸經濟關係正常化。

3.兩岸「三通」全面實現

2009年是兩岸全面直接雙向「三通」得以實現的一年。1月9日,兩岸春節包機方案正式確定,除平日班機外,兩岸航空公司共增加129班;2月26日,兩岸郵政直接通匯正式上路,實現雙向匯款的通匯;2月29日,兩岸正式啟用南北直達航路,在浙江東山的北航路之外新增東北航路,南航路則免繞香港飛航情報

區直飛臺灣；8月31日，兩岸定期直航航班正式起飛，大陸航點由21個增至27個，航班由每週108班增至270班，雙方各飛135班，步入定期化階段。

　　同時，備受各方關注的陸資入臺事宜也有了很大的進展。在「入世」前，臺灣相關部門就「循序開放陸資來臺」已達成共識，2009年4月26日，兩會就大陸資本赴臺投資事宜交換了意見，達成原則共識。根據這項共識，臺灣將在政策制度上首度允許大陸資本進入臺灣開展投資，這標誌著只能由臺灣到大陸進行單向投資的非正常局面將被終結，開啟了兩岸經貿雙向投資的新時代。2009年4月26日臺金融主管部門發布公告，宣布大陸境內合格機構投資人（QDII）來臺投資相關辦法。從5月4日起，QDII在臺開戶後，就可以投資臺灣證券和期貨。4月29日，臺經濟主管部門稱，陸資來臺投資許可管理辦法即將出臺。這意味著，「陸資入臺」在期待多年後的2009年取得了突破性進展；5月17日上午，就在中共中央臺辦、國務院臺辦主任王毅在海峽論壇上宣布八項惠臺政策的當日，商務部、國務院臺辦也正式發布了《關於大陸企業赴臺灣投資或設立非企業法人有關事項的通知》，該通知明確了大陸企業赴臺投資具體規定；11月16日，大陸銀行業監督管理機構代表劉明康、證券及期貨監督管理機構代表尚福林和保險監督管理機構代表吳定富，分別與臺灣金融監督管理機構代表陳冲簽署了《海峽兩岸銀行業監督管理合作諒解備忘錄》、《海峽兩岸證券及期貨監督管理合作諒解備忘錄》和《海峽兩岸保險業監督管理合作諒解備忘錄》。三項協定（統稱MOU）將於簽訂60天後生效，其簽署拉開了兩岸金融交流合作的序幕，標誌著兩岸金融監管機構將據此建立監管合作機制，預示著兩岸金融合作將進入實質階段，有利於促進兩岸金融業的優勢互補和共同發展，有利於進一步優化大陸臺資企業的融資環境，在兩岸金融合作歷程上具有重要意義。

　　實現「三通」後，兩岸關係將迎來一個嶄新的局面。正如王毅指出：「以大陸企業赴臺投資和兩岸正式開通空運定期航班為代表，兩岸同胞期盼30年之久的全面直接雙向『三通』終於實現，兩岸經濟關係正常化取得實質進展」，兩岸「三通」基本實現將使兩岸交流更加擴大、聯繫更加密切、互動更加頻繁，使兩岸經濟合作更加緊密，為兩岸和平發展提供新的重要動力，在兩岸關係發展史上具有里程碑意義。

4.經貿合作與交流逐步加強

4月17日，溫家寶會見出席博鼇論壇的臺灣國泰慈善基金會董事長錢復時，提出新形勢下推動兩岸關係和平發展的「十六字方針」，宣布五項惠臺措施，並呼籲兩岸攜手應對國際金融危機。溫家寶總理提出全面加強兩岸經濟合作、共同對抗金融危機的五項努力方向，包括推動大陸企業赴臺投資，擴大對臺產品採購，增加大陸民眾赴臺旅遊、鼓勵臺資企業到大陸開拓市場，協商建立符合兩岸經濟發展需要及具有兩岸特色的經濟合作機制。

國際金融危機的爆發使得兩岸金融合作步伐加快。兩岸金融合作也正式起步，4月底第三次「江陳會」簽署了《海峽兩岸金融合作協定》，為兩岸金融合作揭開了序幕，這代表著兩岸金融監管機構將據此建立監管合作機制，為進一步深化兩岸金融業交流與合作創造了積極條件，預示著兩岸金融合作將進入實質階段，有利於促進兩岸金融業的優勢互補和共同發展，有利於進一步優化大陸臺資企業的融資環境，在兩岸金融合作歷程上具有重要意義。在這一協議的框架與共識下，兩岸金融監管機構就兩岸銀行業、證券及期貨業、保險業已進行密切接觸，將分別簽訂監管合作備忘錄（MOU），兩岸金融合作將邁入一個新的階段。貿易方面，國際金融危機爆發，兩岸貿易出現了大幅衰退，臺商對大陸投資顯著減少，這同時也為兩岸經濟關聯式結構的調整及臺商在大陸投資的轉型升級提供了機會。馬英九當局迫切希望兩岸加強合作，共同應對危機。在某種意義上講，金融危機成為推動馬英九當局擴大開放兩岸經貿政策與推動兩岸經濟合作的重要背景。[91]金融危機也使得領導人之間就以此議題展開對話與互動，形成以「兩岸合作」為核心的共識，強調經濟合作與共同利益，更加重視相互支持與協助。在互動過程中，增加了雙方的互信，形成一些新的共識，改善了兩岸關係發展的氣氛，兩岸關係出現前所未有的良好態勢與局面。

5.地方政府交流密集

2009年兩岸地方政府交流也蓬勃開展。3月23日，廈門市長劉賜貴應臺中市長胡志強之邀率領市政府參訪團展開為期七天的赴臺交流活動。參訪團此次先後在臺中、南投、臺南、高雄、金門等地舉辦八場由市縣政府、議會議長、鄉里長

参加的座會和餐敘會。劉賜貴與臺南市民進黨籍的市長許添財，廈門市副市長黃菱與高雄市民進黨籍副市長李永德的交流座談，更被媒體稱為「破冰」之舉。4月14日，臺中市長胡志強率團出席首屆香港—臺灣城市交流論壇，這是港府首次邀請臺灣官員訪港。5月份，廣西壯族自治區主席馬飆率領1500人經貿文化代表團抵達臺灣訪問，分別拜訪工業總會、臺灣水泥和鴻海精密等企業和團體，這是大陸赴臺人數最多的參訪團，同時也是大陸首位由省長級官員率團到訪的經貿代表團。繼2008年雲林縣長蘇治芬與嘉義縣長陳明文訪問大陸之後，5月21—24日，高雄市長陳菊以行銷世界運動會名義訪問大陸，先後會見北京市長郭金龍、國家體育總局局長兼奧會主席劉鵬、上海市長韓正，並舉辦高雄世運觀光行銷推介會，成為目前訪問大陸的民進黨最高層級公職人員，對民進黨的大陸政策形成新的挑戰。[92]9月20日，南京市委書記朱善璐率團訪問臺灣，開展與國民黨臺北縣黨部的政黨交流，推動兩地在各領域的合作。11月2日，四川省委副書記李崇禧率領的大型經貿考察團赴臺參加川臺經貿與旅遊合作交流洽談會。11月3日，北京市副市長吉林率團出席在臺北舉辦的第12屆京臺科技論壇；11月9日，江蘇省委書記梁保華率14位市委書記及4000人大型訪問團赴臺，共採購41.3億美元，並達成多項合作協定，創下兩岸交流以來的最大規模。地方政府領導密集訪臺，增進雙方的瞭解，深入推進了兩岸經貿和文化交流，強化了兩岸關係和平發展的趨勢。

6.文教交流日益深化

2009年兩岸文教交流日益深化，在人員、領域、合作等方面都取得了重大突破。[93]兩岸文教交流對話機制方面：2009年7月，第五屆兩岸經貿文化論壇在湖南長沙舉行。論壇就深化兩岸文教交流達成6個方面、共29項「共同建議」。這是第一次有兩岸文教主管部門參加的溝通和交流，是史無前例的。兩岸經貿文化論壇是兩岸進行溝通、增進瞭解、凝聚共識的一個重要平臺、一個重要管道，它對促進兩岸關係和平發展發揮了不可替代的先導作用。交流層級方面：一些以往只能在大陸舉辦的活動首次實現在臺灣舉行，出席活動的人員層級也提高了。2009年3月，第三屆海峽兩岸客家高峰論壇首度在臺灣舉行，全國人大常委會原副委員長許嘉璐赴臺出席；3月，第二屆世界佛教論壇在臺灣閉幕，時任國家宗

教事務局局長的葉小文參加;繼4月3日馬英九親自主持黃帝陵遙祭典禮後,4月4日,國民黨榮譽主席連戰到陝西參加己醜年清明公祭軒轅黃帝典禮,成為60年來國民黨來大陸祭黃帝陵的最高級別人士;7月國臺辦新聞局局長楊毅帶隊入島進行新聞交流;11月海協會副會長王在希率文化教育交流團赴臺。

　　交流領域也更加寬廣:文化產業合作方面,2009年2月14日,臺北故宮博物院院長周功鑫率領7人訪問團來北京故宮進行交流。3月1日,北京故宮博物院長鄭欣淼率團回訪臺北故宮博物院,雙方達成8項交流方案。故宮文物遷臺60年後,兩岸故宮正式實現了高層互訪。故宮兩院的交流使得兩岸的同胞可以看到一個完整的故宮,領略到中華民族的祖先創造的燦爛的文化,兩岸故宮合作交流在兩岸之間引起了巨大反響[94];媒體交流方面,3月19日,應臺灣「中國新聞學會」邀請,包括《人民日報》、新華社、中央電視臺、中國國際廣播電臺等媒體在內的大陸的中央媒體負責人訪問團一行23人抵達臺北進行參訪交流,這是自兩岸交流以來大陸媒體赴臺訪問層級最高的代表團。7月27日,國臺辦新聞局長楊毅以海協會專家身分,率新聞交流團抵臺,雙方就兩岸新聞媒體互設常駐機構等議題交換了意見。[95]另外,在辭典編纂、佛教、客家、南極科考和電視產業等諸多領域兩岸都已開始進行交流與合作。兩岸教育交流合作也不斷升溫。2009年9月16日,福建200名大專學生赴臺中縣等地的大學就讀,這是大陸學生首次成批赴臺就讀。大陸學歷認證和陸生赴臺也面臨新的契機。臺灣教育部門曾表示,研擬分3階段採認大陸大學學歷,逐步擴充到承認100餘所陸校,初期將承認以「985」為主的四十一所大陸頂尖大學學歷。

　　7.民間交流不斷升溫

　　2月17日,全國政協副主席、中華全國工商業聯合會主席黃孟複率領中華全國工商業聯合會代表團到臺灣出席第九屆海峽兩岸和香港、澳門經貿合作研討會,這是迄今為止兩岸交流活動中大陸工商企業界赴臺規格最高的一次。3月22日,中國國際貿促會會長萬季飛抵臺訪問,期間與臺灣外貿協會董事長王志剛簽訂多項合作協定。3月29日,全國人大常委會原副委員長、中國紅十字總會會長彭珮雲抵達臺灣訪問,次日,兩岸紅十字組織負責人簽署海峽兩岸紅十字組織合

作備忘錄,加強人道合作與交流。這是過去在兩岸關係冰凍期扮演雙方溝通重要角色的紅十字組織,繼19年前達成金門協定後簽署的第二份重要檔。5月15日至22日,以「擴大民間交流、加強兩岸合作、促進共同發展」為主題的首屆海峽論壇在福建舉行,共有臺灣25個縣市、20多個界別的8000多人參加18場活動。[96]這是迄今規模最大、人數最多、臺灣各界參與最廣泛的一次盛況空前的兩岸民間交流盛會。論壇安排了大型綜藝晚會、影視展映、族譜展覽、尋根謁祖、旅遊和航運圓桌會議、經貿行業對接、縣市主題日、武術比賽、婦女健身、媽祖信眾及延平郡王信眾朝拜等一系列豐富多彩的活動,兩岸民眾踴躍參與,親切互動,感受了真情,增進了友誼,使論壇成為一次兩岸民間交流的盛大嘉年華會。

6月7日至14日,中華全國歸國華僑聯合會主席首度訪臺,與臺灣華僑救國聯合總會簽訂加強合作交流協議書,期能共同推動六項事項,以促進兩岸和平發展及中華民族的偉大復興[97]。7月9日,婦聯副會長黃晴宜率隊參加「兩岸四地女企業家經貿論壇」,這是婦聯60年來首度訪臺。10月21日,臺「觀光局長」兼臺旅會會長賴瑟珍表示,已與大陸的海旅會於20日同時提出互設旅遊辦事機構申請,最快農曆年前正式掛牌運作,成為兩岸具官方色彩的民間組織首次互設機構。[98]11月13日,「兩岸一甲子」學術研討會在臺舉行,由鄭必堅率領的28位大陸專家學者訪問團赴臺參與此次學術研討會,雙方就「加強兩岸政治互信,促進兩岸政治關係發展」、「建立兩岸經濟合作架構,促進兩岸金融合作」、「兩岸共同發揚中華文化,兩岸合作發展文化產業」、「兩岸涉外事務探討,促進兩岸安全事務」等4項議題展開探討。[99]這是首次在臺灣就兩岸關心的、包括政治議題在內的各種議題進行綜合性探討,有重要的積極意義。

8.兩岸共同協商涉外事務

2009年4月28日,臺「衛生署」接獲世界衛生組織(WHO)總幹事陳馮富珍邀請,臺灣將作為觀察員以「中華臺北」名義參加第62屆世界衛生大會。5月18—22日,臺「衛生署長」葉金川率「中華臺北」代表團,以觀察員身分參加在瑞士日內瓦召開的第62屆世界衛生大會,這是臺灣38年來首度參與聯合國體系下的正式活動。[100]臺灣參加WHA是大陸釋出善意的結果,體現了兩岸互信的進

一步提高,令兩岸在涉外事務中避免不必要的內耗,有利於進一步推動兩岸關係和平發展。7月,臺灣正式成為世界貿易組織「政府採購協定」(GPA)成員。10月,臺灣以「中華臺北」名義正式成為「國際檢察官協會」(IAP)體會員。11月,連戰作為臺灣代表參加在新加坡舉行的APEC峰會,與胡錦濤進行了第六次會面。兩岸共同協商涉外事務,滿足了臺灣民眾希望擴大參與國際活動的需求,充分體現了大陸為兩岸同胞謀福祉、為臺海地區謀和平、為中華民族謀復興的善意和誠意。[101]

二、和平發展成為兩岸關係的主題

過去幾年,兩岸互信基礎迭遭破壞,兩岸關係形勢持續惡化,兩岸同胞更加期盼兩岸關係和平穩定。兩岸同胞期望兩岸不再對抗而是步入合作的良性迴圈,共同謀求兩岸關係和平穩定發展的機會,互信互助,再造和平雙贏,這成為兩岸關係和平發展最牢固的基礎。和平發展符合兩岸與國際社會三方面的利益,既有利於維持臺海地區的和平穩定,促進共同發展,爭取臺灣民眾的支持和世界輿論的同情,也得到了臺灣同胞的高度評價和積極回應,以及國際社會的高度肯定,使兩岸關係步入良性互動迴圈的軌道。

近年來,兩岸關係之所以能夠取得全面進展,關鍵原因是兩岸都堅持「九二共識」,使兩岸有了對話和交流的基礎;大陸的發展和以科學發展觀為指導制定對臺政策、指導對臺工作,有力地推動了兩岸關係的發展;兩會協商機制化的發展也為兩岸關係發展提供了保障;金融危機下兩岸經濟、特別是臺灣經濟面臨重大挑戰成為兩岸合作的契機。

一是反對「臺獨」、堅持「九二共識」使兩岸間有了對話和交流的基礎,兩岸才能夠實現和平發展、共同繁榮。胡錦濤在「六點意見」中明確指出:「兩岸在事關維護一個中國框架這一原則問題上形成共同認知和一致立場,就有了構築政治互信的基石,什麼事情都好商量。」馬英九強調「兩岸是非國與國的關

係」，接受「九二共識」，拋棄了李登輝「兩國論」與陳水扁「一邊一國論」的「臺獨」分裂路線。5月的胡吳會談再重申「九二共識」是國共交往基礎。正是在這樣一個共識的基礎上，雙方提出了為兩岸同胞謀和平、謀福祉的一系列重要舉措。反之，近些年來，兩岸關係波折不斷，根本原因也在於有些人枉顧民意，否定「九二共識」，蓄意破壞大陸和臺灣同屬一個中國的現狀。

　　二是胡錦濤在紀念《告臺灣同胞書》發表30週年座談會上的重要講話，成為新時期大陸對臺政策的重要指導。胡錦濤提出兩岸關係和平發展的主題，是對鄧小平同志「和平統一、一國兩制」和江澤民總書記關於現階段發展兩岸關係、推進和平統一進程「八項主張」的繼承和發展，既體現了大陸政府對臺政策的一貫性，又為其賦予了以人為本、科學發展的時代內涵。「六點意見」首次全面系統地闡述了兩岸關係和平發展的思想，鮮明提出了爭取實現和平統一首先要確保兩岸關係和平發展的論斷，科學回答了為什麼要推動兩岸關係和平發展、怎樣推動兩岸關係和平發展的重大問題，充分考慮臺灣同胞的合理願望與訴求，本著積極面向未來的態度，從政治、經濟、文化、社會、涉外交往乃至軍事安全六個方面提出了一系列新的政策主張。講話將科學發展觀運用到對臺工作中，創造性地提出了一系列對臺工作新思維。六點意見的論述展現出大陸在處理臺灣問題時，更多地站在全民族利益高度思考問題，更多地考慮到兩岸人民的幸福生活問題，這充分體現了科學發展觀「以人為本」的核心思想，真正做到了「寄希望於臺灣人民」。講話明確了對臺工作努力方向，展示了兩岸關係發展藍圖，是新形勢下指導對臺工作的綱領性檔。在「六點意見」的指導下，兩岸從累積政治共識、增強良性互動，實現兩岸經濟關係的正常化、機制化和制度化，大力推進兩岸文化教育交流，擴大兩岸同胞和社會各界直接交往、實現最廣泛的團結，繼續反對和遏制「臺獨」分裂活動等幾個方面全面推進兩岸交流和合作。[102]

　　三是在金融危機下，大陸抵禦住衝擊，經濟平穩增長，為兩岸關係和平發展提供了強勁基礎，為落實惠臺政策提供了必要的市場和足夠的承載體，為大陸牢牢把握兩岸關係主導權提供了重要保障。在兩岸共同抗禦金融危機過程中，臺灣方面提出「同舟共濟，相互扶持，深化合作，開創未來」，大陸回應「面向未來，捐棄前嫌，密切合作，攜手並進」，雙方強調要攜手合作加快臺灣經濟復

甦。兩岸同胞共度患難、共用盛事，感情進一步融合。8月8日，「莫拉克」颱風重創臺灣，大陸各界捐款總額達9.689億元人民幣，體現了兩岸手足之情、同胞之愛。

四是臺灣政黨輪替極大地削弱了「臺獨」勢力破壞兩岸關係的能力；國民黨拿下113席中的81席，單獨超過「立法院」總席次的2/3。全面掌控「立法院」，民進黨淪為無制衡能力的少數黨，民進黨在113席中僅保有27席，比早年未執政時更少，以至於在絕大多數的「委員會」中連提案權都沒有，政策影響力急劇弱化。隨著兩岸「大三通」時代來臨，兩岸關係將逐漸開啟大交流、大合作、大融合的全新局面，民進黨一味阻撓兩岸關係和平發展的傳統僵化思維漸漸邊緣化。[103]

五是兩會商談為兩岸建構起交流交往的制度化框架，兩岸同胞互蒙其利。兩會每商談一次，兩岸就向前邁進一步，在不斷完善協商機制的同時取得了一系列事務性領域的積極成果。從兩岸空運開闢南、北兩條新航路到大陸航空公司成立臺灣分公司，兩會達成的每一項協議，都令兩岸交流交往更順暢。

三、影響兩岸關係的消極因素依然存在

2009年兩岸關係發展迅速，但與此同時，影響兩岸關係順利前進的各類問題和障礙也依然存在，並在一定程度上給兩岸關係和平發展帶來困擾。這些問題主要表現在三個方面：藍綠兩大陣營繼續對峙，掣肘兩岸關係更進一步發展；民進黨和「臺獨」分裂勢力干擾、破壞兩岸關係發展；國際干預勢力不希望兩岸走得太近。

首先，藍綠陣營對峙，掣肘兩岸關係更進一步發展。黨內各黨派出於自身選舉利益，不時打「大陸牌」。尤其是以民進黨為代表的反對勢力繼續堅持「反中」政策與抵制兩岸關係發展，反對與抵制馬英九的兩岸政策與兩岸經濟合作，反對開放大陸學生在臺就讀與承認大陸學歷，堅持抵制兩岸簽署ECFA，並發動

「公投」連署，甚至在其「公投」提案被否決後，仍反對到底。他們還製造兩岸關係發展「過快」的政治謠言，製造社會恐慌，堅決抵制第四次「江陳會」等，成為兩岸關係發展與兩岸經濟合作的最大障礙。[104]臺灣各類政治勢力內部圍繞兩岸關係發展方向、路線、策略的爭論及角力給兩岸關係的發展產生一定的影響。

其次，民進黨和「臺獨」分裂勢力干擾、破壞兩岸關係發展。8月30日「藏獨」頭目達賴喇嘛在高雄市長陳菊等民進黨執政縣市長聯合邀請下抵臺，引發臺灣民眾強烈抗議。接著他們又在9月22—23日，2009高雄電影節前夕播放「疆獨」分子熱比婭紀錄片《愛的十個條件》，引發各界強烈反彈。[105]部分民進黨人士不顧臺灣的救災重建工作正在緊張進行，為了一黨、一己之私，策劃長期從事分裂活動的達賴喇嘛到臺灣活動，這完全是一種政治操作，目的之一就是要破壞兩岸關係和平發展的良好勢頭。

國際干預勢力不希望兩岸走得太近。兩岸關係的改善，引發某些國家尤其是美國的擔憂。出於其國家利益的考量，美國希望兩岸維持而不是改變現狀、和平而不是統一、分離而不是獨立，他們不願看到兩岸走得太近。2009年3月26日，美國國防部發布2009年度《中國軍力報告》，強調臺海軍力對比越來越失衡，為美國對臺軍售做辯解；12月9日，有美國務院官員透露，奧巴馬政府正推動一項新的對臺軍售案，包括柴電潛艇的設計工作和「黑鷹」直升機。美國企圖利用「軍售牌」來干擾兩岸關係的和平發展。

四、2010年的兩岸關係

2009年兩岸關係儘管有許多小波折、小雜音，但從總體上來說呈現出大開放、大發展的格局，兩岸關係紮實推進，穩步發展，成果豐碩，和平發展已經成為兩岸關係的大勢，成為海峽兩岸同胞共同的追求。國共兩黨和兩岸雙方進一步鞏固了反對「臺獨」、堅持「九二共識」的共同政治基礎，增進了政治互信，保

持了良性互動，拓展了兩岸關係和平發展的良好勢頭。在兩岸關係上所出現的「暖流」，促進了人流、物流、資本流。大陸資本入臺，將帶動持觀望態度的外資，鼓勵本地的民資，「三資」合流推動臺灣經濟步入「第二春」。[106]2010年，兩岸交流合作深化趨勢不可逆轉，兩岸關係將繼續朝著和平發展穩步向前邁進。一是各領域合作進一步加深，經濟、文教交流都將邁上新階段。2009年兩岸關係的改善與發展，為拓展經濟和文教交流合作提供了很好的環境和條件。兩岸對ECFA的研究進入新階段，兩岸經濟合作框架逐步形成，新一輪投資熱潮來臨。陸生赴臺、承認大陸學歷將逐步落實。透過經貿合作、人員往來、文化交流，加速推動了兩岸社會一體化進程。二是政治議題雖短期內難有突破，但已經提上日程。當兩岸經貿關係逐漸正常化之後，兩岸關係步入和平發展的軌道，政治議題的協商就成為可能。兩岸二軌已就政治性議題初步交流，不排除未來有更大突破。兩岸都需要各自作出積極的努力，以便兩岸關係和平發展的框架早日搭建。三是兩岸的制度競爭可能凸現。兩岸制度的差異將可能成為影響兩岸關係良性互動的最大因素。兩岸制度的競爭將使兩岸關係更為複雜。四是民間力量對兩岸互動的影響將日益上升。大「三通」的實現，兩岸交流更加密切，兩岸關係的變化與人民生活息息相關，由官方壟斷兩岸關係的時間逐步被取代，民間力量的影響日益上升。兩岸關係一年來所取得的一系列重要成果表明，兩岸關係和平發展已經並將繼續給兩岸同胞帶來越來越多的實際利益，這一進程是人心所向、潮流所趨，任何力量都無法阻擋。新形勢下，海峽兩岸要加強交流，加深理解，消除敵意，增進互信，儘早建立兩岸關係和平發展的制度化框架，確保兩岸關係平穩向前發展，開創兩岸關係和平發展的新局面。

第五節　2010年兩岸關係的回顧與展望

2010年是兩岸關係穩步向前推進的一年。這一年裡，兩岸交流的層次、領域和高度、廣度都有空前發展。[107]兩岸高層互動頻繁，政治互信基礎進一步鞏固；兩會協商談判正式制度化；經貿關係有了重大突破，經濟合作得到深化，簽

署了ECFA。推動兩岸關係和平發展的主要力量和穩定力量更加清晰，但是「臺獨」勢力沒有潰散，而且政治議題越來越明顯，再加上臺灣「選舉年」的臨近，未來兩岸關係依然面臨挑戰。[108]

一、2010年的兩岸關係在穩步推進中成長

2010年和平發展已成為臺灣的主流民意。兩岸在「先易後難、先經後政、把握節奏、循序漸進」思路的指引下，透過交流，逐漸累積互信，在經濟合作、文教交流、各界交往方面取得了一系列重要進展。交流的內容遍及政治、經貿、教育、出版、宗教、民俗、新聞傳播、民間藝術、地方特色、文藝演出等各個領域。

1.兩岸高層互動密集

兩岸高層往來愈加熱絡，尤其是大陸高官訪臺啟動了兩岸交流的新模式。大陸省級領導相繼帶領訪問團赴臺，簽署大筆物資採購協定。3月22日至31日，山東省委常委、濟南市委書記焉榮竹率領的濟南城市發展交流團赴臺灣訪問。4月開始，大陸高官密集訪臺，掀起了兩岸高層交流的一陣熱潮。4月6日上海市長韓正抵達臺北出席上海、臺北「雙城論壇」，簽署了文化、旅遊、科技園區、環保交流多領域的合作備忘錄；上海經貿考察團又向臺企下了大單。這是睽違60年來，上海市長首度抵臺，也是大陸與臺灣首次簽訂城市合作備忘錄。[109]4月19日中共湖北省委書記、省人大常委會主任羅清泉，組織30多個分團約千人赴臺交流參訪，在臺灣首次舉辦臺灣湖北（武漢）周。這是今年大陸第一個省委書記率團訪臺。福建省省長黃小晶率福建省經貿文化交流團於5月5日至10日赴臺交流訪問，以「走親訪友做生意」為主題，廣泛接觸臺灣各界人士，深入探討閩臺合作發展，在閩臺經濟、文化、教育、旅遊、金融、港區等方面達成數十項合作協定。5月14日至20日，山東省副省長才利民所率的山東省經濟文化交流團一改從松山或桃園機場入臺的慣例，而是「南進北出」，從高雄入境，先參訪臺南科

67

技園區，再北上舉辦齊魯經貿文化寶島行合作論壇。5月23日四川省委書記劉奇葆又率團抵臺，展開以「參訪致謝、交流合作」為主題的「天府四川寶島行」活動，交流災後重建經驗。5月24日到29日，河北省副省長楊崇勇率河北省經濟合作交流團參加「河北—臺灣經濟合作交流周」活動。[110]6月9日至16日，浙江省省長呂祖善率領的經貿文化訪問團赴臺進行「探親會友，交流合作」參訪活動，參加「2010臺灣・浙江經貿文化合作論壇」。7月1日至5日，以廣西壯族自治區黨委書記郭聲琨為團長的廣西經貿文化代表團赴臺，與臺灣有關部門共同舉辦兩岸產業高峰會議——2010桂臺經貿文化合作論壇。8月16日廣東省省長黃華華率領的逾千人經貿文化交流團赴臺展開為期一週的「臺灣・廣東周」活動，主要內容包括經貿合作、商品採購、旅遊合作、農業合作、文化交流、宣傳推介廣州亞運會等。9月13日陝西省代省長趙正永一行抵達臺北，開始為期一週的交流訪問。出席主題為「文化交流、認親拜友、科技聯盟」的「2010臺灣陝西周」。9月25日至30日海南省副省長陳成率代表團訪臺，進行農業考察。

　　臺灣高層積極訪問大陸，兩岸高層雙向交流頻繁。4月10日，國家副主席習近平在海南省博鰲會見了出席博鰲亞洲論壇2010年年會的臺灣兩岸共同市場基金會最高顧問錢復一行，指出如何進一步拓展和深化經濟合作仍是當前兩岸關係的重點。4月28日中共中央臺辦、國務院臺辦主任王毅在上海會見了前來出席世博會開幕式的中國國民黨榮譽主席吳伯雄一行。王毅表示，此次臺灣各界對上海世博會的廣泛參與，是兩岸關係全面改善的成果，是兩岸關係走向和平發展的代表，必將成為兩岸民眾加強交流的重要平臺。5月2日，四川省委副書記李崇禧在成都會見了中國國民黨副主席蔣孝嚴先生一行，雙方就進一步推動川臺兩地在經濟社會各領域的交流與合作交換了意見。5月3日，山東省委書記、省人大常委會主任姜異康，省委副書記、省政協主席劉偉在濟南會見了中國國民黨榮譽主席連戰和夫人連方瑀一行，探討魯臺交流合作。5月4日，陝西省委書記趙樂際在西安會見臺灣新黨主席郁慕明一行，共話陝臺合作願景。7月12日，中共中央總書記胡錦濤在釣魚臺國賓館會見了吳伯雄一行。胡錦濤強調，要繼續推進兩岸經濟關係正常化、機制化、制度化，為兩岸關係和平發展奠定更堅實的基礎。10月24日，中共山東省委副書記、省政協主席劉偉在濟南會見了蔣孝嚴一行。

11月13日,中共中央總書記胡錦濤在日本橫濱會見了中國國民黨榮譽主席連戰。胡錦濤表示,今年以來兩岸關係繼續保持和平發展良好態勢,兩岸交往合作更為廣泛深入。尤其是兩岸簽訂經濟合作框架協定,代表著兩岸關係發展取得新的重要成果。12月16日,中共中央政治局委員、廣東省委書記汪洋在廣州中山大學會見了來粵參加「2010海峽兩岸中山論壇」的中國國民黨副主席蔣孝嚴。兩岸共同在廣東舉辦中山論壇具有承前啟後、繼往開來的意義。兩岸高層互動頻繁表明兩岸交流的層級不斷拉高,而且帶來工商、文化藝術、旅遊等各行各業組成的龐大訪問團,從高層、中層到基層全面交流,建立實在的工作關係,有助於擴大、發展和鞏固兩岸關係和平發展的良好態勢。

2.兩會機制化商談成熟

兩會的交流互訪,對於促進兩岸加深瞭解、增進互信、擴大合作具有特殊意義。3月19日至26日由海協會副會長王富卿率領的海協會民族暨宗教交流訪問團一行,走訪臺灣法鼓山、佛光山、中臺禪寺、慈濟、大甲鎮瀾宮等地進行兩岸的宗教交流學習,這是海協會2010年第一個赴臺交流團組。3月24日,海協會會長陳雲林在長沙會見了臺灣海基會董事長江丙坤和海基會大陸華中臺商訪問團一行。江丙坤率團到湖南、安徽、江西等地考察臺資企業和中部地區發展。4月14日,陝西省省長袁純清在西安會見了由海峽交流基金會副董事長兼祕書長高孔廉率領的文教暨博物館參訪團一行。該參訪團是海基會與海協會恢復接觸後,首個到大陸訪問的文教交流團。8月3日,海基會副董事長兼祕書長高孔廉會見海協會副會長張銘清交流對於兩岸文化交流的看法。9月16日海協會常務副會長鄭立中在上海會見了由海基會董事長江丙坤率領的海基會董監事考察團一行。10月27日海協會副祕書長張勝林在海基會會見副董事長高孔廉,瞭解在蘇花公路失蹤的20名大陸遊客的搜救進展。

兩會機制化商談日趨成熟完善。6月29日海協會與海基會在重慶申基索菲特大酒店舉行第五次領導人會談,簽署《兩岸經濟合作框架協定》(ECFA)以及《兩岸智慧財產權保護合作協定》。在兩岸雙方完成相關準備工作並經兩會互函確認後,協議正式生效,進入了實施程式。框架協定的簽署是兩岸經貿交流史上

另一個里程碑,將兩岸經貿合作帶入另一個境界,進一步發揮兩岸優勢互補,創造更多的商機,為兩岸產業界開拓了新的發展空間,為兩岸民間搭建了新的溝通之橋,迎來了兩岸大交流、大合作的黃金時代。12月21日海峽兩岸關係協會會長陳雲林與海峽交流基金會董事長江丙坤在臺北圓山飯店舉行兩會恢復協商以來的第六次會談。雙方簽署了《海峽兩岸醫藥衛生合作協定》,並就《兩岸投資保障協定》發表階段性共識,設立了一個新的工作機制。ECFA的簽署不僅意味著兩岸經貿關係在制度化方面取得進展,也是兩岸和解進程的重要一步,將為消減兩岸對立,推動政治和解,向正式解除敵對狀態,邁出堅定的步伐。[111]

3.兩岸經貿合作邁上新階段

貿易往來向金融合作深化,銀行業合作良好。1月15日大陸地區合格機構投資者(QDII)只要向臺灣證交所申請,就可投資臺股。現階段QDII匯入總額上限訂為5億美元,未來再考慮視情況放寬。1月16日兩岸金融監管合作備忘錄(MOU)正式生效,為兩岸金融交流開啟了直通車。[112]兩岸金融業的互動交流以銀行業為突破口。2月1日,臺灣銀行上海代表處掛牌。3月1日司富邦金控創投公司與中信資產管理公司合資,成立中信富通融資租賃有限公司。這是兩岸金融MOU生效後,第一宗兩岸金融機構合作案。臺灣銀行業監督管理機構於6月核准臺灣土地銀行申請設立上海分行、合作金庫商業銀行申請設立蘇州分行、彰化商業銀行申請設立崑山分行及第一商業銀行申請設立上海分行;於8月核准華南商業銀行申請設立深圳分行及國泰世華商業銀行申請設立上海分行;於9月核准中國信託商業銀行申請設立上海分行。其中,土地銀行、合作金庫、彰化銀行、第一商業銀行4家銀行已獲得大陸方面批准在大陸設立分行。

雙向投資進一步強化。2010年春節,胡錦濤赴福建重點視察臺資企業並發表重要講話,鼓勵廣大臺商積極來大陸投資發展。馬當局在提出的「黃金十年」發展計畫中,亦將吸引陸資赴臺作為重要舉措。8月6日由大連市副市長戴玉林率領的經貿訪問團,在臺灣外貿協會的安排下,與臺灣約百家供應商進行約150場次的一對一洽談採購,大連共30家採購商出席,採購商機高達2300萬美元。8月17日第二屆海峽兩岸(陝西)經貿科技合作大會在西安隆重舉行。共簽約9個

項目，金額超過120億元人民幣。8月17日—22日「2010臺灣·廣東周」在臺北開幕，廣東省相關企業和臺灣企業共達成各類採購協定205項，採購總額累計達到70.85億美元，是迄今為止大陸各地赴臺採購和投資協定金額最高紀錄。今年有多達13個省級經貿團「絡繹不絕於途」，更有6個團是在ECFA簽署之後短短的兩個月內赴臺，每團人數都破百，盛況空前，採購金額與後續交易也超過150億美元（約合新臺幣4757.3億元），而這還不包括臺灣其他單位邀請的地方參訪團。今年大陸省級經貿團還「跨過濁水溪」成功進入南部地區，大手筆買農產品，以實際經濟效益突圍中南部深綠政治氣氛的手法「更顯獨到」。[113]兩岸應把握重要機遇，積極應對挑戰，透過全面擴大和深化經濟合作，共同推進科技進步與創新，共同提升兩岸經濟的國際競爭力。

4.兩岸產業合作加強

兩岸經濟「搭橋計畫」專案不斷擴大，簽署一系列產業合作協定。1月20日「海峽兩岸平板顯示產業戰略合作峰會暨簽約儀式」在北京舉行。隨著12家兩岸平板顯示企業在會上籤署2010戰略合作書，大陸對檯面板採購的金額達到53億元，推動兩岸產業合作進一步升級。2月24日廈門市產品品質監督檢驗院與臺灣財團法人工業技術研究院24日簽訂《LED照明產品測試驗證合作意向書》，展開「產品測試與驗證」里程碑式的首度合作，代表著兩岸標準計量檢驗認證合作邁出先行先試的一大步。4月23日，海峽兩岸通信交流協會與臺灣電信產業發展協會在臺北市正式簽署合作交流備忘錄，推進兩岸通信企業的交流與合作。5月25—26日「2010兩岸生技與醫材產業合作及交流會議」在臺北圓山飯店召開，會議達成4點共識，並簽署9項合作意向書。未來將透過合作，結合雙方優勢，擴大兩岸商機，並共同進軍國際市場。7月12日，中國電子視像行業協會副會長兼祕書長白為民率團出席海峽兩岸平板顯示產業合作研討會等活動，落實對臺近53億美元面板採購計畫並進行技術交流、探討相關合作。9月21日以兩岸戰略性新型產業合作為主題，以「創造、創新、創意」為新思維的2010年第十屆海峽兩岸產業合作發展論壇，在江蘇崑山召開，緊緊圍繞兩岸新興產業的發展思路研討。

產業合作不斷深化，農漁業方面合作勃興。3月9日浙江省在湖州市吳興區、嘉興市秀洲區、衢州市區三地設立了首批省級臺灣農民創業園。5月13—16日，臺灣中華農漁業發展基金會一行出席在浙江舟山召開的第三屆中國國際漁業博覽會。5月20日海峽兩岸農業交流協會與臺灣財團法人二十一世紀基金會，在臺北簽署2010年合作備忘錄。6月12日，兩岸農產行銷及鄉村旅遊論壇暨農業合作協定簽約儀式在臺灣南投舉行並達成多項合作成果。海峽兩岸簽訂ECFA之後首個最大規模農漁業交流活動——2010年海峽兩岸（臺灣）農漁業交流暨產業對接會，12月2日在臺灣臺南縣舉辦。農業交流合作的重點在民間、在基層，結對和採購活動是一個新的起點和良好開端，兩地農業合作一定會結出豐碩成果。

旅遊業合作方興未艾。1月18日，國家旅遊局局長、海峽兩岸旅遊交流協會會長邵琪偉在京會見了臺灣觀光協會會長周慶雄，強調兩岸業界要繼續加強合作，共同推動旅遊業的發展。大陸居民赴臺旅遊人數不斷增加，兩岸旅遊交流與合作前景廣闊。3月2日，來自臺灣和大陸各省、自治區、直轄市旅遊局（委）旅遊業界人士共800餘人齊聚貴陽，出席第十三屆海峽兩岸旅行業聯誼會。3月2日，臺灣·江蘇常熟旅遊合作交流洽談會在臺北舉行，簽訂了臺灣—江蘇常熟旅遊合作協定，此舉將為江蘇10萬人遊臺揭開序幕。5月4日，臺灣海峽兩岸觀光旅遊協會（臺旅會）北京辦事處在北京舉行揭牌儀式；5月7日，海峽兩岸旅遊交流協會臺北辦事處掛牌。建立一個兩岸旅遊服務的平臺，是兩岸觀光交流新的里程碑。5月6日，福建省旅遊協會、福建10家赴臺遊組團社，臺灣觀光公（協）會、旅行社以及閩臺航空業界代表在臺灣苗栗縣共同簽訂了《2010年閩臺旅遊合作協定》，代表著閩臺旅遊交流合作邁上一個新的臺階。7月18日起，大陸再增加內蒙古、西藏、甘肅、青海、寧夏、新疆等6省區為大陸居民赴臺旅遊區域。至此，大陸所有省市區全都開放了赴臺遊。大陸居民赴臺旅遊帶動了相關行業發展，既拉動了兩岸經濟發展，又惠及了兩岸民生需求，順應了兩岸關係和平發展的大趨勢，得到了兩岸同胞和社會各界的普遍認同和支持。兩岸經濟合作框架協定（ECFA）簽署後，兩岸加強合作，不斷拓展旅遊大產業合作，共同促進旅遊業繁榮進步。兩岸透過規劃引導、政策支援、產學研共同參與的專案合作，探索兩岸產業合作新模式和新途徑，提升合作水準。

5.文教交流不斷升級

文化交流的層級與領域不斷擴展。7月8日至11日第六屆兩岸經貿文化論壇在廣州召開，捧出22項涵蓋促進兩岸新興產業合作、新能源合作、文化教育交流等諸多領域的共同建議。2010年，臺灣全面參與上海世博會，這是臺灣時隔40年後再度參與世博會，增進了兩岸民眾的瞭解與感情。此外，各類專業性文化交流不斷增強，比如首屆海峽兩岸閩南文化節、2010年京臺文化節、第八屆海峽兩岸中華傳統文化與現代化研討會暨海峽兩岸四地電影產業發展論壇等，進一步拓寬兩岸文化交流領域。[114]9月2日—8日文化部長蔡武以中華文化聯誼會名譽會長身分在臺展開「文化之旅」，創下兩岸恢復交流23年來大陸文化界人士訪臺最高層級紀錄。雙方就儘快商簽兩岸文化協定等方面達成八大共識，為構建兩岸文化領域的發展框架邁出重要一步。12月16日至18日，以「弘揚中山精神，共同振興中華」為主題的「2010海峽兩岸中山論壇」在廣州中山大學舉行，凝聚兩岸新共識。

精品文物展層出不窮。1月9日，應臺灣最古老和最有影響的巧聖先師廟管理委員會（魯班廟）的邀請，大陸魯班文化赴臺首訪參觀團一行八人，赴臺灣訪問。1月10日，兩岸故宮博物院首度攜手合作的展覽「雍正——清世宗文物大展」在臺北故宮落幕。分藏於兩岸的故宮文物相隔一甲子再聚首，這是兩岸故宮開啟務實交流的起點。2月6日「黃金旺族——內蒙古博物院大遼文物展」在臺北故宮博物院正式對公眾開放，這是臺灣歷年來舉辦大陸文物展頂級珍寶數量最多的一次。10月15日由福州市博物館選送的5件藏品在臺北故宮博物院展出，折射著榕臺文化的光輝，這也是福州文物首度赴臺展覽。10月29日，來自陝西省法門寺地宮以及其他文物機構的唐朝文物精品在臺北歷史博物館的「盛世皇朝祕寶——法門寺地宮與大唐文物特展」中與臺灣民眾見面。

教育交流方面實現多方面突破。大陸首度開放臺灣頂標級學生入學，為臺灣學生就讀大陸一流高校開啟了大門。8月19日，臺灣立法機構三讀通過三部相關法律修正案（「大學法」「專科學校法」及「兩岸人民關係條例」），有限制地開放大陸學生赴臺灣大專院校就讀及正式承認大陸學歷。臺灣開放大陸學生赴臺

上學與承認大陸學歷是兩岸關係發展的又一劃時代里程碑，增進年輕人的相互瞭解，為兩岸長期的和平奠定基礎，對兩岸未來的發展一定會產生重大影響。7月6日，以「龍脈相傳，青春中華」為主題的全國臺聯2010年臺胞青年千人夏令營在北京拉開帷幕。7月26日由濟南市教育和青年等部門主辦的第七屆「齊魯風·兩岸情」中學生夏令營暨中學校長研討會，在濟南隆重開幕。主辦方精心設計了豐富多彩、形式多樣的交流活動。8月10日至11日，2010海峽兩岸終身教育論壇在成都舉行。兩岸加強交流合作，共同構築終身教育平臺，為優化整個中華民族的人力資源做出貢獻。9月30日臺灣清華大學校長陳力俊率團到北京清華大學參訪，並簽署聯合培養雙碩士學位協定。兩岸校際間互動持續熱絡，高校辯論賽、夏令營活動等頻繁開展。這都推動了兩岸深化教育雙向交流。

新聞媒體交流廣泛。2月22日至3月1日，以湖南省人大常委會原副主任羅海藩同志為團長的湖南省新聞媒體考察團一行9人走進寶島臺灣，與臺灣主流媒體及相關人士進行了深入廣泛的交流。2月26日臺灣東森、中視兩家電視媒體和「中國時報」集團旗下的《旺報》，分別駐點福州和廈門。臺灣媒體正式駐點福建尚屬首次，代表著閩臺新聞交流與合作邁上了新臺階。海峽兩岸新聞媒體交往由來已久。兩岸新聞交流已成為兩岸同胞增進瞭解、溝通感情的重要橋樑。兩岸文化教育交流從無到有，從單向發展到雙向，活動日益頻繁，內容豐富多彩，形式多種多樣，領域日益拓寬，規模不斷擴大，兩岸經濟文化交流已成為兩岸關係發展中最有活力、最有潛力的部分。

6.民間交流日益多元化

民間交流形式更加多元化。6月18日「第二屆海峽論壇·媽祖文化活動周」開幕儀式，拉開了第二屆海峽論壇活動的序幕。6月19日至25日第二屆海峽論壇在福建舉辦。期間包含有：海峽青年論壇、海峽兩岸鄉鎮對口交流會、海峽兩岸客家高峰論壇、兩岸金融合作研討會、海峽兩岸少數民族聯誼交流會、海峽婦女論壇、平潭旅遊開放開發研討會、海峽27城市新聞出版業論壇、武夷山朱子文化節、海峽兩岸體育交流大賽等。本次海峽論壇臺灣基層同胞參與踴躍，約占80%，圍繞民生話題、民眾需求展開系列活動，讓兩岸民眾成為論壇的主體，讓

論壇成為兩岸民眾的交流舞臺。[115]海峽論壇的特色是民間性、大眾性、廣泛性，推動兩岸民間交流躍上了新臺階。由中華文化聯誼會、廈門市政府和福建省文化廳聯合主辦的2010海峽兩岸民間藝術節盛大開幕，藝術節以「同生共榮兩岸藝術，承前啟後共話未來」為主題，展示海峽兩岸歌仔戲、高甲戲、布袋戲、民俗技藝及客家音樂的傳承與發展。10月15日－18日期間，兩岸演出團體及專家學者等600人參與活動，其中，臺灣團隊和專家學者約有260人。11月2日，首屆兩岸智庫論壇在臺北舉行。兩岸智庫可以扮演先行先試的角色，先行先試進行深度廣泛交流合作，釐清在政治立場上彼此存在的歧見，扮演協助兩岸協商溝通與謀求共識的橋樑角色。兩岸遊客互相觀光、交流的人次不斷突破新高，大陸各地區舉辦的臺灣周、臺灣月、臺灣博覽會、兩岸宗教信眾共同舉辦儀式等都成為兩岸民間交流的重要方式。

兩岸共同救災自發化。4月19日臺灣紅十字組織醫療隊到青海省西寧市第一人民醫院，投入玉樹震災傷患的服務工作。大陸紅十字會應邀訪臺，並投入1.2億元說明臺灣各類受災地區進行重建。臺灣在甘肅舟曲受災後，迅速向臺灣各界募款救災，並積極派駐人員協助各項災後重建工作。大陸遊客在蘇花公路遭遇風災泥石流被困後，臺灣方面全力組織救援。7月6日－13日，臺灣民意代表高金素梅率領臺灣莫拉克颱風災區民眾「川震重建」參訪團一行赴北川新縣城、吉娜羌寨、都江堰等地參觀四川災後重建成果，借鑑災後重建經驗。

7.兩岸共同打擊犯罪成效顯著

6月，兩岸大力打擊詐騙行動，逮捕218人。8月25日，兩岸警方共同合作，破獲歷年來雙方合作規模最大、動員警力最多、逮捕人數也最多的網路詐騙案。合計逮捕450名嫌疑人。9月13日公安部副部長陳智敏率團赴臺，舉行兩岸警方高層會晤座談，達成多項具體共識。10月26日「警政署長」王卓鈞前往北京、上海、江蘇、浙江參訪，深化兩岸共同合作打擊犯罪，也創下首位現任「警政署長」赴大陸的紀錄。11月10日，福建公安機關透過臺北至福州直航班機押回潛逃臺灣的大陸犯罪嫌疑人錢建南。這是自《海峽兩岸共同打擊犯罪及司法互助協定》簽訂以來，臺灣警方首次應大陸公安機關的要求，協助緝捕並遣返大陸犯罪

嫌疑人。11月22日大陸警方與臺灣警方聯手破獲一起特大走私毒品案件，摧毀一個長期跨兩岸走私販毒的團夥，切斷一條通過海運管道向臺灣走私毒品的通道。兩岸治安機關合作關係越來越密切，臺灣警方與大陸公安部門合作許可權逐漸下放，兩岸共同打擊犯罪的腳步大幅加快。

二、2010年的兩岸關係和平發展持續深化

兩岸關係實現歷史性轉折、步入和平發展軌道以來，取得了一系列重大成果。2010年的兩岸關係之所以能夠取得全面進展，有如下因素影響。

一是兩岸都堅持「九二共識」，共同的政治立場依舊穩固。

2010年元旦，胡錦濤在全國政協新年茶話會上重申，要牢牢把握兩岸關係和平發展的主題，推動兩岸關係實現歷史性轉折，加強兩岸經濟和文化交流合作，兩岸關係和平發展呈現新局面。對此，馬英九在臺灣「雙十節」致詞中重申「九二共識」，兩岸人民同屬中華民族。[116]10月13日，楊毅表示，兩岸雙方應當共同珍惜當前得來不易的兩岸關係和平發展的良好局面，繼續本著建立互信、擱置爭議，求同存異、共創雙贏的精神，妥善處理複雜敏感問題和政治分歧，進一步增進互信，不斷地開創兩岸關係和平發展的新局面，造福兩岸同胞，造福中華民族。12月23日，馬英九表示，「九二共識」是兩岸關係的基石。[117]

二是大陸對臺政策更加穩定和務實，有力推動兩岸關係和平發展。

大陸牢牢把握兩岸關係和平發展的主題，秉持「先經後政、先易後難」原則，加強兩岸各項交流合作，對臺方針政策愈加穩定務實，其內涵也愈加豐富深化。2010年4月7日，全國政協主席賈慶林再次強調了要繼續秉持建立互信、擱置爭議、求同存異、共創雙贏的方針，透過增進政治互信、密切交流合作，不斷排除各種干擾，不斷拓寬前進道路，不斷為兩岸關係和平發展注入強勁動力。6月29日兩岸簽署經濟合作框架協定，將兩岸經濟關係推向機制化、制度化發展軌道。鑒於目前臺灣內部政治局勢和兩岸關係現狀，大陸已將兩岸統一之前的階

段定為和平發展階段。理清兩岸關係的發展階段,有助於更好地展開各項對臺工作、推進兩岸關係和平發展和統一大業。第十七屆五中全會公報是歷次全會公報中對兩岸關係著墨最多的一次,對臺方針政策更注重務實面和可操作性,為未來兩岸關係發展勾勒出主軸。其中提及兩岸關係共有四句話,即「要牢牢把握兩岸關係和平發展的主題,深化兩岸經濟合作,積極擴大兩岸各界往來,推進兩岸關係和平發展和統一大業」。大陸穩定務實的對臺政策有力地推動了兩岸關係的和平發展。未來對臺政策還將以維持兩岸關係穩定發展為主,同時將全力推動兩岸的經貿關係走向正常化和制度化。[118]

三是兩岸協商機制化成為常態,各級各界交流不斷深化。

兩會商談為兩岸建構起交流交往的制度化框架,每商談一次,兩岸就向前邁進一步,在不斷完善協商機制的同時取得了一系列事務性領域的積極成果。海協會與海基會商談機制化,每半年一次。今年兩會兩岸以專家身分參與的官員層級、規模進一步提升,並取得重大協商成果,顯示兩會在兩岸平等協商機制中難以替代的作用。在兩岸分別舉行的「江陳會」,成為兩岸對話的主要管道。協商管道多樣化、參加成員專業化。《兩岸經濟合作框架協定》(ECFA)和《兩岸智慧財產權保護合作協定》的簽署是兩岸和平發展進程的又一重大進展。[119]兩岸經濟關係開始走向正常化,以及經濟合作的制度化,有利於深化兩岸經濟合作,建立具有兩岸特色的經濟合作機制,最大限度地發揮兩岸互補優勢,有利於共同應對日益嚴峻的國際競爭,有利於臺灣經濟的發展。ECFA的目標是加強和增進雙方之間的經濟、貿易和投資合作,逐步建立公平、透明、便利的投資及保障機制,有利於兩岸政治互信的鞏固與發展,有利於兩岸關係和平發展的鞏固與發展。兩岸不僅擬在兩會架構下設立如「兩岸經合會」等專業協商的子系統,而且在兩會之外增設各領域的對口協商機構,如大陸與臺灣旅遊行政機構互設「臺旅會」、「海旅會」,香港特區政府與臺灣互設「經貿協進會」等,都有助拓展兩岸交流管道。兩岸對話根據交流交往議題的需要,開始組織相關行業參加談判,比如兩岸旅遊部門互設辦事處。國共經貿文化論壇、海峽論壇、地區合作和專題合作論壇越來越多,議題越來越豐富。在兩會制度化的同時,開闢兩岸協商的新途徑、新平臺,是和平發展繼續深化的需要和保障。

四是中華文化不斷得到繼承和弘揚，社會各界互助情深。

兩岸文化交流有助於兩岸增加對彼此政治、經濟、社會制度的瞭解。今年，胡錦濤多次指出，加強兩岸文化交流，關鍵是促進兩岸同胞共同汲取中華文化的精髓，弘揚中華文化的優良傳統。3月3日，全國政協主席賈慶林在政協全國委員會常務委員會工作報告中指出，把握兩岸關係和平發展主題，發揮人民政協獨特優勢，推動兩岸同胞大交流，促進兩岸各界大合作。他指出，要以政協委員為主體，以河洛文化、書畫藝術、京崑藝術、媽祖文化、黃埔精神為紐帶，赴臺舉辦展覽、演出、研討等文化交流活動，開展與臺灣有關團體互訪活動，增進臺灣同胞對中華民族和中華文化的認同。[120]他還表示，人民政協要不斷擴大同臺灣有關黨派團體、社會組織、各界人士和基層民眾的交往。3月29日青年節，馬英九表示，遷臺60年，已開創出具有臺灣特色的中華文化，希望能以此作基礎，往前推進。[121]兩岸用協商取代對抗、用和解消弭衝突，已經到了和平發展的最佳時機。中華文化源遠流長，加強兩岸文化的交流合作是推動兩岸發展的動力。只要兩岸同胞團結起來，必有更加光明燦爛的前途。大陸踴躍捐款救助臺灣災民和臺灣援助大陸地震災民，兩岸之間這種救災互助行為，體現了中華民族「一方有難八方支援」的傳統美德和兩岸人民的同胞情，兩岸同胞在大災大難面前互幫互助，必然有助於降低敵意，消除隔閡，增進瞭解與理解；有助於增強兩岸之間的兄弟情和同胞愛，重建兩岸同胞命運共同體的認知；有助於重建並鞏固互信，促進兩岸關係和平發展。相信隨著兩岸間善意的累積達到一定的程度，必然會促使兩岸關係進一步向上提升，進而深化並鞏固來之不易的兩岸關係和平發展的大好局面。[122]

三、影響兩岸關係發展的負面挑戰依然存在

儘管2010年兩岸關係發展邁上了一個新臺階，和平發展成為臺灣的主流民意，但是兩岸關係仍處於「政冷經熱」階段，兩岸在一些重大敏感問題上的結構

性矛盾逐漸浮現，影響兩岸關係和平發展的負面挑戰依然存在：

一方面，臺灣民眾支持兩岸「永遠維持現狀」首度過五成。臺灣《聯合報》8月26日公布的針對兩岸關係年度民意調查的資料發現，臺灣民眾對於臺灣前途的看法逐漸朝「永遠維持現狀」發展，比率首次突破五成。民調顯示，16%臺灣民眾主張儘快「獨立」，15%主張維持現況以後再「獨立」，5%主張急統，9%主張緩統，51%希望永遠維持現狀，僅4%無意見。[123]民調還顯示，儘管兩岸交流日益頻繁，臺灣人看大陸民眾的觀感仍以負面觀感居多，47%的民眾坦言對大陸民眾印象不佳，僅38%覺得印象不錯。這些資料都表明，兩岸的認同差距在逐漸拉大，臺灣民眾對中國人的認同日趨下降，對臺灣人的認同日趨上升。一旦將來兩岸發展過程中牽涉到統一議題，臺灣民眾勢必會產生強烈的排斥心理，當局迫於民意壓力將不得不對兩岸政策進行調整，兩岸關係發展由此也可能產生倒退。

另一方面，美、日等國的反華勢力不會輕易放棄「以臺制華」的策略。2010年，美國方面不顧中國政府的嚴正聲明與抗議，繼續維持對臺軍售，嚴重破壞中美關係，而且在臺灣退役將領密集登陸時，美國方面表示了極大關切。日本則拉攏李登輝、蔡英文等「臺獨」領導者，支持臺灣「臺獨」勢力舉辦「ECFA公投」，強化臺日經濟文化關係，增強臺灣對日依賴。這都顯示在兩岸關係逐步走近時，外部反華勢力不會善罷甘休，極大程度上影響到馬當局的兩岸政策，可能會加大抑制兩岸關係深化發展的力度。

還有，「臺獨」勢力依然活躍。2010年以來，民進黨繼續頑固堅持「臺獨」立場，在關於兩岸簽署ECFA、陸生赴臺等問題上，民進黨均大張旗鼓地公開反對、惡意歪曲事實，煽動民眾「逢中必反」、「逢馬必嗆」，竭力反對和阻撓兩岸關係和平發展。民進黨在近幾次的大小選舉中勢頭越來越強。本次五都選舉，儘管民進黨只維持兩席，但是得票率大幅提升，議會席次大幅增加，顯示了民進黨有堅實的社會基礎與巨大的發展潛力。在南臺灣，民進黨執政縣市長紛紛到大陸推銷水果與農產品，大陸對臺政策在利益上不斷向南臺灣傾斜，但選民仍然票投民進黨。在市議會的選舉中，以陳致中為核心組成的「一邊一國連線」，

推出41人,當選36人,也充分說明在臺灣激進的「臺獨」勢力有進一步擴大化的趨勢。馬英九出於鞏固執政基礎及選舉的考慮,為爭取中間和淺綠選民,發展兩岸關係患得患失,顧慮重重,唯恐被扣上「親中」、「賣臺」的帽子,對外宣稱「不獨」,但也表明「不統」,給兩岸平穩向前發展增添了一定阻力。隨著兩岸交流的不斷深入,兩岸之間複雜敏感的政治議題難以避免,若處理不當,或會影響兩岸關係和平發展的進程。

四、2011年的兩岸關係展望

兩岸關係錯綜複雜,存在著歷史性、結構性的矛盾,兩岸需要從小事做起,累積善意和共識,創造條件,循序漸進。展望2011年,兩岸關係將繼續朝著和平發展方面穩步邁進,保持良好發展的勢頭。在政治方面,兩岸將進一步增進雙方政治互信,但兩岸政治議題難有實質性突破;在經濟方面,兩岸經貿交流將飛速發展,不斷深化產業合作,厚植共同利益;在文教和民間交流方面,兩岸將擴大交流,傳承中華文化,不斷拓展交流領域、平臺,豐富交流內涵。

一是兩岸正式邁入後ECFA時代,兩會互動進入一個新的發展時期。2011年1月1日起,ECFA正式生效實施,早期收穫清單內容將得到逐步落實,兩岸邁入真正的「ECFA時代」。兩岸關係發展已進入經濟成果轉化期。進一步開展經濟合作框架協定後續協商談判和具體落實成為焦點。如何轉變兩岸經濟關係發展方式,不斷擴大經濟合作推動兩岸關係和平發展的外溢效果,是今後發展兩岸經濟關係應予以重視的問題。兩岸關係和平發展與兩會制度化協商已成為臺灣主流民意。第六次兩會會談中原本期待的《海峽兩岸投資保護協議》未能完成簽署,只是達成初步共識。原本要宣布成立兩岸經濟合作委員會(經合會)未能實現。可以預期,2011年兩會會談面臨的挑戰將越來越大,未來兩會會談以務實與穩定為第一要務,以落實已達成協議為主,預示著兩會的互動將進入一個新的發展時期。

二是大陸對臺政策更加務實和細化，探索與民進黨接觸互動的可能。「五都」選後，臺灣政局進入調整期。2011年臺灣進入選舉年，尤其是下半年開始的「立法委員」選舉與臺灣領導人選舉的逐步展開，臺灣的兩岸經貿政策與民進黨的大陸經貿政策主張是否會有重大調整，受到廣泛關注。但兩岸關係和平發展的趨勢不會逆轉。面對民進黨在南部勢力有所扎根的現象，大陸需要正視臺灣政黨輪替和選舉的常態。民進黨為爭取中間選民支持重新獲得執政權，對兩岸交流中經濟層面的態度會有所鬆動，民進黨的「臺獨」路線將遭到越來越多的質疑，面臨轉型的強大壓力。如何推動民進黨轉型，使其參與到兩岸關係和平發展的進程中來，對大陸而言是一個艱巨的任務。大陸對臺工作2011年要向下扎根，落實對臺灣同胞做出的各項承諾，特別關注南部農民和弱勢群體，避免流於上層化、少數化和特定利益團體化。大陸探索與民進黨接觸互動的可能性，力爭將民進黨轉變為支持兩岸關係和平發展的積極力量。

三是文化教育交流和民間交流成為兩岸關係和平發展新的增長點。在擴大經貿交流和人員交流的同時，進一步加強兩岸文化教育交流合作成為兩岸面臨的新任務。在ECFA後的重要任務，是兩岸協商簽訂《文化教育交流協定》，凝聚中華文化的認同。開展兩岸文化交流與合作對於推動兩岸關係和平發展具有基礎性、全域性、長遠性的重要作用，共同推動中華文化的傳承與發展。兩岸文化和民間交流必然帶動社會大眾的全面交往，增強共同利益與認同，軟化兩岸的結構性矛盾和意識形態的對立，縮小情感距離，從而帶動兩岸關係的全面發展。

兩岸關係從隔絕到交往、從對峙到緩和、從民間接觸到政黨高層對話，這是一個逐漸擴展的漫長過程。兩會多次協商談判、兩岸實現直接「三通」，為兩岸民眾交流合作夯實了基礎。今天，兩岸關係是一個發展著的問題體系，對話和獨白相互交織，彼此牽制。出路只有靠兩岸各利益主體團結起來，以兩岸人民的整體和長遠利益為重心共同尋求解決方案。兩岸關係和平發展不可阻擋，不容逆轉。新形勢下，兩岸要踏實推進兩岸關係和平發展進程，進一步深化政治互信，不斷強化在經濟、文化、社會等各領域各層次的交流，才能有效地建構兩岸關係和平發展框架，增強兩岸對中華民族和統一國家的認同，攜手開創兩岸關係的新局面。

第四章 「交往」與「仁」的契合：兩岸共同的儒學傳統

先見對於兩岸關係而言，有時候不但不是一種障礙，恰恰是兩岸關係和平發展得以可能的必備條件，正是這種先見達成了兩岸交流的通道。兩岸交往中的需要結構，很多內容都孕育在共同的文化傳統中。儒學提出「仁」，特別是「和而不同」的觀念跟哈貝馬斯的交往理性有很大的契合。兩岸的儒學傳統可以發展為一種別具一格的兩岸的交往理性，使儒學中的人倫與事理、交往性與合理性有機地結合。

第一節　兩岸共同的文化傳統

　　1980年代以來，文化交流融入大陸重要的對臺方針政策，歷經了不同時期的不同變化。辛亥革命70週年來臨之際，「葉九條」中第一次向臺灣提出「我們建議雙方共同為開展學術、文化、體育交流提供方便，達成有關協議」。這是針對國民黨當局長期頑固推行的「不接觸、不談判、不妥協」的「三不政策」，巧妙地以雙方分歧最小、共同點最多的文化交流為先河，來推動僵化、對峙的兩岸關係向前發展。1995年1月30日，「江八條」指出，中華各族兒女共同創造的五千年燦爛文化，始終是維繫全體中國人的精神紐帶，也是實現和平統一的一個重要基礎。在海協會、海基會協商取得歷史性突破，不失時機提出我黨推進兩岸關係八項主張中，第一次明確認定繼承和發揚中華文化優秀傳統是實現和平統一重要基礎。中華文化已被提升至實現國家統一的政治高度。2008年12月31日胡

錦濤在紀念《告臺灣同胞書》發表三十週年座談會上的講話中指出：「弘揚中華文化，加強精神紐帶。中華文化源遠流長、瑰麗燦爛，是兩岸同胞共同的寶貴財富，是維繫兩岸同胞民族感情的重要紐帶。中華文化在臺灣根深葉茂，臺灣文化豐富了中華文化內涵。」2011年元旦，馬英九發表元旦文告指出，兩岸炎黃子孫應透過深度交流，在中華文化智慧的指引下，為中華民族走出一條康莊大道。2011年1月18日，在第九屆兩岸關係研討會上，國臺辦主任王毅指出：文化，是國家和民族的靈魂。「中華文化積澱著我們民族最深層次的精神追求。中華傳統文化有著天下大同的社會理想，追求和諧的價值取向，民為邦本的治國理念，團結統一的家國意識，厚德載物的道德精神。數千年傳統文化的薰陶，培育出中國人重仁守信、愛好和平、匡正扶善、自強不息等優秀品德。我們應當以禮敬的態度來對待這些優秀的文化遺產，深刻認識民族傳統文化的歷史意義和現實價值，從中汲取智慧和力量，進而更積極地弘揚中華文化。」

在臺灣，中華文化薪火相傳，枝繁葉茂。臺灣同胞博採眾長，兼收並蓄，形成了具有臺灣特色的中華文化，豐富了中華文化的內涵。2011年2月9日，馬英九在「2011年臺北國際書展」開幕式上致詞時表示，近些年來國際上興起一股中文熱潮，臺灣作家的作品也在大陸大受歡迎，臺灣應該掌握人才及出版消費市場優勢，扮演中華文化領航者的角色，成為華文出版中心。馬英九指出，臺灣文化水準高，許多作家選擇在臺灣出書。在兩岸尚未簽訂出版協定的狀況下，2009年臺灣出版書籍4萬種，大陸出版16萬種。大陸人口眾多，對臺灣的出版業來說是非常大的市場。馬英九希望，臺當局「新聞局」、「文建會」要積極與大陸出版商進行交流，以此作為討論兩岸文化協議的重要題目。臺灣應該掌握人才及出版消費市場優勢，成為華文出版中心。[124]

兩岸文化是一個母體在不同環境下發展出的兩個子體。50年的政治割不斷5000年的文化，中華文化的認同既是兩岸人民共同的精神家園，也是全球華人的精神源頭。海峽兩岸的中國人有著悠久的血脈相通的歷史文化關係，在長期的社會生活中，逐步形成了具有民族特點的表現政治、經濟、文學、藝術、語言、風俗習慣、歷史文化傳統的共同形式，這就構成了兩岸交往的基本共同點。海峽兩岸使用共同的漢字、漢語和書面語，有著共同的民族藝術形式，有著共同的民

俗文化傳統。在哲學理念上，繼承了中國傳統的哲學思想，儒家學說有著深遠的影響。在社會倫理道德方面，主要以中華民族傳統的倫理道德觀念來規範思想和言行。臺灣的語言，根在大陸，臺灣把普通話稱為「國語」，本身就反映了臺灣同胞對大陸的國家認同感。兩岸相同的文化習俗，最直接的體現就是語言的相同，成為加深兩岸感情的基本紐帶。在語言文字和文化教育方面，講普通話和閩南話、客家話等，書寫用中文。在宗教信仰方面，主要信奉佛教、道教，以及媽祖、關帝君、保生大帝等中國民間神祇。臺灣宗教文化基本源自大陸。從早期居民的原始圖騰崇拜、從大陸移民帶進宗教文化，從名稱相同、作為大陸神靈分靈的臺灣的宗教和神祇，從兩岸相同的「多神合一」宗教現象，從臺灣宗教和神祇到大陸的尋根熱，從大甲媽祖回娘家，完全可以證明兩岸宗教同根同源，一脈相承，有著密不可分的人文歷史源頭。

在風俗習慣方面，主要是福建、廣東等地的飲食習慣、節日習俗以及婚喪嫁娶、祭祀祖先等各種禮儀等。臺灣的人文歷史是地地道道中華民族文明史的拓展。這絕不是簡單的文化影響、風格模仿、強行灌輸的結果，也不是偶然的巧合，只能充分證明兩岸同根相連，同屬一源，同承一脈，同為一體，血脈相連；從而展示了中華文化是兩岸民眾共有的精神家園，是兩岸民眾團結一心的精神支柱。兩岸民眾間，存在不少親緣關係，尤其是臺灣和福建、廣東之間。「親其親者」，梁漱溟指出：「謂人必親其所親也。人互喜以所親者之喜，其喜彌揚；人互悲以所親者之悲，悲而不傷。外則相和答，內則相體念，心理共鳴，神形相依為慰，斯所謂親也」。[125]由親情所構成的交往需要，是一種內在的、深厚的心理情感。從臺灣來大陸訪問的政要、商人及一般平民，每每要到故里尋宗。由親情進一步衍生的需要結構，使得兩岸的交往，不論是經濟方面，還是文化方面，都多了一重既是利益又不純粹是利益的考量。

儒家學說與中華文化的發展息息相關，是中華文化中最重要的組成部分，也必然與臺灣文化的發展密不可分。清朝管轄臺灣後，即於1684年設臺灣府。由於官方的推動，儒學在臺灣迅速發展。到1895年中日甲午戰爭割讓臺灣時，臺灣各地已有儒學學堂13所之多。臺灣學者陳昭瑛指出：自明鄭到此時，儒學在臺灣經歷了長達200多年的移植與發展，已經融入了庶民生活，更是士大夫階層

精神生活的主要部分。儒學在庶民生活中表現為尊師重道、孝敬父母、重視家庭、重視祭祀等習慣，這在海峽兩岸始終相同。儒學是臺灣社會文化的主流，大陸傳統文化與傳統倫理對其社會的影響根深蒂固。除了儒學學堂之外，臺灣還有為數眾多的書院，其數量之多不亞於大陸。著名的書院有海東書院、崇文書院、南湖書院、正音書院等。這些書院成為儒學在臺灣傳播與發展的集散地。在書院之下還有社學、義學和義塾等。這種較為初級的學塾成為臺灣普通民眾接受教育的主要載體。

1895年日本侵占臺灣後，對臺灣的歷史與文化進行了野蠻的摧殘破壞，大搞「皇民化」教育，試圖強迫臺灣人民學習日本語言與文化，援用日本紀年與禮儀，用天照大神取代孔子和媽祖。但是已經深入到臺灣人民骨髓深處的中國傳統文化是摧殘不掉的，殖民當局的做法在臺灣不斷受到中國傳統的抵抗。割臺初期，儒生階層是抗日武裝部隊的主要成員。儒生抗日的精神基礎接近明末抗清的前現代思想格局，即華夏民族不受異族統治的思想。1949年國民黨當局敗退臺灣後，為加強對臺灣的統治，肅清日殖時期留下的遺毒，培養臺灣人民的民族歸屬感與認同感，當局將儒學中的一些倫理綱常作為鞏固統治的思想武器，在「反共複國」綱領中揉入儒學思想中的倫常觀念。1950—80年代，國民黨當局對儒學進行了新的闡釋，確立了新的教學大綱。國民黨當局所進行的這種民族意識和民族認同感教育，在一定程度上維護了臺灣的政治穩定，有效地遏制了「臺獨」勢力的發展。還有一點值得注意，臺灣「教育部」把忠、孝、仁、愛、信、義、和、平八德作為學生日常行為準則，儒學的影響隨處可見。林穀芳說：「臺灣的中華文化傳承，體踐性強是它的一個特徵。體踐性使得臺灣社會可以有真實的行者直接活在日常，你可以看到歷史就是當代，典籍並不只是典籍，臺灣的茶館就是茶人生活方式的直接顯現，不少人以修行作為生活的重心，儒家的倫常更體現在臺灣人的待人接物上。中華文化之滲入臺灣生活，還可以自兩方面觀之。一是它的人間性本質，也就是日常生活實踐的可能性。一是它遍及各個階層。中華文化傳承在臺灣的生命性與生活性，乃使它出現的樣態不可能是完全復古的，它是生活之事。」[126]

第二節　以「二」釋「仁」

　　兩岸的交往理性即認為兩岸應當在交往中達成共識，由此而達致和諧。儒學提出「仁」，特別是「和而不同」的觀念跟哈貝馬斯的交往理性有很大的契合。哈貝馬斯指出：自我是在與他人的相互關係中凸現出來的，這個詞的核心意義是其主體間性，即與他人的社會關聯。唯有這種關聯中，單獨的人才能成為與眾不同的個體而存在，離開了社會群體，所謂自我和主體都無從談起。[127]傳統哲學中純粹認知的主體變成了交往活動中生活實踐的主體，使得哈貝馬斯的主體間性理論更加具有實踐性，其理想是透過主體間性來消除主客之間的衝突，從而達到人與自身、人與他人、人與社會、人與自然的和諧。中國的傳統儒家學說產生之前，中國沒有經歷過西方理論發展所遇到的主客體對立的問題，因此從一開始就直接發展出一種「準主體間性」。實際上，中國的傳統社會並不存在西方社會發展中所出現的所謂「中心主義」的問題，既然沒有中心，也就沒有被邊緣化的物件。孔子的學說主要是倫理學而不是本體論，但是儒家思想卻在對世界的認識和道德的建立上完全取代了宗教的作用。儒家所強調的人的主體是一個整體性的主體而非個體。儒家理想中的人是在「禮」的統帥下，符合「仁」的標準的人。儒家以仁為核心。中國以「二」釋「仁」，這表明我是不能離開你而獨存的，我只有置身於你的關聯域中才能達致對我自身存在的肯定。這就跟哈貝馬斯「自我」是在與「他人」的相互關係中凸現出來的理論相契合。

　　禮，究其實質，就是在交互主體中成員主體進行交往活動的規範。孔子說：「禮，經國家，定社稷，序民人，利後嗣者也」。[128]從中我們可以看出，孔子的禮，就是指社會的制度、各種人的行為規範和社會秩序。孔子認為一旦人們都遵照禮來為人處事，那麼天下就能達到祥和穩定。孔子認為，禮的關鍵作用就是「正名」、「明份」。他從家庭交互主體出發，提出交互主體中各成員的地位是不應該均等的，和父與子、夫與婦一樣，君臣、上下都具有一定的差異。沒有這種差異，交互主體的存在就會受到威脅。而禮就是對這種差異的明確規定。《禮記‧曲禮》說，「君臣、上下、父子、兄弟，非禮不定」。孔子的這個思想接觸

到了交互主體內部的層次性特徵。

如果説，禮的基本作用是明確交互主體中各成員在地位上的差異的話，那麼在孔子學説中，樂的基本作用則是將不同的成員主體和合起來。作為孔子思想闡發的《禮記·樂論》指出：「樂者為同，禮者為異。同者相親，異者相敬」。在交互主體中，僅僅有成員主體的相異是不夠的，所謂「禮勝則離」就是説一味強調成員主體之間的差異就有可能導致成員主體的相離，造成交互主體的瓦解。所以，還必須將不同的成員主體溝通起來，協調起來，使他們在相互認同、相互理解和相互配合中共同發揮交互主體的整體功能。而要做到這一點，孔子認為必須依靠「樂」的作用。因為「樂」可以透過其美的感染力使不同地位的主體心靈平和。「君子聽之，以平其心」，從而以德待民；對民而言，「可以善民心」[129]從而心悅誠服地為君統治；可以化解人們在交往活動中的隔閡，達到心靈的溝通。「樂在宗廟中，君臣上下同聽之，則莫不和敬；在鄉長鄉里之中，長幼同聽之，則莫不如順；在閨門之中，父子兄弟聽之，則莫不如親」，「樂至而無怨」。從而使不同等級、不同地位的人相敬相愛，和睦相處，共同維護交互主體的存在，發揮其群體作用。[130]

從結構上看，「仁」是「二」與「人」字的合寫。從字形上看，「仁」表示兩個側身之人面面相對、前傾雙臂、彎腰屈膝。古人以「仁」為「相人偶」的原始禮儀，藉此表示兩個人互表問候、互致敬意。因此「仁」一開始就內蘊主體間平和平等、謙恭親熱、相親相愛的價值訴求。故而許慎《説文解字·人部》云：「仁，親也。從人從二。」《禮記·中庸》云：「仁者，人也。」鄭注云：「人也，讀如相如偶之人，以人意相存問之言。」段玉裁注云：「『人耦（偶）』猶言爾我親密之詞，獨則無偶，偶則相親，故字從人二。」「仁」就是二人之間相親相敬、就是彼此間相互親愛與合作。儒家倫理的「仁」一開始就與二人世界相關聯，並從屬於「相偶」的主體間性畛域。「仁者，情志好生愛人，故立字二人為仁。」「上下相親，謂之仁」，「愛人能仁」，「仁者必敬人」「愛人利物謂之仁」，「仁者，謂其中心欣然愛人也」，「親親，仁也」，「仁者愛人」。

這些關乎「仁」的俯拾皆是的論述無一不是在昭示「仁」的主體間性之維、

一種不折不扣的我─你關係之維。「仁」只能生發於非物件化、非中心化的我─你之間，而這種我─你關係勢必要求既不能以我為中心、也不能以你為中心、我不能視你為物件，你不能視我為客體，我不能視你為工具，你不能視我為手段，我與你不是一種認知和實用關係，而是一種相遇和會合的關係，即「我不是把一切存在物都視為外在於我的物件性存在，而是將其視為一種與我一樣的另一個主體或夥伴性存在。」換言之，我不能離你而獨存，我必須置自身於與你相關的場域中，才能確證自身的存在。所謂「己欲立而立人，己欲達而達人」，所謂「愛人者，人恆愛之；敬人者，人恆敬之」，所謂「愛人不親，反其仁；治人不治，反其智；禮人不答，反其敬」。

　　考諸古代儒家對「理」的真正解釋，其總是和人的交往邏輯密切相關的。如《禮記》云：「禮也者，禮也」（《禮記·仲尼燕居》），孟子稱理為「心之同然」（《孟子·告子上》），張載言理是「能悅諸心，能通天下之志之理」（《正蒙·誠明》），王陽明堅持理即「良知」和「仁」。然而，真正對中國古代這種「交往理性」作出明徹完善的理論闡述的，則需推至中國古代的晚期。清代著名學者戴震寫道：「理也者，情之不爽失也，未有情不得而理得者也。凡有所施於人，反躬而靜思之，人以此施於我，能受之乎？凡有所責於人，反躬而靜思之，人以此責於我，能盡之乎？以我之人則理明。天理雲者，言乎自然之分理也；自然之分理，以我之情絜人之情，而無不得其平是也。……」「夫以理為如有物焉。得於天而具於心，未有不以意見當之者也。今使人任其意見則謬，使人自求情則得。子貢問曰：『有一言而可以終身行之者乎？』子曰：『其恕乎！己所不欲，勿施於人』。《大學》言治國平天下，不過曰：『所惡於上，毋以使下；所惡於下，毋以事上』，以位之卑尊言也；『所惡於前，毋以先後；所惡於後，毋以從前』，以長於我與我長言也；『所惡於右，毋以交於左；所惡於左，毋以交於右』，以等於我言也。曰『所不欲』，曰『所惡』，不過人之常情，不言理而理盡於此。惟以情，故其於事也，非心出一意見的處之。苟舍情求理，其所謂理，無非意見也，未有任其意見而不禍斯民者。」[131]在這裡，戴震的觀點與西方現代「交往理性」的觀點幾乎完全不謀而合。理並非是「如有物焉，得於天而且於心」的那種認知性的東西，而是被視為「情不爽失」，或「無過情無不

及情」，即被視為人際關係（「情」）的合理的尺度，被視為使我的需要與他人的需要之間的關係保持在一種審美的「中和」狀態的原則。而那種在社會事務中「舍情求理」、以認知性為其內容的理性，貌似合理，在其看來不過是一種歪曲社會交往的所謂的「意見」。[132]

對於「誠」，儒家同樣推崇備至。儒家沿襲與闡揚了《中庸》所開啟的開誠布公的「誠」的理論，並且使其更具倫理的意味。認為「誠」既是天道之本然，又是道德之根本。所謂「誠者，天之道也；思誠者，人之道也。至誠而不動者，未之有也；不誠，未有能動者也」，所謂「養心莫善於誠」，所謂「誠」，五常之本，百行之源。它們正是主體間成功交往、對話與溝通的基本要求，即一個成功的對話（誠）有賴於彼此陳述的真實性與真誠性。「誠」所凸顯的對話意蘊，與哈貝馬斯對話倫理學所要求的語言交往行為的基本有效性要求可謂不期而遇、不謀而合。在哈貝馬斯看來，「一個交往性的、成功的言語行為除了語言學表達的可領會性以外，還要求交往過程的參與者準備達到理解，要求它們高揚真實性、真誠性和正確性等有效性要求，並且相互地予以滿足。」語言交往行為的三種基本有效性要求（真實性、正確性、真誠性），恰恰是交往理性得以貫徹的根本性前提。只有依憑言語的有效性要求，社會共同體的所有成員才能達成相應的共識，確立大家一致認同的倫理道德規範。

第三節 「文化中國」與儒學發展

「文化中國」（cultural Chian）這個概念在1990年代初期以來逐漸進入到學術研究和社會公眾輿論的焦點。杜維明系統地闡述了「文化中國」的理念，從而成為了宣導「文化中國」的重鎮。1995年8月30日他在武漢大學作的一次訪談中說，「文化中國」的提法完全是大陸學者提出來的。大約是1987年或者1988年[133]由三聯書店的沈昌文、董秀玉女士負責在香港聚集了一批港澳臺、北美以及大陸的學者，形成了「文化中國」的構想。考慮到「文化中國」、「文化中

華」等提法，後來之所以用「文化中國」，是因為「中國」一詞不可避免地擁有特定族群、地域和語言的含義，冠之以文化就是為了突出價值，強調人文反思，使得中國也成為一個超越於特定的族群、地域和語言含意之上的想像社群。商議創辦一份雜誌，反映各地華人知識份子的新生，大家一致認為用「文化中國」作為刊名。不過由於當時臺灣沒有解禁，大陸也沒有接受這個雜誌，所以當時就沒有什麼具體結果。到1990年杜維明接受夏威夷東西方研究中心文化傳播研究所的邀請，負責兩個項目的研究，其中之一就是「文化中國」。其研究成果就是《文化中國：以外緣為中心》，首先以英文在1990年10月24日由夏威夷東西方文化中心主辦的「做中國人的意義」國際學術會議中正式提出，從而引起英語世界的強烈反應。

杜維明把「文化中國」看成是三個互動的象徵世界。「第一個像徵世界是包括中國、臺灣和香港、新加坡，這些社會居民的絕大多數在文化和種族上都屬於華人（中國人）。」[134]之所以把中國、臺灣和香港、新加坡作為第一象徵世界，並非一相情願地認為這個第一意義世界已經成為一個經過整合的生命共同體，而是多少出於一種基於文化和種族情懷的情感表達。第一個像徵世界的幾個地區在相當長的時期內相互隔絕，並沒有形成統一的整體，雖然中間有過比較短暫的初步整合的情況，但是在總體上存在著交流障礙。這些都是值得注意的嚴重問題。直到最近，借助於經濟的發展，相互之間密切的經濟運作中各種方式的交流得以比較順利地突破某些障礙而得到開展，使得杜維明相信，在「大中華經濟圈」的想像中，存在著思想、文化乃至政治等全面交流和整合的可能性。「第二個像徵世界是由世界各地的華人社會所組成，包括在馬來西亞人數不多（占35％）卻頗具影響力的華人和在美國數量微不足道的華人。這些華人猜想約有三千六百萬，通常稱之為『華僑』。但是有自視為屬於中國『離散族裔』的傾向。」[135]意思是他們已在遠離故土、分散在各地的中國人群體中定居下來。在這些地區，他們在當地居民中只占很小的比例。離散族裔內心所懷抱的「中國」情結，在杜維明看來，是他們的真正的祖國。「國家」或者「以文明為國的中國」是他們的身分的根基。這個觀念一直在離散華裔的文化心理結構中占據了重要地位。杜維明對流散於世界各地的華裔的分布和各自的地域觀唸作了分析，對

各地華裔在異鄉的複雜的社會環境下的坎坷命運作了簡明卻深刻的敘述，也對各地區華裔與當地文化的錯綜複雜的碰撞、衝突和融合關係進行了探討。[136]不過，在杜維明看來，從嚴格意義上講，「第二意義世界」還只是一個想像的，甚至一廂情願的希望。他們至今還沒有形成共同的文化認同。杜維明的「第三個像徵世界」包括與日俱增的國際人士，例如學者、教師、新聞雜誌從業者、工業家（企業家）和作家，他們力求從思想上理解中國，并將這份理解帶入各自不同語系的社會。第三個像徵世界與種族和語言沒有直接的聯繫。對「文化中國」的論說起著主導作用的人和中國的血緣或種族並無直接關係，有些人甚至沒有去學習中文，但是同樣可以用任何一種別的文字討論、傳播中國文化。甚至可以說，第三個像徵世界在國際上「中國」和「中國文化」的言說，對中國形象的塑造起著比第一和第二象徵世界的總和還要大得多的作用。[137]

儒學提出「毋我」、「克己」而反對封閉的自我中心，提出「民吾同胞」、「兼濟天下」，主張以社會為懷。兩岸問題亦如是，國共兩黨乃至所有兩岸同胞都肩負著歷史責任，胸懷全民族長遠發展。兩岸關係中不僅是臺灣和大陸存在互為前提，而且是臺灣與大陸之間行為互為因果。[138]儒學提出的道德反思對兩岸關係的啟發包括兩個方面：首先是透過反思自我理解他人，目的是發現兩岸共同的情感與慾望，所謂「老吾老，以及人之老；幼吾幼，以及人之幼」；其次是透過對他人言行的體認以自我反省，目的是為人們認識和克服自身的道德缺陷提供參照，為自我完善提供榜樣。《論語》云：「夫仁者，己欲立而立人，己欲達而達人。」在兩岸交往中，希望對方做什麼，自己先要做好。這個意思中也包含將自己代入對方地位來思考，以待己之心來待人。在過去的一段時間內，一些人對「臺灣意識」有不同見解，將之納進「臺獨意識」的範疇，並進行嚴厲的批判。這其實是對現實不瞭解，在客觀上形成了「為叢驅雀，為淵驅魚」的反效果，也不利於兩岸關係發展。胡錦濤在紀念《告臺灣同胞書》發表三十週年座談會上的講話中提出「臺灣同胞愛鄉愛土的臺灣意識不等於『臺獨』意識」，首次正式把「臺灣意識」與「臺獨意識」嚴格地區分開來。2009年7月11日，全國政協賈慶林主席在第五屆兩岸經貿文化論壇開幕式上的演講中再次指出：「臺灣同胞因近代以來特殊的歷史遭遇而形成的臺灣意識，反映的是愛鄉愛土的熾熱情懷和自己

當家做主的樸素願望,這與圖謀分裂中華民族的所謂『臺獨』意識有著本質區別,不容歪曲和利用」。[139]這些都反映了大陸對臺政策更加深刻認識臺灣民意,更加深入理解臺灣特殊歷史的方向。兩岸雙方必須透過與對方的對話驗證自己所持有的觀念,否則就是獨白。而臺灣和大陸對彼此的認識也並非是從旁觀者立場出發的超然觀察,而是彼此積極的相互作用。深刻認識臺灣歷史的特殊性,充分理解臺灣民眾的特殊歷史經驗,尊重臺灣同胞愛鄉愛土的臺灣意識,是拉近兩岸人民感情的第一步。[140]

第四節　兩岸對話的倫理資源

　　杜維明認為,「作為最基本和最普遍的價值,人性是所有共同價值的基礎」,[141]「我們分有的共同價值的視野將為文明對話提供和保持一種倫理基礎」。[142]杜維明在儒家的傳統中發現了早已存在的對話倫理的資源對話的兩個基本前提:一、己所不欲,勿施於人——恕道精神;二、己欲立而立人,己欲達而達人——人道精神,這兩個原則是直接呼應了兩岸對話的最低要求——相互容忍,彼此尊重。儒家的兩個基本原則,第一個是恕道,也就是「己所不欲,勿施於人」。以「恕道」待人,對我來講很好的東西,對我的親友就不一定很好,設身處地想一想其他人的情形是如何,這就是推己及人的基本價值。第二個是仁道,也就是「己欲立而立人,己欲達而達人」。這不是利他主義,不是說我現在掌握了足夠的資源,想要和其他人分享,而是要發展我自己的人格不可或缺的價值。但我不能只是自私自利地發展自己,那樣倒最後我就沒有辦法發展自己了。我如果要發展自己,就一定要發展我周圍的人,和我有關係的人,圓圈逐漸要擴大。儒家的基本原則「己欲立而立人,己欲達而達人」以及「己所不欲、勿施於人」已被公認為普世倫理的「黃金法則」,它接受、承認、尊重各種不同的文明及其基本價值,並且認為對我最好的,不一定對我鄰居最好,並不主張強人所難,也不自以為是,而是奉行「萬物並育不相害,眾道並行可與謀」的策略。這是儒家文化得以盛大,並且流播久遠的根本原因。作為真正對話所必需的互惠性

93

原則可以使我們在真正的夥伴關係中對待他者。「信任能夠使對話發生、持續並最終產生結果。它是真正交流的基礎。沒有信任，我們就不可能輕鬆地開展任何富於意義的交流」。[143]「在尊重他者完整性的基礎上確定信任的含義是公正的和謙遜的，是真正對話的開始」。[144]

「一般來說，對話從容忍開始。對話的目的不是想要說服對方，把我的觀念和看法加給對方，而是相互瞭解，自我反思。容忍只是對話的開端，從容忍到接受對方的存在，就是共存。」[145]共存後，互相要有起碼的尊重。但只是容忍並不能保證持續和諧，必須進行交往，才能建立最基本的信任。有了基本的信任，才能分享共存的機制和互相參照的意願。有了機制和意願才能具體培養禮尚往來的尊重。真正的對話是為了瞭解。沒有瞭解，不可能把對方轉化為學習的導師。對差異的寬容是任何有意義交流的先決條件，然而，在進行交流之前，需要對他者的狀況有一種敏感意識。換句話說，兩個人完全可能在一個相交點上相遇，以解決重大分歧或開闢一個合作領域。當雙方建立了足夠的信任從而可以懷著相互尊重的意識面對面坐下時，一種富有成效的對話才真正開始。透過對話，可以欣賞他者的價值。這種價值是本著相互尊重的意識從他者學來的，差異是值得慶倖的，因為它擴展了雙方的視野。這樣的對話不是說服或壓服的技巧，它將透過分享對方的價值而建立相互理解並共同創造一種全新的生活意義。傾聽不同的聲音，向不同的視野開放，反省自己的預設，分享真知灼見，發現彼此心領神會的空間就能為人類繁榮開闢出最佳路徑。

對話不是說服的技巧，而是一種藝術。對話區別於對抗之處在於，它超越一種非此即彼的思考方式。如果對話中的某一方總是認為真理在自己這邊，而且自己有責任讓別人接受自己的想法，那麼，真正的對話就永遠無法展開，矛盾衝突就永遠無法得到化解。對話並不是要聲稱一個人的立場凌駕於另外一個人的立場之上，也不是要強調兩者之間不可彌合的差距或差異。所以首先必須要充分地承認對方是不可消解的。在兩岸的對話中，只有相互瞭解，相互比較，才能確定向對方學習和借鑑的內容，進而發現超越各自侷限性的途徑。杜維明認為，對話主要是瞭解，同時自我反思，瞭解對方，也重新反思自己的信念、自己的理想有沒有侷限性。因為這個原因，所以對話的結果應該是互相參照，不僅是互相參照，

而且是互相學習。只有在這個基礎上，對話才有可能。文明的對話要成為可能，除了尋找共同的基礎，相互瞭解、學習和借鑑以外，還要求對話者必須具有寬廣的胸懷，瞭解、學習。所以，容忍、理解是不同文明相處的基本前提。要使對話各方都能容忍，必須遵循平等互惠、和而不同的原則。[146]

　　胡錦濤在紀念《告臺灣同胞書》發表三十週年座談會上的講話中提出：「對於部分臺灣同胞由於各種原因對大陸缺乏瞭解甚至存在誤解、對發展兩岸關係存在疑慮，我們不僅願意以最大的包容和耐心加以化解和疏導，而且願意採取更加積極的措施讓越來越多的臺灣同胞在推動兩岸關係中增進福祉。」對於具有不同想法的臺灣同胞，願意進行對話交流，溝通理解。這裡傾注了大陸對臺灣同胞的理解與關懷，包容與耐心，細緻而入微。如此，對話的雙方才可能相互承認對方的存在及其價值，並因此願意去承認對方的存在，以及你我共存的合法性及必要性。期間，願意去瞭解對方，同時希望和對方交流，以便取得新經驗與新知識。承認多元，包容差異，是對話最重要的倫理素質。透過中國倫理自己本身內在的要求，以通往世界倫理。對儒學中交往理性的深度挖掘，一種以相互尊重、平等對話和交流為核心的兩岸交往倫理的建立，必定會對兩岸的平等對話和兩岸關係和平發展作出積極的貢獻。當然，儒學的交往理性更多的是強調心理層面，缺乏有力的制度建設作為其輔助和補充。

第五章　理性的共識何以可能：走向商談型兩岸關係

透過建立程式化的兩岸民眾參與機制及公共領域，使民眾透過對話參與到兩岸關係中去，才是交往理性的目的。馬英九上任以來，兩岸關係不斷取得進展，溝通協商多軌並進，形成一種政黨主導、官民結合、多軌並進、全方位協商的對話機制。[147]構建兩岸交往理性的唯一途徑便是在兩岸共同的「生活世界」中實現符合交往理性的「話語意志」的平等和自由：不論話語活動的參與者的社會政治經濟地位如何，在不允許使用權力和暴力的前提下，每一個人都應享有平等的發言權。

第一節　商談倫理

　　人們不免要作種種交談、討論、辯論或商談，在這種情形下，他們不能不有意和無意地接受各種前提，這些前提對於他們進行討論論證是必然的和普遍有效的；而這些一般的討論論證前提中又包含著倫理學內蘊，這樣的一些前提隱含著對普遍化原則的承認，所以可以從中歸納出普遍化原則。第一條原則是普遍化原則。哈貝馬斯把商談倫理學的基本原則稱為「普遍化原則」。他建議這樣來表述這一原則：每個有效的規範都必須滿足如下條件，即那些自身從普遍遵循這種規範對滿足每個個別方面的意趣預先可計產生的結果與附帶效果，都能夠為一切有關的人不經強制地加以接受。第二條原則是「商談倫理原則」。這條原則是以如下方式表述出來的，「只要一切有關的人能以參加一種實踐的商談，每個有效的規範就將會得到他們的贊成。」[148]這兩條原則是哈貝馬斯的商談倫理主張的核

97

心部分。哈貝馬斯把商談倫理學中所謂的普遍化原則說成是論證的規則,又把它稱為「搭橋原則」,並且說:「我當然也賦予普遍化原則以一種限定,它排除以獨白方式運用這一原則;這一原則只是調節不同參加者之間的討論論證,它甚至包含對一切有關參加者某時可以參加的實在進行的討論論證的考慮。」顯然哈貝馬斯這裡又一次強調了相互性,他認定商談倫理的基本原則的運用不是獨白式的,而是對話式的。這初看起來似乎也沒有什麼特異之處,但是它卻明白地表述了道德原則的精神,恰當地表述了它的運用條件與特性,這種精神、特點和運用不是別的,而正是對談性、或者更一般地說,乃是相互性,是一切有關參與者相互承認。[149]

哈貝馬斯把商談、討論和論證看作交往行動分化出的獨特的相互作用階段。哈貝馬斯說:「在至此分析的行為類型方面,交往行為分化出的形態自然只有在如下一點內才是有意義的:有關反思形式即商談表現出是第三種相互作用階段,雖說是一種獨特的減免行動的階段。論證是服務於討論和審驗那些先是在交往行動中潛在地提出的和自發地被感受到的效準要求。參與論證是以採取一種假定性態度為特徵;出於這種視野,事物與事件就變成一些既能以存在又不能存在的事態,同樣的,現在的、即事實上被承認的,或者社會的有效的那些規範,就變成這樣一些規範,它們可以是有效的,既值得承認的,也可以是無效的。加以討論的是確然性述語的真理性或規範的正確性。」哈貝馬斯認為,這是一個更高的階段,這裡存在一種「辯證的角色結構」。商談討論雙方在合乎交往的前提下具有一種個人間關係,一方充當擁護者角色,另一方充當反對者角色,批判和維持各種規範與效準的要求。他們爭論和商談的目標是共同尋求真理,對所爭論的社會世界的規範達到一致的評價,而他們的手段也只有一種,這就是論證,是舉出理由,透過講道理,使對方信服。這裡誠然存在一種「強制」,但只是更佳理由和更好論證的強制,因而實際上是「無強制」。另一方面也不難看出,爭論雙方同社會上有效的現有規範的關係也進入了更高階段,雙方以假設姿態,以理性反思方式,使之成了被討論和被審驗的規範。比之約規階段,後約規階段的這一特點,表現出社會規範進一步合理化和道德化。[150]

所謂商談倫理學要求的同一性,要求在交往中達成共識,並不是在多元社會

中尋求無差別的普遍的道德生活方式,「普遍主義究竟意味著什麼?它意味著在認同別的生活方式乃合法要求的同時,人們將自己的生活方式相對化;意味著對陌生者及其他所有人的容讓,包括他們的脾性和無法理解的行動,並視作與自己相同的權利;意味著人們並不固執地將自己的特性普遍化;意味著並不簡單地將異己者排斥在外,意味著包容的範圍必然比今天更為廣泛。道德普遍主義意味著這一切。」[151]商談倫理學追尋的是保證交往和對話有效性的程式性規則,「整體和同一性的建立並不必然意味著抹殺差異和個性,應當說,程式和規則起著重要甚至是決定性的作用……當同一性以主體間自由認同的方式,透過民主和合理的程式建立起來時,它便是對壓制和統治的否定,便是真實的,維護了個體的自由權利。」[152]商談倫理學對於交往、對話的程式和規則的「應當」的追求的重要性就在於:如果沒有合理的商談程式和規則,自由的對話就不可能形成,個性就不可能得到保障;強權政治、意識形態的控制就不可能消除,一個自由、全面、發展的個人和真正民主、平等的社會就不可能實現。[153]

　　哈貝馬斯的商談倫理學是尋求多元社會的普遍倫理,但這種普遍性倫理不是在交往對話中透過商談獲得的,普遍性來自於互相妥協和共同認可。正確性由與訴諸邏輯可領會性及連貫性的自我選擇倫理原則相一致的良心決定所定義。這些原則是抽象的,並非具體的道德規則。存在著關於正義、關於人類權力的交互性與平等性,以及關於對作為個體的人的尊嚴之尊重等普遍化原則。哈貝馬斯的商談倫理學作為多元社會的普遍倫理,它的普遍性依賴於個體自由存在基礎上的「自我選擇倫理原則相一致的良心決定」。需要說明的是,普遍倫理並不是要為所有人和所有文化規定幸福生活的統一樣式,恰恰相反,只要每一種生活方式都能承認普遍有效的倫理應當建立在個體自由和對人類的共同責任基礎之上,我們就可以捍衛個體生活方式的多元主義。商談倫理學的原則涉及一個程式化,也就是涉及商談性地解決規範性的有效性的要求。就此而言,商談倫理學有理由被表述為形式的。商談倫理學並不說明內容上的取向,而是說明這種運作方法程式,規定實踐上的商談。實踐上的商談無疑不是用來產生合理的規範的操作程式,而是用來檢驗所建議和假定的提出考慮的規範的有效性的操作程式。

　　商談倫理學提供的是程式和規則的合理性,與對話具體內容脫離,是一種有

效性對話的普遍形式。它不是要透過對話來求得某種普遍倫理,而是說明交往商談中的程式規則。「現代經驗科學和自由意志道德都將其信任置於各自方式、程式的合理性上」,[154]哈貝馬斯清醒地認識到:「在後形而上學思維的現代條件下,哲學倫理學連自己的實質內容也放棄了。因為,鑒於已經合法化的多元化世界觀,倫理學不再能表明成功生活的一定範式並把它推薦為效仿的物件。如果在自由社會裡每個人都有闡明和追求自己好的或者沒有失誤的生活構想的權利,那麼倫理學就必須把自己限制在形式的著眼點上。」[155]在價值多元的時代,沒有任何一種權力、思想能夠或者要求統一人們的思想、道德意識和生活方式。商談倫理學要求的普遍性不是道德專制,而是在理性普遍規則下的合理對話形式。不可否認的是這些程式規則具有普遍化的意義。人可以承認或者否認某種社會、個人的生活是否道德,但人只能在交往對話關係中成長並創造生活,「只要一切有關的人能參加一種實踐的商談,每個有效的規則將會得到他們的贊成。」[156]

人生而自由平等,每個人都有理性思考的能力,因此個體自然要求對話中的平等、普遍性和非強制性。理性透過理想情境的設定,給我們提供了對於非理性、非公共性的商談的判斷標準,從而為修正現實中不合理的商談提供了可能性。人是有理性的,因此任何處於交往活動中的人,在施行任何言語行為時,都必須滿足若干普遍的有效性要求,只有滿足有效性要求的商談形成的共識才是合理的。有效性的要求是說,一個話語不受特定場合的限制,必須滿足有效性的條件,只有這樣才能為可能的聽者接受。哈貝馬斯指出,當你參與一個以理解為目的的交往活動時,就不可避免地承擔有效性的約束:第一,說出某種可理解的東西,以便為他人理解;第二,提供某種真實的陳述,以便他人能共用知識;第三,真誠的表達意向,以便為他人接受;第四,說出本身是正當的話語,以便得到他人的認同。可理解性、真實性、真誠性、正當性是對話和理解的先驗要求,是合理性交往對話需要的一般倫理原則。由此也可以看出,商談倫理規則不是來自於商談實踐,相反,商談倫理規則是合理、有效的對話和交往的前提。哈貝馬斯的商談倫理學不是要透過交往對話來求得共同認可的倫理規範,而是要為一切能達成有效的、正義的交往對話提供普遍性基礎。[157]

第二節　商談型兩岸關係

兩岸命運共同體的顯現、維繫和生長已經不能夠離開公共生活的參與，不能夠離開公共生活內真誠的溝通和意義的分享。[158]交往理性從主體間性角度研究人的社會行為，是對兩岸關係的進一步昇華。交往理性的對話性、商談性，有利於推進兩岸事務中的公民參與。在交往行動中，兩岸人民不僅僅是作為一個意志自由的主體，被動地在邊界活動，而且是作為一個自主性的主體，本身就是兩岸關係的理性創造者。目前兩岸經濟關係正常化基本實現，制度化排上了議事日程。兩岸關係的交往理性並不說明內容上的取向，並不是建立在某種共同的價值觀內容基礎上，而只是說明兩岸交往行動中的方法、程式、規則。如果我們預設了兩岸事務中所有人都可以同等參與的不受壓抑的對話可能性，在對話中只有合理的論證能夠被接受，那麼在原則上，我們就能夠區分什麼是真正的一致，什麼是虛假的一致，這就是哈貝馬斯所說的「理想的言談情境」。哈貝馬斯所設想的「理想說話情境」至少包含以下條件和要求：「（1）對話各方應具有平等和對稱的地位和權利。任何人都可以提出自己的意見，並有權對別人的任何意見提出批評、質疑和反對。進入公共討論的權利是平等的。（2）任何與問題相關的證據都應受到重視，當產生對有效性要求的疑問時，任何方式的批評和論證都不應受到壓制。規範意義上，論據必須是完備的；（3）每個交往的參與者必須具有同等的權利是人都有同等權利實施調節性的言語行為，即提出要求或拒絕要求，做出允諾或拒絕允諾，自我辯護或要求別人做出自我辯護；（4）應該解除決策和行動壓力，不給討論設定時間界限，討論是否終止取決於是否達成共識，如若資料和知識限制，無法做出合理判斷，可暫緩討論，但任何人都有權在適當的時候和條件下，重新提議討論。（5）交往的參與者必須擺脫自我中心主義和認識論的獨斷論，對言語行為的有效性要求採取假設的態度，即把任何一個事實陳述、規範要求和自我表達理解為可錯的，有待檢驗的有效性要求。（6）交往結構必須排除一切強制，包括來自論證過程內部和外部的強制，除了相互合作追求真理這一動機之外，排除其他任何動機，也就是說，除了證據的力量之外，沒有

任何其他力量影響討論。」[159]

兩岸分隔太久，存在認知與現實的不對等，加上臺灣統「獨」意識形態的對立，不同的社會風俗、習慣又容易造成交往不理性。兩岸關係的交往中必須構建交往理性，並且將交往有效性要求與話語規範恪守提升到社會倫理原則的高度，以此來規範兩岸的交往行為。臺灣希望與大陸「地位平等」，忌諱「矮化」，渴望的是平等的對話。兩岸在交往中形成的慣例和共識是：只有雙方都努力擱置爭議，而不是凸顯爭議，更不是渲染爭議，才能做到善意溝通、良性互動，深入推進交流合作。兩岸的交往行為雖然是在特定的時空和具體的語境中展開，但是它內在的理性化因素和論證理由都具有超越語境的有效性。[160][161]由此，交往行為可以在商談的基礎上，從多元中重建同一性，從差異中形成價值和規範的普遍性。商談型兩岸關係作為一種於各種衝突的觀點間建立某種一致性的合理方式（程式），它具體體現為兩岸關係中各種利益、價值觀念的持有者相互間展開對話、說服的過程。

首先，商談型兩岸關係的過程是兩岸關係中相互衝突的價值或利益偏好得到清楚、明確表達的過程。以「相互理解」為基本取向的協商參與者不同於尋求交易或妥協的策略行動者，他們無須使用策略語言為自己爭取有利條件，透過清晰地說明自己的觀點，雙方能夠彼此瞭解對方所堅持的觀念從而為有效地討論提供了前提。其次，商談的過程是衝突的雙方闡明自己所持主張的具體理由從而也是為自己的主張尋求合理證明的過程（如果協商參與者是由於特定的意識形態或價值偏好而支持特定的政策、意見，他不僅要說明此意識形態或價值與其主張之間的關係，他還有義務說明他堅持這一意識形態的具體理由和合理性）。商談型兩岸關係的目標在於尋求兩岸共同認可的解決方案，遵循這一原則雙方都真誠地表達那些自己認為是符合雙方共同利益的主張，但在協商結果產生之前雙方對自己的主張的有效性都持一種「假設」的態度，關鍵在於他們能否給出對方可以接受的理由從而說服對方。再次，商談型兩岸關係的過程是衝突各方圍繞雙方給出的理由展開相互的反駁、給出進一步的辯護，並於審視彼此的理由的過程中吸納對方合理意見、修正自身不足從而在集體的理性反思的基礎上發現更為合理主張的過程，整個過程中遵循「最好論證的力量」。當然，協商的觀點假定兩岸民眾會

為與自己先前觀點衝突的理由所動從而可能會改變其先前的偏好和利益，但它並不預設協商會必然帶來偏好的轉換，它也「無法假設政治協商會將偏好改變作為自身的目標」。[162]

2009年11月在臺灣舉行的「兩岸一甲子」學術研討會上，兩岸軍政學界首次就臺灣「國際生存空間」和兩岸軍事互信等敏感議題公開交流，即便雙方各持立場，針鋒相對，卻絲毫不減其理性對話和相互尊重。此次研討會是兩岸重量級專家學者第一次公開在臺灣召開、廣泛涉及兩岸政治、經濟、文化、涉外事務和安全事務等綜合性議題的會議；與會者除了學術研究機構的學者外，還有兩岸退役將領等具有實務經驗的軍政專家，因此，是在兩岸關係持續改善發展的新形勢下一次具有開創性意義的學術交流活動。而兩岸敏感的政治、涉外事務以及軍事安全等議題，又是當前和未來深化兩岸關係和平發展必須面對和處理的重要問題，因此，這次會議具有明顯的前瞻性意義。原先規劃閉門進行的研討會，後來改為全程公開，包括全程對有意參與會議者公開，以及對新聞媒體公開。結果，與會的專家學者，由原先邀請的110位（大陸28位，臺灣82位），增加到130多位元，參與採訪報導的兩岸及外國新聞媒體達43多家110多人。臺灣《中國時報》、《聯合報》等主流媒體連續以整版篇幅報導研討會情況，並配發評論。[163]會議的完全公開及媒體連續、大量的報導，消除了部分人原本可能對兩岸學者因為閉門研討而產生的疑慮，並有助於引發臺灣各界對兩岸關係問題的思考，促進更多的兩岸民眾關心和支援兩岸關係的發展。這也是研討會能夠順利進行、臺灣媒體積極討論的重要因素之一。其最大意義在於：兩岸即使仍存在許多重大分歧，但已經站在一起，進行坦誠的交流對話。這次研討會已經初具商談型兩岸關係的雛形：1.協商過程的形式是辯論，即大家僅僅是資訊和理由之間的交換和較量，而不是力量或利益之間的較量；2.協商是包容的、公共的，即大家都有機會參與，公開進行；3.協商是排除強制的，這是第一條的邏輯後果；4.協商是平等的。目前的兩岸關係已經呈現一種雙軌的商議機制的態勢，即透過兩岸官方商談這種公開性較強的制度性方式和兩岸公共領域這種公開性較弱的非正式的交往形式來完成。[164]

商談型兩岸關係的意義在於：首先，商談型兩岸關係更有利於兩岸關係的和

平發展。兩岸在交往中常常利益和觀點不一樣，公共利益必須考慮各種利益與觀點的多樣性。但是，即使經過充分的協商，就什麼是最好行為過程而言還是不經常存在完全的一致。[165]因為這種多元的事實，所以兩岸探討政策中，就會存在一些非共識決策。商談型兩岸關係並不要求兩岸在相同或所有理由上保持共識。既然兩岸無法完全達成共識，那為什麼仍然需要協商？為了試圖發現最合適的原則和政策，鞏固協商是必要的。如果缺乏解釋這種根據的權威標準，那麼公民就無法瞭解最終達成共識的法律、原則和政策。兩岸商談的目的就是在特定背景中確定什麼在客觀上是正確的。兩岸商談是一個認識的過程，過程而不是結果才是關鍵。因為在協商的過程中，每個人都算平等的獨立的個體，在積極參與兩岸公共事務的過程中，能得到真正的保障。其次，發展商談型兩岸關係能夠使兩岸民眾形成一種責任感。兩岸商談能夠使兩岸民眾看到個人行為與較大共同體利益之間的聯繫。作為兩岸商談的核心，關注的是過程中的偏好轉換，尊重、理解對共同體生活普遍關懷的需求是促進兩岸關係和平發展重要的因素。再次，商談型兩岸關係提供了利益協調的平臺。利益關係的整合過程，實際上是在不同利益群體之間進行的博弈。實現利益協調最關鍵的就是要讓兩岸民眾享有平等的權利，提升他們在表達和追求自身利益方面的能力。商談把更多的利益主體納入到決策領域和決策過程中來，在分歧中求共識，在差異中求一致，在對立中求妥協，在衝突中求共存。

　　1979年1月1日，全國人民代表大會常務委員會發表的《告臺灣同胞書》代表著我們對臺政策從解放臺灣、和平解放臺灣，調整為「和平統一，一國兩制」。《告臺灣同胞書》發表後，鄧小平於1月30日開始對美國訪問期間明確宣布：「我們不再用『解放臺灣』這個提法了。只要臺灣回歸，我們將尊重那裡的現實和現行制度。」1981年9月，葉劍英委員長又代表中共中央提出處理臺灣問題的「葉九條」，進一步闡述了《告臺灣同胞書》的思想和內容。1982年1月11日，鄧小平會見美國華人協會主席李耀滋時指出：「九條方針是以葉副主席的名義提出來的，實際上就是一個國家兩種制度。」1983年6月，鄧小平進一步提出包括六項基本內容的「一個國家，兩種制度」的完整構想，從理論上和政策上確立了「和平統一，一國兩制」的大政方針。這就是人們熟知的「鄧六

條」。[166]1995年1月30日，江澤民發表了《為促進祖國統一大業的完成而繼續奮鬥》的春節講話，俗稱「江八點」。除再次重申「一個中國」原則、呼籲和平對話外，明確表態不對臺灣參與適合其身分的國際文化、經濟活動持異議，最具新意的是提出海峽兩岸的和平統一談判可以分步驟進行，即是第三點中提到的「作為第一步，雙方可先就『在一個中國的原則下，正式結束兩岸敵對狀態』」，這實際上與臺灣方面的「國家統一委員會」制定的「國家統一綱領」的部分內容相互呼應。它首次表示「我們歡迎臺灣的領導人以適當身分前來大陸訪問；我們也願意接受臺灣方面的邀請，前往臺灣」。

2002年上臺的中共第四代領導集體提出諸多新思維和新政策。2005年3月4日，胡錦濤參加全國政協10屆3次會議的民革、臺盟、臺聯委員聯組會時，提出新形勢下發展兩岸關係的四點意見：堅持一個中國原則絕不動搖；爭取和平統一的努力絕不放棄；貫徹寄希望於臺灣人民的方針絕不改變；反對「臺獨」分裂活動絕不妥協。胡錦濤在他的四點意見中，提出了對兩岸關係發展至關重要的新論述和政策。第一次對兩岸的現狀做了明確的界定：「1949年以來，儘管兩岸尚未統一，但大陸和臺灣同屬一個中國的事實從未改變。這就是兩岸關係的現狀。」對民進黨和其他主張「臺獨」的政黨、組織和個人採取「朝前看」的政策，對話的大門是敞開的：「只要承認一個中國原則，承認『九二共識』，不管是什麼人、什麼政黨，也不管他們過去說過什麼、做過什麼，我們都願意同他們談發展兩岸關係、促進和平統一的問題。」對臺灣同胞做出了四個「有利於」的「莊嚴承諾」：「只要是對臺灣同胞有利的事情，只要是對促進兩岸交流有利的事情，只要是對維護臺海地區和平有利的事情，只要是對和平統一有利的事情，我們都會盡最大努力去做，並且一定努力做好。」臺灣問題應由兩岸同胞透過平等協商共同解決：「任何涉及中國主權和領土完整的問題，必須由全中國13億人民共同決定。」胡錦濤在中共十七大做的工作報告中，則又提出兩點新的主張和論述：（1）兩岸達成和平協定，以結束敵對狀態，「構建兩岸和平發展框架，開創兩岸關係和平發展新局面」；（2）「十三億大陸同胞和兩千三百萬臺灣同胞是血脈相連的命運共同體」，也就是說，兩岸一榮俱榮、一損俱損，大陸謀求兩岸共同繁榮和發展；（3）把兩岸對話的基礎定位在「只要承認兩岸同屬

一個中國」，沒有特別提出「九二共識」，也就是說，只要符合兩岸同屬「一中」的原則，可以用新的措詞和表述，展現了更大的靈活性和誠意。[167]

大陸對一個中國的論述從「臺灣是中國不可分割的一部分」發展為「大陸和臺灣同屬一個中國」。胡錦濤在紀念《告臺灣同胞書》發表三十週年座談會上的講話是大陸對兩岸關係性質最務實的定位，是交往理性的產物，也為未來兩岸關係交往理性的發展提供了廣闊的空間。在兩岸關係走向和平發展之後的交往行為中，出發點不再是目的理性而是交往理性，兩岸人們的具體願望、情感和審美情懷都可以在互動中得到表達和訴求，因而這種理性能夠把理性的「他者」包容進來。哈貝馬斯交往行為的主體間性理論在兩岸關係中的意義在於，臺灣與大陸的交往，不再僅僅是一種認知的思辨關係，而是生活世界中的直接互動關係，最終目的是在實踐中完成自我與他者之間共識的計畫。兩岸關係的主體間性轉向，對傳統主客二元對立的思維方式及價值取向進行反思，繼而取消主客二元對立的思維模式，從認知關係轉向溝通關係，在話語的商談溝通中為自我與他者找到了平衡點。兩岸公眾可透過交往行為將兩岸議題在公共領域中自由地討論、辯護和批判。商談型兩岸關係更重要的是關心產生於特定的社會情境、與公民真實的生活動機密切相關的觀點和意見，並儘可能使他們得到合理的表達。未來發展商談型兩岸關係的著力點在於：首先是宣導兩岸事務的自願性社團和社團聯合；其次是發展兩岸網路和網路傳媒論壇的對話；最後是形成程式性、機制化的對話和商談。兩岸的命運共同體，應當是平等地尊重多元價值的訴求，並在交往活動中真誠表達和相互信任，保證共同體成員之間「平等、尊重和團結」的真正實現。在今天，兩岸團結的力量只能以交往的自決實踐的形式而得到再生。[168]

第六章　兩岸理性交往的制度分析

長期以來，兩岸關係一向以政治經濟議題最受矚目，但實際上，靜默式的社會交流活動正逐漸地牽動兩岸社會的重構。[169]就當前兩岸交流與互動的實際情況來看，受到兩岸經貿大幅發展的影響，兩岸互訪人數逐年增加，兩岸民間社會的交流層次和數量也隨之大幅提高。「大三通」實現後，兩岸「一日生活圈」會逐步形成，兩岸人員往來更加密切，有利增進兩岸人民的相互理解與信任。兩岸關係是在長期的歷史過程中，在交往和博弈過程中，所形成的約束兩岸人民行為的一種規則。

第一節　新制度主義理論

1980年代，在對行為主義進行批判的基礎上，在受到經濟學乃至整個社會科學界對制度研究重視的影響下，政治科學界再度關注政治制度。從制度入手研究政治現象的傳統自亞里斯多德以來一直沒有中斷，終於在此時上升到理論高度，形成了一個理論流派——新制度主義。詹姆斯・馬奇和約翰・奧爾森在1984年的《美國政治科學評論》上發表《新制度主義：政治生活中的組織因素》一文，揭開了新制度主義政治學研究的序幕。經過20多年的發展，作為一個理論流派的新制度主義開始日益成熟。隨著新制度主義政治學研究領域和分析途徑的不斷拓展，越來越多的人開始加入到這一行列之中，越來越多的問題開始納入新制度主義的視野，在西方影響較大的新制度主義政治學分析路徑主要有三個，即理性選擇制度主義、社會學制度主義和歷史制度主義。歷史制度主義者豪

爾和泰勒在劃分新制度主義政治學為三個流派並描繪了他們的特徵之後,曾提出新制度主義的三個流派之間應該展開交流,而歷史制度主義在對新制度主義進行交流和整合方面具有較大的潛力。這是因為歷史制度主義將文化、結構和理性對行為的塑造都納入到具體的歷史過程之中來進行分析。而且,歷史制度主義還能夠站在「文化途徑」和「算計途徑」的中軸上綜合文化、結構和理性在實際歷史過程之中的具體作用。[170]在他們看來,由於歷史制度主義能夠在一定程度上對社會學制度主義和理性選擇制度主義的觀點進行綜合,新制度主義政治學很可能會朝著歷史制度主義的新綜合的方向發展。並且,從歷史制度主義者們的實際工作中也可以看出,部分歷史制度主義的著作可以用理性選擇制度主義的術語來翻譯或轉述;而另外一些著作則明顯地向社會學制度主義敞開了大門。[171]

一、制度

新制度主義是在批判行為主義基礎上發展起來的。首先是對行為主義的偏好假設提出疑問。對行為主義者而言,個體的「真正」偏好不可能直接「查明」,必須透過一個人的行為才能揭示出來。制度主義者認為個體的「表達出來」的偏好和「真正的」偏好之間是有區分的。其次,行為主義者認為集體現像是個人行為的聚集,個人偏好經過有效的利益聚集機制能帶來最佳效果。制度主義者對聚集概念的本身提出疑問,認為政治決策不是建立在個體偏好集聚的基礎上,而是決策規則直接影響到政治後果;同樣集體決策不能還原為個體偏好。他們指出:比如在選民的偏好和公共政策之間的關係上,公共政策的形成不是無數選民偏好的聚集,而是透過規則制定出來的。從制度入手,在政治學中不是一個新的現象,那麼它們為何又表明自己是「新制度主義」[172]呢?新制度主義者認為二戰之前的制度主義研究主要太重視政治結構、法律框架和程式規則等,對制度的研究過於注重描述性,用靜態的眼光看待制度而忽視制度的動態運作過程。新制度主義的「新」體現在既關注制度在政治生活中的作用,又吸收行為主義的動態、過程、定量化的研究方法。[173]

制度是新制度主義的核心概念，也是制度分析方法的理論基石和邏輯起點。對制度進行定義，是新制度主義的出發點。制度學派的創始人凡勃倫認為，制度「實質就是個人或社會對有關的某些關係或某些作用的一般思想習慣；而生活方式所構成的是，在某一時期或社會發展的某一階段通行的制度的綜合，因此從心理學的方面來說，可以概括地把它說成是一種流行的精神狀態或是一種流行的生活理論。」[174]康芒斯定義制度為：「限制、解放和擴張個人行動的集體行動」。格魯奇把制度定義為「構成統一整體的各個專案相互依存或相互影響的綜合體或圖式」，「各種類型的制度，都具有規則性、系統性或規律性的共同特點」。[175]新制度主義從橫向和縱向全面拓寬制度概念，注意從總體上把握制度問題。新制度主義從橫向分析制度的含義認為：從最一般意義上講，制度可以被理解為社會中個人遵循的一套行為規則。[176]制度不是外生給定的，而是內生於社會經濟活動中的，即人們在一定的制度下行動，同時這些行動又在改變制度本身。諾斯認為制度是社會中的遊戲規則，較為正式的說法是：制度是人為設計的，用於人際互動的約束條件。亞瑟‧斯坦在《協調與合作：無政府世界中的制度》一文中，把國內制度的定義擴展到國際制度，他認為，一旦國家之間產生共同的而非單個的決策行為模式，國際制度也就形成了[177]。舒爾茨認為制度是一種行為規則，這些規則涉及社會、政治及經濟行為。它們包括管束結婚與離婚的規則，支配政治權力的配置與使用的憲法中所內含的規則，以及確立由市場資本主義或政府來分配資源與收入的規則。正是制度概念將舒爾茨引入政治經濟學領域。舒爾茨將制度與人的動機、行為聯繫起來，並由經濟行為擴展到政治、社會行為中，擴展了制度的概念。諾斯對制度的分析有了進一步的深化，他認為：「制度是一個社會的遊戲規則，更規範地說，它們是決定人們的相互關係而人為設定的一些制約。制度構造了人們在政治、社會或經濟方面發生交換的激勵結構，制度變遷則決定了社會演進的方式，因此，它是理解歷史的變遷的關鍵」[178]。新制度主義把制度分為規範性行為準則、憲法秩序和制度安排三個層次。規範性行為準則包括道德、習俗和意識形態等，它們從文化層面約束人們的行為。憲法秩序指的是關於各種人類活動的基本原則，涉及社會、政治和經濟等諸方面。它以憲法為核心，是制定社會各個領域相應行為規則的根據。「制度安

排的定義是管束特定行動模型和關係的一套行為規則」,[179]它包括成文法、習慣法和自願性契約等等。

二、制度變遷

所謂制度變遷,是指制度創立、變更及隨著時間變化而被打破的方式,它可以理解為一種收益更高的制度對另一種收益較低的制度的替代過程。產權理論、國家理論和意識形態理論構成制度變遷理論的三塊基石。諾斯在《制度變遷理論綱要——在北京大學中國經濟研究中心的演講》中認為,制度變遷是一個制度不均衡時追求潛在獲利機會的自發交替行為。制度變遷是一個複雜的過程,而且是一個演進的、漸進的、連續的過程,制度變遷是社會與經濟行為、組織與變遷的知識供給進步的結果。[180]制度變遷的最終路徑由以下兩個因素決定;第一,由制度和組織的共生關係所引起的固定特性——它們已隨著這些制度所提供的激勵結構而演進;第二,由人類對機會集合變化的認識與反應所做出的回饋過程。諾斯把制度選擇的決定因素歸結為三類:行動者的動機;環境的複雜性;行動者辨識和安排環境能力。在諾斯的制度變遷模型中,行動者有限理性,面對不確定的複雜的環境約束,進行效用最大化的決策,其決策標準就是交易成本最小。

但制度的變遷從來都不是新古典主義所說的那樣是一個最優化選擇過程,相反,諾斯認為制度變遷的評價效率只能是適應性的,其優劣取決於當事人透過各種正式規則或非正式規則來發現知識的能力。並且,諾斯還注意到,正式規則和非正式規則的變遷路徑和速度可能不一致,通常正式規則變遷了,非正式規則卻沒有發生相應的變化,比如習俗總是比一些法規變得慢,這會帶來整體制度變遷的路徑的不確定性。制度的變遷是從制度出現了不均衡開始的,而關於制度不均衡的產生原因,諾斯認為,一種制度安排是從一個可供挑選的制度安排集合中選出來的,其條件是,從生產和交易費用兩方面考慮,它比這個制度安排集合中的其他制度安排更有效。最有效的制度安排是一種函數,尤其是制度結構中其他制

度安排的函數。從某個起始均衡點開始,有四種原因能引起制度不均衡:制度選擇集合改變;技術改變;制度服務的需求改變;其他制度安排改變。這四種原因中的每一種原因本身又由幾個不同因素組成。[181]

　　制度變遷的模式主要有兩種:誘致性制度變遷和強制性制度變遷。誘致性制度變遷是由個人或一群人為主體、自下而上進行的一種制度變遷類型。在這種制度變遷過程中,處於基層的行為主體因為發現潛在獲利機會而先有制度需求,然後自下而上產生對制度的需求或認可,直至影響決策者的制度制定和實施過程。強制性制度變遷是一種由國家強制推行的以政府為主體、自上而下的制度變遷類型。由於國家的強制力及政府制度安排的力量,因此,強制性制度變遷的制度出臺快、制度實施力度大,政府的權威能保證制度較好地運行。但是,這種制度變遷方式不是相關利益主體透過重複博弈形成的,「決策者或影響決策的利益集團會利用制度供給的機會為自身牟利」。[182]誘致性變遷具有漸進性、自發性、自主性的特徵,新制度的供給者或生產者只不過是對制度需求的一種自然反應和回應。在誘致性變遷中,原有制度往往也允許新的制度安排漸進地出現,以保持活力。而強制性變遷表現出突發性、強制性、被動性,主要是應制度競爭的需要。在強制性變遷中,創新主體首先是新制度安排的引進者而非原創者。就本質而言,誘致性變遷只是在現存制度不變的情況下所作的制度創新,即制度的完善;強制性變遷往往要改變現存的根本制度即實現制度的轉軌。

　　諾斯認為,制度變遷的路逕取決於兩個因素:一是交易費用高且不完備的市場。由於市場的複雜多變以及制度設計者的有限理性,決定制度變遷的初始設計不可能完全符合市場實際,在這種情況下,初始制度的選擇是多種的而不是單一的,可能基本正確也可能基本不正確,相應的制度變遷也並非一定按照初始設計演進,往往可能一個偶然事件就改變了制度變遷的方向,這形成了路徑依賴運行機理的給定條件;一種制度或制度系統被偶然性地初始選擇和歷史地位的確認,它就會影響制度變遷的過程,而制度變遷的過程反過來更會影響制度的選擇和進一步變遷,因為制度具有自我實施或強化的機制,強化這種制度或制度系統的刺激和慣性,從而形成影響制度變遷的第二個因素即收益遞增,收益遞增是制度自我強化機制或正回饋過程,由於制度變遷過程中出現收益遞增現象,使制度形成

自我強化力量，促使制度變遷沿著既定方向在某條路徑中不斷自我發展、強化，出現「路徑依賴」。收益遞增是路徑依賴的來源，也是路徑依賴的一種典型形式；同時，諾斯指出，不只是單一的制度具有回報遞增的特徵，制度安排會產生新的互補性制度結構即「一個制度範本相互依賴網路」，這個範本將「產生大量的回報遞增」，因此，路徑依賴過程通常並不是突出表現在單個組織或制度層次上，而是表現在涉及制度和組織構造的互補性構造的宏觀層次上。

那麼，制度的路徑依賴是如何隨著初始制度選擇的給定條件而啟動的呢？諾斯認為，這主要表現在制度在現實社會中有四種自我實施或強化的機制：一是機構的設置或成本的固定，為建立制度而投資一大筆初始設置成本；二是制度具有學習效應，適應制度而產生的組織能夠抓住制度框架提供的獲利機會，相互學習，產生學習效應，並透過學習和掌握制度規則，使制度被人們採納和接受；三是制度的協調效應，制度為人們提供一定的合作空間和合作自由，隨著一項正式制度的產生，為了更好地合作，人們會對制度進一步投資，促使其他相關正式制度乃至一系列非正式制度的產生，以補充和協調這項正式制度發揮作用，形成制度的協調效應；四是制度的適應性效應，當制度的協調效應的作用發揮出來時，人們會更好地合作並普遍履行制度，也會從履行制度過程中獲得好處，對制度產生強烈而普遍的適應性預期或認同心理，從而使制度找到合法性基礎，也減少使這項制度持續不下去的不確定性因素。這樣，制度透過上述四種機制形成收益遞增，而收益遞增反過來又深刻地決定著制度變遷的進一步發展，制度就會沿著既成路徑發展下去，形成路徑依賴。

制度變遷最終可能呈現出迥然不同的軌跡，可能進入良性迴圈軌道並迅速優化，產生制度的路徑依賴的正效益；也可能沿著原來的錯誤路直接至被「鎖定」在某種無效率的狀態下而導致停滯，產生路徑依賴的負效應。路徑依賴的正效應表現在，一種相對較優的初始制度被選擇後，在現實生活中獲得強有力的支持，同時由於制度的有效自我實施機制，使制度在初始制度的基礎上，透過不斷的學習、協調和適應，進一步向更完善、更發達的境地變遷，也會使組織在環境的不確定性條件下透過不斷的實驗，做出相對較優的制度選擇，識別和消除相對無效的制度選擇，從而使制度呈現良性的變遷軌跡，形成制度的路徑依賴的正效益，

在路徑依賴的正效應下,制度變遷能有效地調動人們的積極性,制度變遷與經濟增長之間也會形成良性的互動局面;路徑依賴的負效應表現在,在市場不完全、組織無效的情況下,人們初始選擇一種自以為相對較優而實際上相對無效的制度後,同樣由於制度的自我實施機制,使制度在初始制度的基礎上不斷地變遷下去,伴隨制度而產生一些與現有制度共存共榮的強有力的組織和利益集團,儘管制度開始逐步顯現出阻礙整個社會生產活動發展的負面效應,在現實生活和經濟發展中也不能得到有效支援,但這些組織可能為了自身的利益而維護和加強現有制度,在經濟發展中不斷推出一些加強現有激勵與組織的制度,從而使這種無效的制度變遷的軌跡持續下去,直至形成制度的路徑閉鎖,路徑閉鎖的局面一旦形成,往往難以改變,因為它會頑固地抵制新的制度創新。

第二節　兩岸關係是一種制度

以前的兩岸關係,主權爭議是其討論的主軸,現在逐漸擴張到所有社會關係的面向。制度是人與人之間互動、交往時的行為邊界、交往行為實體的行為相互衝突、協調、合作、認同,彼此相長或制約,慢慢形成各自行為的邊界。從本體論取向看,兩岸關係是兩岸透過實踐所建構起來的,行為體面對的是一個變動中的場域。認識論角度看,兩岸關係是一個客觀事實,是一種集合性的社會現象。對個人而言,是獨立存在的事實,不能化約為主觀理念。結合新制度主義中關於制度的幾種典型定義,[183]兩岸關係是一種制度,指的是兩岸關係是在長期的歷史過程中,在兩岸互動和博弈過程中,所形成的約束兩岸人民行為的一種規則,是維持共用信念的系統。集體意向性構成了制度事實,物件化為社會實在。[184]兩岸關係是一種制度,就制度是人類在社會交往過程中形成的社會交往行為模式而言,是一種規則和規範體系,具體指習俗、慣例、道德規範、法律制度、程式等。這裡所談的制度只涉及社會制度規範與規則,不涉及社會基本政治和經濟制度。兩岸關係包括一組正式(法律)與非正式(如宗教、習俗和社會標準)的規則,透過這些規則建構兩岸的社會互動。從理論的角度看,兩岸關係的制度要素

113

包括有：第一，制度建構的主導思想；第二，制度中所規定或產生的各種不同的社會角色以及這些社會角色在制度或組織中行為的內在規定性；第三，制度中的規則和行為規範；[185]第四，以行動者為連接點，以信任與合作為基礎的多元交叉網路。

以哈耶克為代表的自由主義者認為，社會科學領域對制度的研究存在著兩條理性主義路徑：建構理性主義和演進理性主義。前者認為人類可以按照自己的目標，利用理性計算找到合適經濟和社會發展的組織方式，建構出一套理想的社會秩序；後者承認人類理性的有限性，認為制度的形成和演進是一個自然進化的過程。在人們的社會交往行動過程中經由試錯過程和贏者生存的實踐以及累積性發展的方式而逐漸形成的社會交往就是自發秩序。[186]建構理性強調人在制度設計尤其是正式規則設計上的能動作用，演進理性著重指出在制度形成過程中的歷史和文化環境的重要性。「個人行為的規則系統與從個人依據它們行事而產生的行動的秩序，不是同一事情。」[187]「胡六點」中的第三點提到「弘揚中華文化，加強精神紐帶」就是對兩岸關係中演進理性的最好註釋。事實上，無論老制度主義者還是新制度主義者，都很難說他們絕對地屬於演進主義或理性主義。[188]兩岸關係從制度的角度來看，可以被理解為是演進理性（文化與傳統）與建構理性（個體或集團的積極設計與行動）相結合的產物，是自發演進過程與人為設計過程相互交織的結果。兩岸關係只有在自發演進的基礎上有選擇性地施加影響才會取得較好的效果，優先建構一定是在自發秩序基礎上的補充和調整。「今天和明天的選擇是由過去決定的，過去只有在被視為一個制度演進的歷程時，才可以理解。」[189]兩岸關係和平發展是兩岸博弈的結果，同時又是兩岸博弈的規則，提供的是一種能夠使兩岸人民自由進行最大限度合作的框架。兩岸之間建立起一種制度化的協商、合作關係，在利益多元的兩岸關係框架裡，制度化合作為解決社會衝突、實現利益整合提供了良好的途徑。

第三節　制度變遷中兩岸合作的供給不足

作為一種制度的兩岸關係從時間上來講是一個非均衡—均衡—非均衡的過程，從空間上來講是一個路徑依賴與自我增強機制相結合的產物。相對價格變化引起的成本和收益的變化使兩岸關係變遷過程中的代理人推動制度變遷，同時引起觀念和意識形態的變化，二者相互作用進而引起制度變遷。從供給的角度分析制度變遷。制度的供給指的是創造和維持一種制度的能力，一種制度供給的實現也就是制度變遷的一次發生過程。制度的供給在多數情況下是一種政治產品，實現制度變遷時政治權衡往往是第一位的。在制度變遷過程中，支援路徑依賴過程的自我強化機制使制度形成慣性而不會輕易改變，難以根據周圍環境的改變作出迅速調整，也使組織探索替代性選擇變得非常困難，因為變革原有制度的成本會高昂到足以阻止變革本身。但諾斯認為，制度變遷的路徑依賴特徵並不意味著制度變遷是一個「命中註定」且不可避免的過程，也不意味著制度變遷在陷入路徑閉鎖後就無法改變，事實上，沿著路徑依賴的每一個階段、每一步都有政治和經濟上的新的制度選擇的可能和機會，即在制度演進過程中充滿路徑依賴和創新，只不過擺脫路徑閉鎖往往要藉助於外部效應，引入外生變數或藉助政權的變化，也就是存在外部壓力和內部危機。

　　制度系統性的變遷很可能是從一個大的外在衝擊開始，這種外在衝擊引發制度系統的內在變化，並在關鍵轉折時刻選擇一種新的制度，這種新選擇又對未來的制度選擇和變遷產生路徑依賴的約束，這種新的選擇是否是可行的軌跡，由於受多種因素影響而難以確定。制度變遷的複雜性表明，不存在單一的、最為有效的體制，從不同歷史條件發展而來的多樣化的經濟體制在它的歷史條件下就可能是最有效率的。在諾斯看來，打破路徑閉鎖、實現路徑替代的過程中，政府的干預和一致性行動十分重要，政府是一個社會中最大的制度供給者，當制度變遷陷入路徑閉鎖時，政府要積極探索新的路徑，並使制度的自我強化機制來自社會內部的學習、協作、適應等各種網路效應，這樣透過加強資訊交流，社會形成一致性行動，打破路徑閉鎖、實現路徑替代就可能發生。影響制度供給主要有下列因素：（1）新制度設計的成本：人力和物力的投入，相關知識的積累。（2）制度設計完成以後的實施情況：新制度安排實施所需的預期成本，與現有制度安排的相容性，政府決策層的成本收益比較。（3）憲法秩序（規定個人在社會中的基

115

本活動範圍、自由度、進入政府決策過程的難易度）和規範性行為準則（來自於社會文化傳統的主導方面）也是制度供給的影響因素。（4）並非所有的制度安排的設計都帶來正效應。[190]

兩岸關係的每一步都是一次多方理性選擇的博弈過程達成的均衡（局部均衡），而這一均衡的不斷累積會從最初的理性選擇演變為非理性的慣例，這些慣例又可成為後期兩岸關係發展的參考，形成一種路徑依賴。先前的過程就成為一種保留過去的制度知識的載體，又成為一種生產新制度知識的裝置。制度變遷是指制度諸要素或機構隨著時間推移和環境變化而改變，是制度的替代、轉換和交易過程，動力來自於對更有效的制度績效的需求。「誘致性制度變遷指的是一群（個）人在回應由制度不均衡引致的獲利機會時所進行的自發性變遷；強制性制度變遷指的是由政府法令引起的變遷」。[191]也就是說，強制性制度變遷強調的是政府行政權力和立法手段等外在強制力，誘致性制度變遷更多強調民間和環境的自發力量產生的誘導力。兩岸關係從1949年至今，經歷了早期的軍事對峙時期，到兩蔣的「漢賊不兩立」時期，再到李登輝、陳水扁執政20多年間的「意識形態對峙」時期，到現在的交流合作時期。兩岸關係四個階段的發展，尤其是前三個階段，始終都是兩岸官方在唱主角。兩岸官方設置兩岸關係制度變遷的基本路向和準則；兩岸官方以制度供給者的身分，透過法律、法規、政策等手段實施制度供給；兩岸官方設置制度進入壁壘，限制兩岸微觀主體的制度創新活動。兩岸關係的整個變遷都是官方主導的強制性制度變遷，是由兩岸關係的複雜性和特殊性決定的，同時強制性制度變遷的優勢在於，它能以最短的時間和最快的速度推進兩岸關係變遷；它能以自己的強制力和「暴力潛能」等方面的優勢降低制度變遷成本。兩岸關係的制度演進只有在兩岸官方的引導下，才可以在一個相對穩定的環境中避免出現大的波動。兩岸關係發展中的制度安排無法解決外部性和「搭便車」的問題，所以兩岸關係需要官方的強制性制度安排代替個人自願合作安排，實現制度供給。

原本兩岸事務上，如果沒有官方的許可或授權，民間和個人不能自主進入也難以退出由官方做出的制度安排。[192]哪些制度創新被許可，哪些制度創新不予許可，均由官方根據自己的效用和偏好來決定，微觀主體的資源安排始終控制在

官方手中。兩岸關係進入和平發展軌道，迎來更寬廣的發展空間。如今兩岸務實地堅持「九二共識」，協商簽訂更加緊密的經貿協定，兩岸人員互訪不斷增加，越來越多的臺灣民眾選擇在大陸長期居住和就學，廈門市與臺中市、深圳市與臺南市、青島市與彰化縣、蘇州市與新竹市、寧波市與基隆市先後進行結對式交流，達成了許多有利於密切兩地同胞往來、凝聚雙方共同利益、增進兩岸同胞福祉的合作意向。兩岸關係在經歷了長期的強制性制度變遷之後，出現了一點誘致性制度安排的曙光。誘致性的制度安排是微觀主體在感知到發展機會的情況下，透過個人之間的合作，形成自願性契約而完成的，任何人都可以自主行使進入或退出權。也就是說在兩岸關係發展中，強制性制度變遷創造了誘致性制度變遷的環境。同時，由於強制性制度變遷本身存在著無法克服的缺點：自上而下的制度變遷很難適用於兩岸關係的所有領域，很容易抑制兩岸個人自願合作的制度變遷的產生；統治者的偏好和有界理性、意識形態剛性、官僚政治、集團利益衝突和社會科學知識的侷限性，[193]所以也需要誘致性制度變遷對其進行適當補充。兩岸關係制度變遷的過程中，由於改變整個制度框架的成本遠超過了現行具體制度安排創新的收益，人們選擇在現有的制度框架下儘可能從單項制度安排創新中獲得收益，同時在漸進性制度變遷中增強推動集體變遷的集體行動能力，增加改變舊有制度框架的談判力量，從而實現在舊制度框架內進行漸進性制度變遷的邊際效用最大化。[194]也就是說，兩岸關係現在已經從單純強制性制度變遷階段，到強制性制度變遷與誘致性制度變遷互相補充的發展階段。二者不是相互排斥的零和博弈，而是在適當時候成為互相補充的正和博弈。不僅強制性制度變遷為誘致性制度變遷創造環境，誘致性制度變遷也為強制性制度變遷提供激勵和監督，當然如果過於強調其中一方也可能導致對另一種制度變遷的壓制。

兩岸關係走向和平發展以及「胡六點」的最新提出證明兩岸政府主導的兩岸關係制度變遷取得巨大的成功。面對兩岸關係和平發展的新要求，深化兩岸交流，最初的政策制定和制度供給都來源於兩岸政府之間的交流和協商，這個過程中同樣需要不斷創造選擇性激勵使得兩岸政治高層願意投入精力進行制度創新。兩岸正在逐步進入一個普遍交往的時代，交往範圍的擴大、交往手段的多樣化、交往領域的多層次等迫切要求促進合作的制度供給。政府有選擇地放鬆制度準入

條件,促進誘致性制度變遷的發生,並提高其規範化和制度化水準。「取消一種帶限制性的政策的效應,相當於擴大制度選擇集合」。[195]「不但強制性制度變遷的實現必須透過政府的強制實施,誘致性制度變遷也必須透過政府放鬆約束才能實現。」[196]而且,自發性制度安排一般規範化水準和制度化水準較低,需要政府的介入加以完善。[197]兩岸關係的制度創新充分發揮兩岸民間組織或個人的創造性,透過民間組織或個人的試驗,被證明制度創新可以帶來利益增進,政府再進行推廣,最終由行政命令和法律確立下來。和平發展就是一種激勵個體行為的規範(則),有利於減少兩岸關係中的不確定性,可以促進自主治理結構的發展,尤其是在政府權力難以滲透的基層,更是蘊含著大量的自主治理資源,誘致性制度變遷呼之欲出。

第七章　兩岸合作的行動資源

要實現兩岸關係和平發展，有賴於兩岸之間社會資本的塑造，和平發展的兩岸關係也為社會資本的重塑提供了良好的機制。一個綜合的促進兩岸關係和平的社會資本培育框架是政府權威結合社團交往的上下良性互動。正是政府和社團組織的合作和互動，使得兩岸關係中的社會資本存量不斷提升。

第一節　社會資本的概念釐定

最早使用「社會資本」這個概念的是經濟學家洛瑞。他在《種族收入差別的動態理論》中首次使用了社會資本這一概念，用於批判新古典理論在對待種族間收入不平等時過於個體主義、過分強調人力資本的作用。第一位對社會資本進行相對系統的現代性分析的是法國學者布迪厄。在《區隔：趣味判斷的社會批判》中，他提出了三種資本形式：經濟資本、文化資本和社會資本。1980年他在《社會科學研究》雜誌上發表了題為《社會資本隨筆》的短文，並把它界定為「實際或者潛在資源的集合，這些資源與由相互默認或承認的關係所組成的持久網路有關，而且這些關係或多或少是制度化的」。皮埃爾·布迪厄認為：「社會資本是真實或虛擬資源的總合。對於個人和團體來說，由於要擁有的持久網路是或多或少被制度化了的相互默認和認可關係，因而它是自然積累而成的。」[198]
在那些把社會資本概念引入當代社會學話語的學者中間，布迪厄的分析在理論上最為精煉，他的概念是工具性的。他關注的是個人透過參與團體活動不斷增加的收益以及為了創造這種資源而對社會能力的精心建構。布迪厄的重點是在於不同

資本形式的相互轉化以及所有資本形式被簡化為經濟資本（即積累的人力資本）。因此，透過社會資本，行為者能夠直接獲得經濟資本（補助性貸款、投資竅門、保護性市場）；他們能夠透過與專家或者有知識的人接觸提高自己的文化資本；或者他們能夠與授予有價值的信任狀的機構建立密切聯繫。

到了1988年，社會學家詹姆斯·科爾曼在《美國社會科學雜誌》發表題為《社會資本在人力資本創造中的作用》一文，把社會資本定義為「許多具有兩個共同之處的主體：它們都由社會結構的某些方面組成，而且它們都有利於行為者的特定行為——不論它們是結構中的個人還是法人。」科爾曼從社會結構的意義上論述了社會資本概念。[199]羅伯特·D·普特南是這樣界定社會資本的：「社會資本……指的是社會組織的特徵，例如信任、規範和網路。他們有助於參與者更加有效地共同行動以追求共同的目標，提高社會的效率」，能夠「提高物質資本和人力資本投資的收益」，「是全世界經濟發展的關鍵因素」。普特南指出社會資本是一種組織特點，如信任、規範和網路等，是生產性的，能夠透過對合作的促進而提高社會效率。普特南主要從「社會資本存量」這個概念來研究社會資本，他將社會資本與公民參與網路聯繫起來，認為對個人行動的促進完全是繁榮社群，或者說是豐富了社會資本存量的副產品。在普特南看來，社會資本已不再是某一個人擁有的資源，而是全社會所擁有的財富，一個社會的經濟與民主發展，都在很大程度上受制於其社會資本的豐富程度。普特南的論述引發了研究者們對社會資本與公民社會、民主政治的關係等問題的廣泛討論。

將以上中國內外學者關於社會資本的定義歸納起來，主要有以下幾種觀點：一是將社會資本定義為一種社會網路；二是將其定義為一種普遍聯繫或社會關係；三是定義為一種行動者的隱藏於社會結構中的資源；四是定義為信任、網路、規範、制度等。如何精確地測量和比較社會資本的數量也是制約社會資本理論發展的一個問題。目前，有關社會資本的測量方法已有很多。如法國社會學家皮埃爾·布迪厄認為，個體所占有的社會資本的多少取決於兩個因素：一是行動者可以有效地加以運用的聯繫網路的規模；二是網路中每個成員所占有的各種形式的資本的數量。[200]詹姆斯·科爾曼提出從社會團體、社會網路和網路攝取三個方面來衡量個人的社會資本擁有量，認為個人的社會資本擁有量與個人參加的

社會團體數量、個人的社會網規模和異質性程度、個人從社會網路攝取資源的能力成正比,這幾個方面的值越高或越多,其社會資本的個人擁有量就越多。[201] 林南認為,決定個體所擁有社會資源數量和品質的有下列三個因素:一是個體社會網路的異質性;二是網路成員的社會地位;三是個體與網路成員的關係強度。具體說來,就是一個人的社會網路的異質性越大,網路成員的地位越高,個體與成員的關係越弱,則其擁有的社會資源就越豐富。

社會資本和文化資本建立在市民社會、社區、社團等概念的基礎上,並以之為載體。因為西方社會是建立在原子或原子團式的個體及俱樂部等社會組織形式基礎上,民間社團和社區組織對人們的現實生活有重要的影響。這些民間組織大多建立在共同興趣、共同職業和共同經歷等共性基礎上。成員之間易於形成緊密聯繫,凝聚為較強的力量,利於達到共同的目標,以獲得更大的效益。因此,民間社團和社區組織在西方社會的政治和經濟生活中占有十分重要的地位。與之相比,中國的社會結構則迥然不同。中國的社會結構以「差序格局」為基礎,城鄉二元結構決定了農村與城市社會結構的不同。中國傳統文化強調家庭和學院關係的優先地位,個人首先站在家庭,其次站在單位、家鄉、國家等立場上處理社會關係。社會成員的關係網是依循血緣關係的遠近親疏而形成的熟人網路,這使中國語境下的社會資本和文化資本在很大程度上具有可繼承性。

第二節　兩岸關係中的社會資本

在1949年後的幾十年時間裡,海峽兩岸同胞曾處於長期的隔絕狀態。自1979年全國人大常委會發表《告臺灣同胞書》呼籲兩岸同胞開展交流交往30多年來,兩岸各領域交流與合作不斷發展,兩岸交流的內容不斷豐富,領域不斷拓展,兩岸人員往來的規模不斷增長、層次不斷提高。從2008年6月—2009年4月,10個月的時間,海協會與海基會最高領導人分別在北京、臺北、南京舉行了三次會談,雙方共簽署了9項協議和1項共識。為海峽兩岸經濟合作、人員往

來，維護兩岸同胞的正當權益和正常秩序，推動兩岸關係和平發展，造成了積極的作用。[202] 2008年12月15日，兩岸空運、海運直航和直接通郵啟動，代表著兩岸全面「三通」基本實現。「加強人員往來，擴大各界交流」，[203] 個體互動越多，他們之間越可能共用情感，越可能參加集體活兩岸關係步入和平發展的軌道後，制度環境有很大的改變。兩岸關係的和平發展意在多元語境下透過公民等多種社會與政治力量的廣泛參與生成兩岸關係的基本規則。預期是行動的決定因素，很大程度上取決於信任、聲望以及互惠，進而取決於公民接觸或社會資本網路。兩岸的合作取決於這種網路所造就的預期和激勵因素。合作是一個社會資本的問題，在一個繼承大量社會資本的共同體內，自願的合作更容易出現。動。[204]

兩岸關係中的社會資本是兩岸關係中的那些可透過促進協調行動而提高兩岸合作效能的特徵，比如信任、規範及網路等；[205] 作為一種為促進兩岸共同利益而採取的集體行動的正式和非正式的規範和網路，對於兩岸個人、組織之間的生產和合作具有積極的意義。社會資本可以被界定為一種嵌入於兩岸交往中的社會關係和社會結構之中的行動資源。社會科學家們對社會資本的界定和測量不可避免地存在差異，但有一個共識，就是承認人們在互動中形成的社會關係是一種重要的行動資源。社會資本增強了制度內部人與人之間的交流，制度則為合作和信任提供了保障。兩岸關係是具有累積性的關係，[206]

個人或團體透過占有資本能夠獲得更多的物質和社會資源。兩岸之間的民間組織的合作和交流最有利於在兩岸關係中產生具有高度合作、信任以及互惠性的行為，且提供未來的合作模式。社會資本是一種社會關係投資。社會資本強調的是一個特定人群中行動相互體之間的密切關係以及由此帶來的相互之間的高度信任和對違規行為的自動懲罰機制。

兩岸關係中存著的社會資源，具體劃分為三個層次[207]：（1）微觀社會資本，強調社會資本的主體是兩岸關係中的個人，兩岸關係交往中個人擁有的各種關係資源和兩岸人民的社會參與網路，朋友、同事或更普遍的聯繫。（2）中觀層次的社會資本，強調兩岸交往的規範和兩岸間的信任對於兩岸關係的重要性。

規範是指兩岸關係中一系列的準則和規定,包括道德性規範、契約性規範和法理性規範。[208]信任[209]是兩岸關係中最重要的社會資本。信任事實上是由兩部分組成的:一部分是對當事人的信任;另一部分是對維持信任機制的信任。[210]兩岸透過制度建設健全和完善法制提供有效的社會信任的監督和保障機制對兩岸關係中守信和失信行為獎懲分明,以增加守信行為的收益和失信行為的成本。同時,兩岸都必須增加制度建設及其自身在兩岸事務運作過程中的透明度,增強兩岸人民的信心。(3)宏觀層次的社會資本,是社會資本的網路嵌入政治、經濟和文化重疊的系統中,尤其強調兩岸之間的文化、宗教要素。中國傳統的倫理道德與人情關係對於社會資本有消極和積極雙重意義,對兩岸問題具有特殊的研究價值和指導意義。

　　新制度主義致力於對制度內涵及其在個人選擇和社會變遷中作用的重新解釋,正與社會資本所包含的對制度與文化互動關係的整合相呼應。兩岸關係是一種制度,目前進入用和平發展來規範各種社會利益與權力關係的階段。一個擁有人際互信、平等交換規範和公民參與網路的社群,為兩岸關係和平發展提供了一種社會及組織基礎。我們首先確定兩岸關係中那些在短期內或長期內直接用得到的,能保證提供物質利潤和象徵性利潤的社會關係,然後將這些看起來是偶然的關係透過「象徵性的建構」,轉變為一種雙方都從主觀意願上長期保持其存在並在體制上得到保障的持久穩定的關係。這種轉變的關鍵就是「象徵性建構」,它利用一些現存的社會體制,透過各種物質或非物質的交換,使社會資本在兩岸得以確立,並不斷地進行自我生產。社會資本是兩岸公眾有機聯繫的紐帶,替代了政府管制措施所造就的機械性團結。要實現兩岸關係和平發展,必須要有賴於兩岸之間社會資本的塑造,因為社會資本為兩岸人民的自願合作提供了社會網路與非正式規則。內化規則既是個人偏好,又是約束性規則,減少協調成本和衝突;[211]社會資本為兩岸人民自願合作提供了信任與互惠規範;透過有代表性的社團整合利益,這些社團有發言人和談判者,相互交流和讓步,由此建立相互的個人信任;社會資本為兩岸人民自願合作提供了激勵監督機制。[212]和平發展立基於一套制度化程式,保證兩岸開放式和集體性回饋。

　　兩岸關係和平發展是屬於漸進的制度變遷,充分吸收和利用傳統、慣例等制

度和組織資源,保持制度創新中制度的相對穩定和有效銜接。從這個意義上講,和平發展為特定社會的社會資本重塑提供了良好的累積機制,從而促進社會資本在原有基礎上的增量更新;和平發展的兩岸關係制度構建,可以減少社會發生「結構性震盪」造成社會資源浪費和社會資本耗損的幾率;當制度創新的主體受制度知識的約束無法確認改革路徑時,透過逐步放鬆控制來激勵社會成員的自發改革熱情是一種風險較低的改革方式。兩岸合作一旦形成,就意味著一種良性的合作式社會均衡的實現,按照路徑依賴理論,任何均衡的實現都有自我增強的效應,會帶來信任水準的進一步提高,促進社會資本存量的穩定增長,形成一種良性的互動機制。增進兩岸社會資本的信任是一種能夠被推廣至陌生人的普遍信任,有助於建立大規模的、複雜的和相互依存的社會網路。如果沒有使信任在兩岸之間普遍化,那麼社團參與社會網路中的成員關係只能促進排他主義、地方主義、褊狹、排外,以及對局外人的普遍不信任。[213]

兩岸關係發展中的社會資本來源於互惠的動機[214]、兩岸人民逐漸發展出來的社會網路、重複博弈和宗教文化。社會資本的來源既有透過參與市民社會裡的自願社團而產生的人際信任,又有透過設計良好的有道德合理性的制度所產生的居間信任。如何提升兩岸社會資本存量有兩個思路:一種是斯湯普卡所提出的自上而下的「共和主義」思路,透過消除政治制度運作中的獨斷、單中心論、保密等行為,能夠恢復和重建信任。如果制度按照講真話、守約、公平、團結的維度進行考察的記錄幾無瑕疵,那麼無論是對政府的信任還是對個人的信任都會增加。[215]另一種思路是自下而上的「公民社群主義」解決方法,公民透過與陌生人一道參與資源的聯合社團和公開的聯合社團學習彼此信任。作為一種副產品,信任被擴展到地方、部族、家族、家庭及民族範圍以外。社會資本的存量,如信任、規範和網路往往具有自我增強性和可累積性。良性迴圈會產生社會均衡,形成高水準的合作、信任、互惠、公民參與和集體福利。自上而下的視角依賴於這樣一個過程,在這一過程中,共和制的普世原則及其道德合理性有效地取代地方認同或使之相對化,並最終引起一種對政治共同體的歸屬感,引起共同體成員之間的相互義務以及對制度的抽象信任。它能將政治共同體中大量的異質成分統合起來,達致一種超越。

而自下而上的視角則設想為一種延展過程,在基於宗教、人種、語言和區域而形成的各種社群中,對各自的精英所鑄成的原始忠誠和認同逐漸混合和交疊,信任的範圍據此而不斷擴大。兩種提升社會資本存量的思路都有其可取性,但難免有些片面。兩者的差異主要在於側重點的不同。共和主義的思路將重心放在了國家、政府的制度構建,而公民社群主義的重心則是市民社會的自願參與。在兩岸交往間社會資本的建構中,完全依靠社會的力量和完全依靠政府的干預都不是理想的路徑。缺少政府的參與,傳統互助組織和關係網絡不會自動轉換成現代的具有生產性的社會資本。而面對一個充滿複雜性、動態性和多元化的兩岸環境,政府無法成為制度供給的唯一提供者,必須和民眾、企業和社會組織一起來共同供給。且不同的權力中心之間不存在上下級的隸屬關係。為提升「信任」和「公民參與的網路」社會資本的存量,應同時改善政府治理方式,由政府主導型的公民社會轉變為政府與公民之間的良好合作。

「胡六點」的提出,更是為我們指引了兩岸關係培育社會資本的新方向:首先,兩岸應該培育橫向的、異質的「兩岸人民參與網路」,限制庇護的、封閉的關係網絡;其次,兩岸應該提供一個適用兩岸的法治環境,避免對個體創新的限制;最後,兩岸官方主動向民間靠攏,建立吸納民意的機構和制度。一個綜合的促進兩岸關係和平發展的社會資本培育框架應該是將官方和社會都納入進來,既有自上而下的有效控制,又有自下而上的有力推動,官方的權威結合社團交往間的自我調節,真正實現上下的良性互動。一個實踐性任務就是要探索政府政策結構與社會資本之間可能存在的聯繫。當然,在缺少宏觀制度環境支援的條件下,兩岸社會資本的衍生也會陷入困境。封閉性的社會結構是社會資本產生消極功能的根本原因。

第三節　兩岸合作的物質載體:社團

相比政府和企業,民間組織在社會資本方面具有兩大優勢:第一,在社會資

本占有上，民間組織本身就是社會信任與社會資本流通的場域和主要載體，構成社會公共信任的主要支柱。社會資本是民間組織的一種共同資源，它直接影響組織成員的集體行動，若能與組織利益相關者有效整合，則可成為組織的社會動員機制和發展優勢。第二，在社會資本再生產上，社會資本在使用的過程中會產生增值，而受益者是社會資本的使用者，這一點對於民間組織來說尤為重要。由於在社會資本占有上的優勢，民間組織就可能成為社會資本增值最大的受益者。真正將社會資本與社團聯繫起來，並明確表述了其相互關聯的是美國學者法蘭西斯・福山。福山的社會資本理論首先是建立在社會信任基礎上的。他認為：「所謂信任，是在一個社團中，成員對彼此常態、誠實、合作行為的期待，基礎是社團成員共同擁有的規範以及個體隸屬於那個社團的角色」，[216]而「所謂社會資本，則是建立在社會或其特定的群體之中，成員之間的信任普及程度，這樣的信任也許根植於最小型、最基礎的社會團體裡，也就是我們熟知的家庭，也許可以存在於規模最大的國家，或是其他居於兩者之間的大大小小的群體中」，「雖然契約和自我利益對群體成員的聯屬非常重要，可是效能最高的組織卻是那些享有共同倫理價值觀的社團，這類社團並不需要嚴謹的契約和法律條文來規範成員之間的關係，原因是先天的道德共識已經賦予了社團成員互相信任的基礎」。[217]從福山的這些論述中，我們可以看出，社會資本是建立在信任基礎上的，而信任主要存在於家庭和社團兩種組織之中，社會資本也相應地由這兩種組織提供：一種是由家庭提供的社會資本，它表現為注重家族內部團結協作的家族主義，容易造成非親族成員之間的相互排斥，社會信任程度低，聚合社會資本的能力弱；另一種是社會團體提供的社會資本，表現為社團內部成員互助合作的團體主義，這有助於促進更廣泛的社會信任，提高聚合社會資本的能力。所以，福山的社會資本理論清晰地表達了社團組織提供和創造社會資本的觀點，認為社團組織成員之間的互助合作能創造社會資本，有效地形成廣泛的社會信任。

在此基礎上，福山又進一步地指出社團組織在提供社會資本方面對組織成員的特殊道德要求：「反觀社會資本的獲取，所需要的是整個社團具有的道德規範，成員需要具備忠誠、誠信、可靠的美德，更甚者，在團體成員對彼此普遍感興趣之前，社團就必須先採納一套規範；個人固然可以自己行動去增加人力資

本，但是團體卻無法單純依靠個人行動的積累，去增加整體的社會資本；社會資本的基礎是成員普遍具有的情操，徒有成員一人的美德並沒有作用。與其他人力資本相比較，社交互動的癖好更難建立，因為它根源於倫理習慣，因而很難加以調整或摧毀。」[218]在這裡，福山強調了社會資本是由內在於其中的、整體的價值觀和道德規範所決定的，單純的個人的社會資本增加或減少不會影響整體的社會資本狀況。也就是說，要增加整體社會資本儲量，必須依靠社團組織，用集體的道德行動來創造社會資本。這樣，福山一方面指出了社團組織與社會資本密切的內在聯繫，另一方面又提出了社團組織提供和創造社會資本的觀點，並強調了創造社會資本的社團組織成員必備的情操和美德要求。

根據世界銀行對社會資本測量的研究結果，社團活動被認為是社會資本存在的重要載體，並常被用來測量社會資本。[219]橫向關係網絡越密集，公民就越有可能進行為了共同利益的合作，[220]而垂直關係網絡無論多麼密集，都無法維繫社會信任和合作。組織的建構越具有橫向性，越能夠在更廣泛的共同體內促進制度的成功。NGO的主要作用就體現在橫向社會網路關係的構建上。隨著合作性自主組織的建立，兩岸人民之間橫向交流增強，任何人都可以自由地加入其他組織，跨組織、跨地區的合作受到社會的鼓勵，人們在組織中能夠修正甚至放棄自己的狹隘目標而與其他派別達成某種妥協，相互寬容和相互理解，從而形成良好的社會規範與秩序。兩岸關係中測量社會資本的維度分別是參與社團和組織、志願活動、互惠、信任。兩岸交流正進入大交流、大合作、大發展的新時期。[221]兩岸關係走入和平發展，社會資源呈現多元化態勢，隨著技術進步帶來的通訊便利以及公民責任意識的不斷增強，很多社團正變得越來越活躍。自願社團[222]的成長促進了兩岸關係中社會資本的形成和轉化。開放兩岸社團合作和開放兩岸自組一般性社團（非政治性的自由結社權），開放兩岸婦女組織、基金會、環保組織、非政府研究機構等，在資源、人口、環境、教育、扶助弱勢人群、解決貧困等方面合作，是兩岸關係和平發展的社會基礎。社團在兩岸關係中最重要的意義不在於提供公共產品本身，而是在於服從共同考慮的成員所創造的獨特的社會資本。組織化是兩岸人民共同進行利益表達的有效方式。

透過一種兩岸人民交互參與網路，特別是兩岸間社團的合作，能更好地解決兩岸關係中集體行動的困境：（1）開放兩岸社團合作和兩岸間的自由結社權有助於兩岸人民參與兩岸事務的熱情的激發。社會團體因其具有聯合性，而比原子化的公民占有更多的社會資源；又因其組織化、秩序化程度較高，而比臨時性的公民聯合具有更強的理性判斷和行為能力。（2）當大量的兩岸人民參與社團合作或自組社團過程中，兩岸人民之間有持續性的交往，就形成「重複博弈」之局，傾向考慮長遠利益而非短期，易於形成合作的精神與習慣。（3）開放兩岸社團合作和兩岸間的自由結社權能促使兩岸人民寬容態度的養成。各方在合作過程中雖然存在爭議，但基於一種長期的依賴關係，因而在商談言辭運用中，彼此都會傾向於保持一種謙遜和相互尊重的態度，表現出一種對異己的容忍和妥協，為兩岸關係和平發展做好精神層面的準備。（4）開放兩岸社團合作和兩岸間的自由結社權有益於兩岸人民理性判斷和理性行為能力的增強。兩岸人民透過參與社團活動，彼此交流相互學習，能夠大大增強其理性思考和行為能力。溝通理性並不是理性本身，而是達致理性的方法。兩岸關係發展中，人們透過商談或對話的溝通方式建立起他們之間的關係並調整相互關係，不同的意見和觀點透過交流爭論融合而逐步趨向於共同的認識和價值觀。溝通理性的實質，乃在於它是一種程式性理性觀念。[223]（5）由於兩岸交流的複雜性和變動性，政府對兩岸關係的調整難免存在疏漏和滯後，社會團體的意義就在於發現這種不足，進而透過某種途徑與政府進行資訊交換。社團式的兩岸人民參與網路為兩岸關係的發展提供了一種資訊傳遞、建立信任、理解並達成共識的橫向交往結構。大量自治性、多元性社會團體聚合了兩岸間的物質、精神資源，在經濟、社會和政治生活中具有一定的影響力，而且能在政府無力或不願介入的社會領域裡發揮不容忽視的作用。以具有五緣優勢的廈門為例，社會組織透過民間和半官方的形式，搭建起各種載體平臺，有力地促進了海峽兩岸的經貿合作與人員往來。[224]

　　開放兩岸人民間的社團合作和自由結社，作為一種公共生活形式，以合作的形式大大拓展了社會生活空間。目前來看，社團在促進兩岸關係時會遭遇激勵不足的問題，從現實分析，大陸社會組織發育不良、社會參與度及組織化程度低是其中的重要根源。如果兩岸人民能夠在這些社會關係的運作中進行自由組合，建

立社區組織、行業協會、文化社團等,這些社會關係就轉化成兩岸關係和平發展中的社會資本的豐富內容。政府應當透過指定制度和創造環境,允許、鼓勵社團的成長,為各種社會組織的存在留下空間,應當從外部環境和內部治理兩方面來促進兩岸民間組織交流。從外部環境的改善來看,首先,應當改革與完善社團的註冊管理制度,調整政策,加大對兩岸非政治性自由結社的保障力度;其次,營造一種有利於兩岸社團合作發展的法律環境;最後,必須重新認識社團與政府間的關係,由單一行政管理方式向兩岸民間社團組織共同參與的社會治理的關係轉變。承認社團在兩岸關係中的價值,認識它們與政府是協同的關係,其作用是政府無法替代的。同時,政府要對社團活動進行必要的干預和調節,在實行權力再分配的同時,要明確界定、劃分職責許可權及輔以各種監督制約機制,對社團無力解決的矛盾進行協調。正是政府和社團組織的合作和互動,使得兩岸關係中的社會資本存量不斷提升。

我們必須從長期制度變遷的角度重新審視和對待兩岸關係。和平發展作為當前兩岸關係的一個主旋律,有利於生成兩岸公共生活的基本規則與關於社會基本結構的正當性共識,維護兩岸人民的權益。和平發展既是一種理性的存在,又是一種合理性的存在。和平發展能為主體間順利對話提供兩個前提條件:一是承認和遵守共同的社會規範;二是確立良好的對話環境。它容許一切參與者發表不同意見,照顧到一切參與者的有關利益,同時保證規範的普遍有效性。兩岸關係和平發展在一個不斷變化的環境中得以持續的條件,一是兩岸合作的自組織化。兩岸關係由於兩岸的人民能夠普遍享有共同組織起來保護自己權益的權利,從家庭到社團再到兩岸社會,實現了自組織化,其功能在於它能在兩岸間建立起普遍性的在一切方面相互依賴的制度。二是兩岸關係制度的理性化。在理性化的兩岸個體互動過程中,產生互動形式,並慢慢成為習慣,進而上升到制度層面;建立在理性化基礎上的各種制度,一經建立,便獨立於個體而存在,對不符合理性化的社會行為進行調整,使理性化的基礎擴大、程度加深。最後,理性化的兩岸的社會組織或社會各領域的互動,進入交融和整合過程。[225]

第八章　培育兩岸理性交往的公共領域

兩岸關係進入和平發展時期，兩岸公共生活有著廣闊的發展空間。兩岸傳媒交流以及角色變遷為公共領域的實踐奠定基礎。當前兩岸交流中逐步培育理性交往的公共領域，兩岸民眾就兩岸的公共事務進行相互協商，以形成公共輿論，表達兩岸民眾的共同意願，並就與普遍利益相關的問題最終導向共識。未來透過兩岸公共事務議程平臺設置，培育最具潛力的傳媒公共領域和網路公共領域，透過公權力和私領域之外的機制化商談，塑造兩岸民眾的認同感和向心力。

第一節　公共領域的緣起及界定

阿倫特認為，公共領域是緣於人以複數的形式共同生活在這個世界上。人是以複數的狀態存在的，這個貌似平常的常識在阿倫特看來是一個奠基性的概念，也是公共領域存在的前提。[226]複數性是這個地球的法則。因為這個人們生活於其中的世界包含了各種事物，自然的和人工的、活的和死的、短暫的和永恆的，所有這些都有一個共同點，那就是它們都顯示著，這就意味著它們能被看見、聽見、觸摸到、品嚐到和聞到，能被這個被賦予了適當的感覺器官的有知覺的生命所察覺到。因而沒有任何東西，在它顯現的時候，是單個存在的；任何事物，它都意味著是被某個人所感知的。「人類的生生死死並非一個簡單的自然過程，而是與這一世界有關。單個的人（各不相同、無法相互替代也無法重複的個體）來自這一世界，也離開這一世界。」[227]人的複數性與世界的永恆性之間密切相關，世界不會因為單個人的生死而消失，但正是人們的到來構成了這個世界，並

留下了自己的足跡,「公共世界是我們從一出生就進入、死亡就棄之身後的世界。它超越了我們的壽命,過去是如此,將來也一樣。共同的世界因為人的不同性和差異性而獲得了恆久的意義,」「它在我們之前就已存在,在我們的渺渺一生之後仍將繼續綿延持續……但這一共同的世界只有出現在公共領域中,才能在時代的變遷中經久不衰,將人類想從時間的自然流逝中保全的任何東西都融入其中,並使其熠熠生輝」。[228]阿倫特認為,人的複數性構成了這個共同的世界,它超越了個體生命的限度,而進入過去和未來。這不僅意味著它對於我們同時代一起生活的人來說是共有的,而且它也為我們的先輩和後代所共有。這個共同世界就是與私人生活相區別的公共生活空間。

在阿倫特那裡,公共領域既有別於「社會」,也有別於「社群」。公共領域不是協商私人利益或展示個人情感的地方,而是從事公共事務的領域,是人們顯露獨特自我的場所。每一個公民在公共領域中的言語和行為都在其他公民面前顯現著他是誰。首先,公共領域是個人展現自己的地方。在引述柏拉圖的「洞穴比喻」中,阿倫特認為,當那個人擺脫了枷鎖沖出洞穴見到光明時,雖然已經領悟到了真實的存在,但他這時仍然停留在沉思階段,只有當他重新走進洞穴,試圖告訴人們真相時,他才是行動的、存在的。公共領域是由參與者們用行動和言語建立起來的溝通交往空間,在這個空間中每個人都可以發現自己的正確位置,在其中展現自我的獨特風采,並就公共事務進行協商;其次,公共領域也是人們所共有的世界。公共領域與私人領域的重要區別在於,公共領域是「敞開的空間」,而私人領域是「遮蔽的空間」,在公共領域中發生的政治現象能夠被每一個人看到和聽到,因而具有最廣泛的公開性。「共同生活在這個世界,這在本質上意味著一個物質世界處於共同擁有它的人群之中,就像一張桌子放在那些坐在它周圍的人群之中一樣。這一世界就像一件中間物品一樣,在把人類聯繫起來的同時,又將其分割開來。」「作為一個共有的世界,公共領域可以說把我們聚在一起,又防止我們彼此競爭。」[229]第三,公共領域充滿著對人生的本真關懷,是超越人的生命限度而具有永恆性的領域。阿倫特指出,公共領域是平等的公民們在「敞開的空間」中的自我展現,是人的存在的基本條件。公共領域使得古往今來的行動得以被保存,使人類在世界中所做的和所承擔的具有了一種永恆性。

阿倫特指出：「沒有這種超越並進入潛在的世俗性永恆，那麼，嚴格地說來，政治、公共世界和公共領域就都是不可能的了。」[230]作為個體的人，生命都是有限的，但公共領域的永恆性使人們對永真的渴求成為可能。第四，公共領域是在多樣性和同一性的統一中獲得其現實性的領域。公共領域是多樣性的世界，正是對多樣性的承認，構建了一個他者在場的空間，為主體間性的形成提供了場所。多樣性意味著在公共領域中沒有人和別人是完全一樣的，這就使自我與他者區別開來，自我的獨特性因此得到確證。公共領域是一個多面體，當人們從不同位置和方向對同一事物進行觀察，以致使人們在多樣性中看到了同一性時，公共領域的現實性也就展現出來。最後，公共領域也是在「意見與真理」的對立中尋求和諧的領域。阿倫特認為政治活動是一個紛雜意見並存的活動，其中沒有絕對的對和錯，如果像柏拉圖那樣以真理代替意見實行「哲學王」統治，只能帶來人與人之間的統治與服從，人類的多樣性就會喪失，人的存在意義就會遮蔽。

在公共領域中，每一個人所表達的意見都只是一種看法，人們透過說服和協商的方式尋求共識，達成行動的一致，從而體現了和諧性。我們「在持續不斷的千變萬化中，尋求與現實的妥協，使我們與現實相和諧，也就是說，試圖安居在世界中。」[231]公共領域由意見所構成，透過自我展示和共同協商達成了共識，實現了多樣性基礎上的和諧。阿倫特坦言，在現代社會裡詩歌和哲學已經無法形成一個空間將事物從時間的毀滅力量中拯救出來，金錢成為所有實在性的統一檢驗標準，其後果是剝奪了公共領域的那種從不同位置和方向對同一事物進行觀察以致使聚集在它周圍的人們在多樣性中看到了統一性的現實性[232]成為可能，公共領域的那種「使人們相互聯繫又相互分離的關聯性」也喪失了。她用一個形象的比喻說明了這樣一種情況：「就好比在一次降神會上，一群人聚在一張桌子的周圍，然而透過某種幻術，這張桌子突然從他們中間消失了，兩個對坐的人不再彼此分離，與此同時也不再被任何有形的東西聯繫在一起了」。[233]這就是喪失了公共領域之後的現代社會的寫照。[234]

哈貝馬斯的公共領域思想主要是指資產階級的公共領域。關於何為公共領域，哈貝馬斯給出了這樣的說明，「資產階級公共領域首先可以理解為一個由私

人集合而成的公眾的領域;但私人隨即就要求這一受上層控制的公共領域反對公共權力機關自身。以便就基本上已經屬於私人,但仍然具有公共性質的商品交換和社會勞動領域中的一般交換規則等問題同公共權力機關展開討論。這種政治討論手段,即『公開批判』。」[235]可以看出公共領域是從私人領域的母體中脫離出來的。由私人所組成,這裡的私人是集作為物主的人與人的虛構同一性於一身的私人。公共領域不受經濟和政治的干預,這些私人透過自由商談表達意見,對公共關心的問題達成共識,以反對國家權力機關。然而隨著資本主義的發展,國家加強了對經濟和社會生活的干預和調節,一些原先是公共領域所追求的為了滿足私人目的的要求被福利國家的種種措施加以實現。公共領域的批判功能日漸減弱,與此同時,國家加劇了其在公民生活中的地位和影響,出現了國家的社會化和社會的國家化的趨勢,因此也有人稱這一現象為資產階級公共領域的再封建化。這不得不引起哈貝馬斯的極大關注。

如何處理公共領域與權力機關的關係成了哈貝馬斯關心的主要問題,經過不懈的努力和研究,終於在其後期作品《在事實與規範之間》,哈貝馬斯給了我們一個說明:「公共領域不能被理解為建制,當然也不能理解為組織;它甚至也不是具有權能分化,角色分化,成員身分規則等等的規範結構。它同樣也不表現為一個系統;雖然它是可以劃出內部邊界的,對外它卻是以開放的、可滲透的、移動著的視域為特徵的。公共領域最好被描述為一個關於內容、觀點,也就是意見的交往網路;在那裡,交往之流被以一種特定方式加以過濾和綜合,從而成為根據特定議題集束而成的公共意見或輿論。」[236]可見,公眾在公共領域中是透過公眾輿論對權力機關施加影響的,同時哈貝馬斯還補充道:「公共領域的特徵毋寧是在於一種交往結構,它同取向於理解的行動的第三個方面有關:既不是日常交往的功能,也不是日常交往的內容,而是在交往行動中產生的社會空間。」[237]

生活世界是公共領域的來源,作為一個背景世界,它是公共領域所有要素的來源和土壤。[238]正如哈貝馬斯所言:「明顯的理解活動可以說從一開始就是在共同的不成問題之信念的視域中進行的;同樣,他們也從這種早就熟悉了的資源當中得到營養。……在交往行動中,生活世界以一種直接的確定性包圍我們,出

於這種確定性我們切近無隙地生活和説法。交往行動之背景的這種既滲透一切又隱匿不明的呈現，可以被描述為一種高強度但同時不完善的知識和能力。」[239] 生活世界是公共領域中判斷人們行為的正確性的依據，「生活世界構成行動情境的直觀性前理解的脈絡，同生活世界給解釋過程提供了資源，交往參與者正是藉助解釋過程力求滿足在行動境中產生的理解需要。」[240]因此，由文化、社會和個性構成的生活世界成為了公共域中人們行為的視野、境域或背景，是主體間交往的意義世界和文化世界。哈貝馬斯也對這三者有過具體説明：「我把文化稱之為知識儲存，當交往參與者相互關於這個世界上的某種事物獲得理解時，他們就按照知識儲存來加以解釋。我把社會稱為合法的秩序，交往參與者透過這些合法的秩序，把他們的成員調節為社會集團，並從而鞏固聯合。我把個性理解為使一個主體在語言能力和行動能力方面具有的限，就是説使一個主體能夠參與理解過程並從而能論斷自己的同一性。」[241]

　　哈貝馬斯首先探討了資產階級公共領域形成問題。他指出，17世紀以後公共權力的重商主義政策深切地影響了資本主義私有企業的興衰，這就導致市民逐漸意識到自己是公共權力的對立面，於是圍繞公共權力的商業政策，形成了以市民階級為主體對公共權力進行討論（批判）的公眾。這一批判的空間已不同於之前的代表型公共領域和文學公共領域，成為帶有政治性的資產階級公共領域。特別是到了18世紀，各種可供公眾自由交談的場所，像沙龍、咖啡館以及雜誌和報紙之類的公共媒體雨後春筍般地湧現。在這裡，私人聚集而成公眾，他們可以透過公共媒體公開自己的意見，也可以透過平等的交談和對話達成共識。18世紀資產階級公共領域終於形成。但這種狀況並不是一勞永逸的，它本身充滿了矛盾和悖論緊張來源於資產階級公共領域的依據，即共同價值標準中。共同價值標準實際上來自於市民關於人的本性的理解或私人自律，它是市民小家庭中的個人體驗原則即自願、愛的共同體和教育的反映。這三個原則或因素合在一起，就構成了資產階級的人性觀念，成為人在公共領域內能夠聚集討論的基礎和前提。但是人的本性或私人自律在市民社會中本身又充滿了矛盾：私人的獨立性和市場規律所要求的獨立性相吻合，並成為市場關係的額外補充。家庭不僅調節而且保障了個人可以不斷地積累資本，並享有財產繼承權。但是，正是由於這一情況要求

家庭成員服從一家之主,並使家庭關係服從市場關係,它必須不顧自由的表像嚴格服從社會需要。於是,個體對自由的追尋歸於虛假的幻象;愛的共同體只有在家長權威的籠罩下才是成立的;即使是教育觀念,也在職業需求的逼迫下步步退卻。時至今日,人格教育和技能訓練之間仍然存在著尖銳的矛盾。

在哈貝馬斯所理解的公共領域中,這種緊張體現在關於資產階級法治國家的理解所深藏的兩個悖論方面。其一,資產階級聲稱,為了求得法治的客觀性,應把理性精神看成是法治國家唯一的立法資源,然而他們所理解的理性精神僅僅是資產階級公共領域的理性精神。因此,其潛在的要求就是只有進入公共領域才能獲得理性精神。公共領域的入門條件是中上層市民階級才能具備的教育和財產,而把下層市民即無產階級排除在公共領域即理性精神之外。由此可見,市民中的「階級利益是公共輿論的基礎」,「公共輿論實際上是把統治和它演變而成的純粹理性等同起來。而在公共輿論裡,階級利益透過公開批判具有了一種普遍利益的表像」。[242]其二,一方面公共領域本身在原則上是起批判作用的,它反對一切形式的統治,但是另一方面,在公共原則的幫助下,卻建立起了一種政治制度,也就是說,它的社會基礎並沒有消滅統治。

資產階級公共領域不僅自身存在著難以澄清的悖論,而且作為在國家和社會間的張力場中發展起來,一直又都是私人領域一部分的領域,日益受到外部的侵蝕。首先,一方面,由於壟斷的形成和國家干預私人經濟領域活動的增強,形成國家的社會化;另一方面,私人經濟活動亦要求獲得政治權力從而形成社會的國家化和私人經濟活動的「再政治化」或「再封建化」。其次,隨著科層制向社會生活領域的滲透,也不斷擠壓公共領域。國家漸漸地把各種公共事務問題歸結為技術性的問題,並最終還原為行政管理中的操作程式。換言之,公共事務是技術官僚們的事,無須由公眾的討論與論辯來定奪。最後,公共性的喪失也直接反映在公眾對公共領域的問題缺乏興趣,投票率的一降再降,公共討論機制形同虛設,最終使「公共意見」淪為受集團控制的領域,淪為「操縱的公共性。」[243]

哈貝馬斯在一篇題為《公共領域》(1964年)的小文中對公共領域作了一個簡明扼要的界定:所謂「公共領域」,我們首先意指我們的社會生活的一個領

域，在這個領域中，像公共意見這樣的事物能夠形成。公共領域原則上向所有公民開放，公共領域的一部分由各種對話構成，在這些對話中作為私人的人們來到一起，形成了公眾。……當這個公眾達到較大規模時，這種交往需要一定的傳播和影響的手段，今天，報紙和期刊、廣播和電視就是這種公共領域的媒介。[244] 根據哈貝馬斯的理論，可以認為，兩岸關係中的公共領域是兩岸關係發展中以日常語言為交往手段、以理解為交往前提、以開放為交往取向基本特徵的交往空間。可以這樣概括兩岸關係中「公共領域」的基本內涵：第一，兩岸公共領域是在兩岸私人交往領域基礎上延伸出來的與公權力領域相區隔的中間領域和中間緩衝帶。它既不同於私人領域的交往，也不是公權力領域的交往，它跨越了個人家庭的侷限，所討論和處理的是具有普遍利益的兩岸的公共事務。第二，兩岸關係中的公共領域是兩岸民眾透過話語交往形成公共輿論的理性批判空間。它不是具體的、有邊界的物質空間，而是兩岸透過話語進行理性交往並體現公共性原則而存在的社會空間。[245]第三，兩岸關係中的公共領域是一個供公眾辯論的開放性空間，它對儘可能眾多的人開放，可以在其間表達和交流多種多樣的社會經驗。開放性體現在兩個層面：一個層面是事關兩岸公共事務中的每個相關人都能進入空間參與，進行對公共事務的論辯，身分平等；另一個層面是看法開放，每一個進入討論的人都能聆聽他人意見，都願意調整自己的意見。

　　自從兩岸開放以來，兩岸在教育、醫療、衛生、新聞、藝術、宗教、公共安全等社會各領域的交流十分頻繁，在交流人數、專案、層級、內容、效果等方面都有相當的拓展。「兩岸醫療衛生合作協定的簽署，顯示兩岸合作已從經濟領域拓展到了社會公共領域，兩岸合作的議題在擴大。」兩岸經貿現在已經正常化，兩岸政治方面的探討還是困難重重。兩岸之間的持續合作，不僅需要高層的解決機制，也需要日常交往中建構良性的公共生活。兩岸問題早已經不是兩岸的正式機構、高層或學者們處理或坐而論道的問題，它們是兩岸民眾在日常生活中就會時常遇到的切身問題，兩岸民眾的相遇、接觸與交流每時每刻都在發生。未來兩岸關係應該著力建設一個開放性的公共領域，在這一領域之內，兩岸的公民和學者可以就兩岸的公共事務進行富有開放性的、理性的、建設性的交流和溝通，化解兩岸缺乏共識、缺乏理解、缺乏互信的問題。

兩岸關係中公共領域探討的主要是兩岸關係中的醫療、教育、新聞、公共安全、環保等的公共事務，構成要素包括了作為主體的兩岸公眾、作為客體的兩岸公共空間和作為工具的兩岸公共輿論。平等交往、公開討論和關注公共事務構成了兩岸關係中公共領域的基本運作機制。參與公共領域的主體則包含具有獨立人格、能夠就「普遍利益問題」展開理性辯論的兩岸公眾，以及「各種非政府和非企業的公民組織，包括公民的維權組織、各種行業協會、民間的公益組織、社區組織、利益團體、同人團體、互助組織、興趣組織和公民的某種自發組合等等」。[246]兩岸民眾，當他們只要關心兩岸事務，參與與對方的討論和溝通，都是兩岸公共生活的公眾。公共領域的客體是由兩岸民眾彙聚而形成的客觀存在的公共空間。兩岸關係中的公共領域，不是真正的物理空間，而是由議題所串聯而成的形上空間，也稱「後設議題空間」，是指任何能夠體現公共性原則，可以形成諸如公共意見這樣事物的場域。在一定意義上說，公共領域只是一種理論上的抽象劃分，在現實社會中則表現為一些具體的社會空間，如咖啡館、俱樂部、沙龍、報刊、電視等這些能形成公共意見的地方。[247]公共領域還必須具備保障兩岸公眾充分交往、溝通而形成的公共輿論。兩岸交流不僅需要有法律和制度規定的程式，而且還要有公共領域這種社會交往形式，以形成公共輿論，表達兩岸民眾的共同意願，並就與普遍利益相關的問題進行相互協商，最終導向共識。「三通」之後，兩岸的公共生活有著廣闊的發展空間。目前已經存在的各種兩岸交流的平臺和論壇，經過參與者的努力，可以建成為兩岸溝通、理解的示範性交流場域。

第二節　從兩岸傳媒交流歷程看公共領域的實踐

在公共領域的興起和發展階段，媒體始終是公共領域機制化的重要平臺和反映公共輿論的重要載體。它兼具了公共領域的平等性、公共性、開放性和批判性等諸多特點，對於公共領域功能的發揮造成了關鍵作用。大眾傳媒首先透過將受眾構建為公眾進而建構公共領域。在普通民眾的文化權力尚未得到足夠尊重時，

大眾傳媒只滿足於把大眾建構為接受資訊的受眾，沒有意識到他們在接受傳播的同時對公共生活作出主動回應和積極參與，是它建構公共領域的最重要條件。沒有他們的主動回應和積極參與，這個社會領域的公共性勢必要大打折扣和大受侵害。哈貝馬斯對公眾有這樣的論述，把文化變成商品，並以此將其構成為一種首先可以成為討論物件的文化的這樣一個過程，也把公眾確立為原則上具有包容性的東西。不管在某特定場合這公眾可以是多麼具有排他性，它永遠也無法完全自我封閉、凝固為同人朋黨。因為它永遠身處其中、並在其中理解自己的，是一個更具包容性的公眾，它的成員是所有私人身分的人們，他們只要擁有財產、受過教育，就作為讀者、聽眾和觀眾而透過市場來享用那些可進行討論的物件。所討論的問題之為「普遍的」，不僅是就其意義而言的，而且是就其可介入性而言的：它們必須是人人都可以參與的。

大眾傳媒影響了公共領域的結構，同時又統領了公共領域。大眾傳媒作為社會的公共領域並不是天生的，而是不斷建構的。公共領域從國家和社會的兩極中獨立出來，成為一種公民階層所有的協力廠商力量，它為私人話語提供交流公共事務的平臺。在這個平臺上，市民們平等地發表意見、討論公共事務，享有理想化的話語權，不受某種力量所把持。「公共領域」其實是一系列社會政治、文化和人民原有生活發生變化、轉型的過程，一方面，這個平臺促使市民社會向公民社會轉化，使原有的城市居民從家庭的私人角色中分離出來；另一方面，公民在公共領域中活動和話語輿論將會形成一股無法忽視的力量，影響公共事務和政府決策。在這個過程中，大眾傳媒造成了非常巨大的作用，發表私人話語、參與公眾討論、形成輿論，最終造成約束或抑制各種私人力量對公共利益的損害。正如莫利所說，公共領域的體制，其核心是由報紙及其後來大眾傳媒放大的交流網組成的。可見，「公共領域」也屬於大眾傳媒角色定位的範疇，它讓我們看到了「大眾傳媒公共領域」可以形成一股獨立的力量，形成政府、社會、公民三者間的互動，它在調節國家發展、社會公共生活和公民個人利益三者關係中所造成的重要作用和力量。[248]公眾透過傳媒提供的公共平臺參與社會公共事務，發表私人言論，可以對政府進行全方位的監督，從而優化其執政能力、調節社會經濟生活。大眾傳媒透過「公共話語平臺」增強公眾凝聚力，使市民從家庭和私人話語

中昇華出來，形成公民社會的精神文化。政府透過傳媒瞭解民眾的意見、心聲，對社會生活管理的方方面面進行有效調節，並促進公民自覺維護社會秩序。大眾傳媒「公共領域」使政府和公眾建立平等對話的關係，打造意見交流的語境。[249]

海峽兩岸隔絕50多年，長期以來兩岸人民礙於地域和政治體制的異同，基本上都是藉由媒體來獲取兩岸關係發展與現狀的消息，瞭解對方的發展狀況，瞭解民生習俗，消除心理隔閡。新聞媒體在兩岸的交流與互動上扮演著相當重要的角色，同時也在兩岸人民心中塑造著彼此的形象。臺灣新聞學者楊志弘早在1993年就設想過：「海峽兩岸的新聞交流，目前在透過相互瞭解的過程，來達成彼此的共識。這種雙方交流的過程，必然是『和而不同』（容忍雙方的差異），然後才進一步『異中求同』（尋找雙方的共同點），最後才有可能達到先『和』後『合』的制度層面的新聞交流。」[250]臺灣新聞業界人士羅森棟和董益慶於1996年也寫道：「兩岸新聞交流是拉近雙方思想觀念最有效的途徑。透過新聞交流，可以瞭解雙方的生活方式、思維模式以及價值體系；同時，藉由資訊的社會學習過程，雙方可培養共識、學習適應差異生活」。[251]

哈貝馬斯在討論公共領域誕生時，媒體一直被看成極為重要的社會條件，沒有媒體的仲介，論壇可能會停留在地域性或是局部性很強的層次。大眾傳媒是兩岸交往中的公共領域最重要的形態，是兩岸民眾討論公共事務的重要途徑。透過梳理兩岸傳媒交流的歷史，探討一下兩岸交往中初具雛形的公共領域。

一、第一階段，1987年到1995年，兩岸傳媒交流前期是單向流動，後期進入不對稱交流階段，不存在公共領域。

在1949年後的幾十年時間裡，海峽兩岸同胞曾處於長期的隔絕狀態。1979年全國人大發表《告臺灣同胞書》後，臺海地區的局勢開始逐漸趨向緩和，1987年11月臺灣被迫開放臺灣同胞赴大陸探親，兩岸民間交流交往正式開展。1987年9月《自立晚報》記者李永得、徐璐突破臺灣的禁令繞道來大陸採訪。臺灣與1989年4月正式開放臺灣大眾傳播人士赴大陸地區採訪、拍片以及製作節目。此後，臺灣記者到大陸採訪形成高潮。1987年到1990年，主要是臺灣記者

到大陸採訪。

　　1991年8月，新華社記者範麗青、中新社記者郭偉峰赴臺採訪「閩獅漁事件」處理情況，成為首次赴臺採訪的大陸記者。1992年9月，17家大陸新聞單位的18名記者組成首批大陸記者訪問團到臺灣採訪，正式開啟兩岸媒體雙向交流。1993年4月，福建、上海、廣東和海南4省授權受理審批臺灣記者來大陸採訪申請。1992年、1993年和1995年，臺北和上海先後舉辦了三屆兩岸經貿關係研討會，發起方就是中國新聞社和臺灣《中國時報》這兩家重量級媒體。1993年4月在新加坡達成的《辜汪會談共同協議》「雙方同意積極促進青少年互訪交流，兩岸新聞交流以及科技交流」，成為兩岸傳媒雙向交流的推手。1994年，大陸允許臺灣媒體不間斷派記者來大陸駐點採訪。這個階段的兩岸媒體交流雖然由單向交流轉向雙向交流，但是極不平衡。

　　二、第二階段，1996年到2007年，兩岸傳媒初步互動交流，為公共領域的形成奠定基礎。

　　1996年12月，國臺辦發布關於臺灣記者來大陸採訪的規定，下放審批權後，有記者採訪審批權的省市增加為12個。1996年到2000年，兩岸關係經歷了一個從緊張到緩和再到緊張的過程，這個階段，臺灣媒體到大陸交流的少，大陸媒體到臺灣交流的多。截至2000年底，只有242人次。根據臺灣「新聞局」統計，大陸傳播工作者以組團參觀訪問的形式到臺灣的成為主流，占赴臺人數的四分之三。即使這樣，包括報紙（779人次）、雜誌（213）、圖書（891）、音像（88）、廣電（1453）、電影（254）在內（其他460）的大陸傳播工作者，十年間到達臺灣的總共4138人次。組團訪問無法解決大陸媒體臺灣常態採訪的問題。2000年9月，新華社首先提出在臺設分社的要求。2000年9月，兩岸媒體人聯合採訪西藏。2000年11月10日，臺灣終於在兩岸媒體的壓力下開放4家大陸媒體記者赴臺駐點採訪。2001年4月，中央電視臺與年代公司續約共同合作綜藝、專題節目。7月上旬，臺灣中華傳播學會將年會搬到香港舉行，來自大陸、臺灣、香港和澳門的眾多新聞傳播學者和研究生共200多人，分別在九場、45個專題的研討中宣讀了200多篇論文，蔚為壯觀。7月下旬，中華新聞工作者協會書

記張忠貴率大陸媒體臺灣訪問團訪臺。8月，來自大陸各地和臺灣、香港、新加坡、美國的學者60多人，聚會蘭州，參加第二屆世界華文媒體與華夏文明傳播研討會，此次會議收到論文超過百篇。9月10日，由北京光明小學的8位《中國少年報》小記者組團，訪問臺灣的三所小學，這是大陸首次派出小學生記者團。9月12日—24日，兩岸記者共28人聯合採訪西北三省區。9月16日，世界華文傳媒論壇在南京開幕。11月5日—10日，第四屆兩岸傳播媒體邁向21世紀學術研討會在汕頭召開，來自臺灣、香港和大陸的學者80多人參加，提交論文60多篇。

2002年12月，國臺辦對《記者來大陸採訪的規定》加以修訂，使臺灣媒體記者赴大陸採訪的手續簡化。2002年金門與廈門、福州等地實現直航，閩臺交流密度開始大增。2002年11月26日，22名福建媒體人赴金門，這是大陸媒體人第一批到金門交流。2004年7月，臺灣放行中國新聞社記者赴臺灣駐點採訪。共有5家大陸媒體記者獲準赴臺灣駐點。然而，2005年4月，臺灣宣布暫緩新華社、人民日報社記者在臺灣駐點採訪。兩岸媒體交流出現倒退。2005年兩岸關係出現了一些促進對話的積極因素，連宋大陸行開創了兩岸之間對話的新管道。[252]中國共產黨與國民黨、親民黨之間的政黨溝通平臺啟動後，兩岸民間的對話變得活躍。2005年9月，國臺辦延長臺灣記者赴大陸駐點採訪時限，由此前的1個月延長為3個月，地點不限。2006年12月，國臺辦《關於奧運會及其籌備期間臺灣記者在大陸採訪規定》規定，臺灣記者赴大陸採訪只要受訪者同意即可。此規定還為臺灣記者自用採訪器材入境通關和辦理採訪證件打開方便之門。2007年9月，新華社、人民日報社和中新社8名媒體工作者組成「大陸媒體赴臺訪問團」赴臺北訪問、交流。這個階段的兩岸傳媒交流大體形成互動之勢。兩岸的報紙或廣電媒體雖然無法為對方所直接收視、閱聽，但透過網路傳播，以及兩岸互相派駐記者和兩岸傳媒界業已形成的一些互動和合作，使得兩岸民眾對對方都具有一定的訊息量。因此，雖然兩岸的媒體不能自由交流，兩岸民眾的溝通和交流受到極大的限制，但在某種程度上，兩岸存在著最低意義上的公共生活，並且還有著廣闊的發展空間。

三、第三階段，2008年至今，兩岸傳媒進入大交流大發展階段，公共領域開始萌芽。

2008年3月,國民黨重新上臺執政,兩岸關係也因此迎來新的發展契機。從開放大陸觀光客入臺及週末包機正常化,到兩岸「大三通」的全面實現,再到2010年6月29日兩會簽訂《海峽兩岸經濟合作框架協定》(ECFA),14項協定就像14條高速公路,使兩岸的連接之路頓時暢通。2008年7月4日,由新華社、人民日報、中央電視臺、中央人民廣播電臺、北京電視臺和北京日報等十幾家媒體組成的60人記者團乘「週末包機」抵臺,這是兩岸開放媒體交流後規模最大的大陸記者團。2008年11月《臺灣記者在大陸採訪辦法》發布,體現了為臺灣記者提供符合新聞作業要求的專業化人性化服務,受到臺灣媒體的歡迎。2008年11月,臺灣允許大陸地方媒體福建日報,包括旗下海峽都市報及海峽導報、東南衛視記者可以用輪替方式赴臺灣駐點採訪,每次採訪時間為3個月,並簡化了赴臺申請程式。2008年兩岸媒體交流頻度增高,兩岸媒體在各個層面交流的頻繁帶動了合作領域不斷擴大。

　　2009年3月26日,由人民日報社總編輯吳恆權率隊的「大陸記協中央媒體負責人訪問團」赴臺灣,共17家媒體的20位負責人去臺灣進行媒體交流。2009年7月27日,國臺辦新聞局長楊毅帶領「海峽兩岸關係協會新聞交流團」一行16人抵臺,媒體包括國家廣電總局、人民日報、中央電視臺等。交流團參訪中央社、「中國時報」、東森電視臺等臺灣媒體以及地方記者協會等機構。2009年10月底,由海基會董事長江丙坤率領的海基會新聞交流團抵達大陸訪問,顯示兩岸新聞交流的良性新變化。2010年2月,臺灣東森、中視兩家電視臺和「中國時報」集團旗下的旺報到福州和廈門駐點。臺灣媒體正式駐點還是首次,這代表著閩臺新聞交流與合作邁上了新臺階。這個階段,兩岸傳媒交流你來我往,兩岸傳媒交流已成為兩岸同胞增進瞭解、溝通感情的重要橋樑。兩岸傳媒交流經歷從無到有,從單向發展到雙向,活動日益頻繁,內容豐富多彩,形式多種多樣,領域日益拓寬,規模不斷擴大。

　　兩岸關係進入和平發展時期,交通、通訊手段的發展減少了兩岸交往的時空障礙,透過旅遊觀光、參觀訪問、學術交流、互派學生等形式的文化交流使得兩岸的知識、思想、制度、觀念、習俗不斷融合。兩岸交流日益頻繁,越來越具有相互滲透和依賴的特徵,很自然會引發兩岸人民對共同命運的關懷。同時,兩岸

面臨諸多共同問題所造成的危機感,以及解決這些問題所做出的共同努力,恰恰是兩岸關係中公共領域形成的先決條件。兩岸關係發展離不開兩岸交流,而在兩岸交流中,傳媒交流一直扮演著重要的角色。傳媒交流催生了兩岸交往中公共領域的初具雛形,表現在以下幾個方面:第一,圍繞兩岸熱門問題,大眾傳媒開始較為集中地設置議題。臺海新聞的來源大致可以分為四類,一是大陸媒體在臺灣的駐地記者發回的報導;二是臺灣本地的新聞報導;三是臺灣記者(專家學者)為大陸媒體提供的臺灣新聞報導(評論解讀);四是大陸記者編輯以臺灣媒體報導為素材,進行重新資訊整合或新聞價值挖掘後的原創性報導。多管道多來源的報導主體把「臺海新聞」塑造成一個可供比較的多元、複雜的資訊與意念承載體,為兩岸媒體的比較研究提供了一個資料平臺。[253]過去因為兩岸關係的波動,很多探討都是媒介禁區。現在兩岸關係進入和平發展時期,兩岸媒體開始逐漸涉及兩岸關係中的熱門問題,迅速建構了一個傳媒公共領域、公共輿論。比如在汶川大地震和「莫拉克」颱風災害發生後兩岸新聞媒體在第一時間趕赴現場,詳細報導,為兩岸民眾瞭解災情,及時捐災提供了大量資訊。比如央視四套的《海峽兩岸》,海峽衛視跟東森臺合作的一系列節目,鳳凰衛視的《震海聽風錄》等,還有中評網、華廣網、鳳凰網等,都針對兩岸的一些社會焦點問題設置議題,建構起具有影響力的公共領域。第二,大眾傳媒為兩岸民眾討論公共事務提供越來越多的參與管道。《一虎一席談》中幾期關於兩岸問題的探討,包括《震海聽風錄》幾期找來兩岸的學者對對話的障礙和前景進行探討,都是很好的嘗試。中評網則是建構了一個公共領域的虛擬交流空間。有學者的觀點,也有線民的自由意見。中國評論新聞網目前是兩岸關係中最具有活力的傳媒公共領域。第三,參與者身分與敘述風格多樣化。兩岸關係中主流媒介的公共領域仍然由學者、評論員所壟斷,但是未來不斷拓展的空間為越來越多不同身分的兩岸民眾提供了機會。第四,傳媒的角色變遷刺激了公共領域的產生。在促進兩岸交流與溝通中,傳媒發揮著促進相互認知、培育情感認同、彌合政治分歧以及提供輿論支持的作用,並經歷了「傳遞政策、傳遞事實和傳遞影響力的角逐變遷」[254]。第五,公共領域所形成的公共輿論的作用越來越大。近年來,對圍繞兩岸發生的一些重大新聞事件,眾多傳媒常常會形成一種合力,建構影響巨大的公共領域,甚

至引發兩岸關係的明顯變化，陳游標赴臺行善事件就是一例，兩岸關係發展中的很多問題都會隨著一些事件的產生和報導而浮出水面，被人們關注和討論。

當然，兩岸關係中的公共領域從萌芽到成形這個過程還很長，當前存在諸多問題：第一，兩岸媒體發展的不平衡，影響了公共領域的形成。兩岸不同的媒體運作方式，很大程度上決定了公共領域的存在和運作。大陸媒體肩負著政策導向的旗幟作用，對於敏感的臺海時政新聞，必定要充分考慮「報導可能對兩岸關係造成的影響」這一衡量標準。與之相異，同時受到經濟因素和政治手段的影響，不同背景的臺灣主流報紙在新聞報導上都存在著一種基本的政治傾向。甚至，不是以旁觀者的角度報導問題，而是「跳上舞臺跟著一起演出」。良好的討論機制是公共領域賴以生存的關鍵，過去兩岸文化交流的阻隔以及不同的歷史發展軌跡，深刻影響了兩岸傳媒的差異性，現在雖然有不少改進，但整體上還很不平衡。由於臺灣特殊的歷史背景、自然地理環境和社會經濟條件，包括在不同歷史時期受到日本、美國及西方文化的強力灌輸等，使得現在的臺灣文化與大陸文化相比，存在著許多明顯的差異性，甚至展現出它的「本土化」屬性。生存與臺灣文化生態環境中的臺灣媒體，在政治經濟社會的變遷中，也呈現出與大陸媒體不同的發展路徑。尤其，在以「臺獨」為黨綱的民進黨執政的幾年間，在人為因素的干擾下，海峽兩岸的文化傳播受到了嚴重的破壞。「臺獨」勢力控制並利用媒體，一些汙蔑歪曲大陸的負面傳播在臺灣氾濫成災，報業往往成為固守或攻略政權的媒體。可以說，正是過去兩岸文化交流的阻隔以及不同的歷史發展軌跡，深刻影響了兩岸傳媒新聞報導，導致差異性。第二，探討的領域不平衡，議題探討的持續性差、巔峰期短，缺少真正完整意義上的「兩岸公共事務討論空間」。目前兩岸的報導內容上往往集中於經貿、文化、社會的重大事件或硬性新聞，較少關注日常生活的軟性資訊，對風物民情、地方歷史文化的常態報導不夠，深度報導更少，對民生的常態生活、觀念習俗等常規化、結構性內容缺乏深入瞭解。報導的單一化擠壓了兩岸互動和社會團體利益表達的足夠空間。諸多關係兩岸民生的公共事務方面需要的專業探討，都還尚未開啟。公共領域是一個由議題串聯而成的形而上空間，例如，同一個議題的論辯第一次是在報紙的某個版面進行，第二次是隔天在電視上辯論，第三次是又是數天后在某次論壇上討論等。但是現有

的論壇以及報導，比如海峽論壇、兩岸一甲子學術研討會、兩岸智庫論壇等，都不夠深入，沒有持續性。從媒體與受眾互動性上看，傳受者的地位沒有改變，仍然以單向傳播為主。從效果上看，意見討論的結果大都不了了之。第三，兩岸合作和交流的民間組織無論在種類、數量上，還是在獨立性與自主性上，都遠遠沒有達到公共領域發展的要求。兩岸民間組織的交流剛剛開始，缺乏一個自我組織、非威權地達成共識、進而介入和影響兩岸關係發展的面向，目前還不足以藉非威權的方式形成社會的公共意見。兩岸關係中公共事務的探討，需要真正公開而客觀的公共輿論，而不只是欠缺應有的理性論辯的激情和謾　。

第三節　構建兩岸理性交往的公共領域

2009年11月在臺灣舉行的「兩岸一甲子」學術研討會上，兩岸軍政學界首次就臺灣「國際生存空間」和兩岸軍事互信等敏感議題公開交流，即便雙方各持立場，針鋒相對，卻絲毫不減其理性對話和相互尊重。其最大意義在於：兩岸即使仍存在許多重大分歧，但已經站在一起，進行坦誠的交流對話。2010年11月2日，首屆兩岸智庫論壇在臺北舉行。兩岸智庫可以扮演先行先試的角色，先行先試進行深度廣泛交流合作，釐清在政治立場上彼此存在的歧見，扮演協助兩岸官方協商溝通與謀求共識的橋樑。這兩次的研討會已經初具公共領域的雛形：1.協商過程的形式是辯論，即大家僅僅是資訊和理由之間的交換和較量，而不是力量或利益之間的較量；2.協商是包容的、公共的，即大家都有機會參與，公開進行；3.協商是排除強制的，這是第一條的邏輯後果；4.協商是平等的。目前的兩岸關係已經呈現一種雙軌的商議機制的態勢，即透過兩岸官方商談這種公開性較強的制度性方式和兩岸公共領域這種公開性較弱的非正式的交往形式來完成。[255]兩岸公眾透過交往行為將兩岸議題在公共領域中自由地討論、辯護和批判，商談型兩岸關係更重要的是關心產生於特定的社會情境、與公民真實的生活動機密切相關的觀點和意見，並儘可能使他們得到合理的表達。

兩岸關係和平發展時期,構建兩岸關係中的公共領域的機制主要有以下幾個方面:

一、兩岸公共事務議程平臺建設

兩岸公共領域是一個公共交往領域,在一個特定的公共空間中或者依託媒介、載體和管道,兩岸民眾「能夠以話語方式形成意見和意願」;這些意願從而形成公眾觀念,並進一步成為客觀要求。兩岸民眾運用理性的對話方式來處理社會公共事務。因為兩岸民眾多元化,有不同的利益訴求,所以這些公共意見的形成需要依託一定的參與機制將公共意見議程化,影響相關兩岸政策制定。從現有的經驗來看,兩岸公共事務聽證會、兩岸關係研討會、兩岸精英論壇、兩岸智庫論壇等,對兩岸民眾參與兩岸事務有積極作用。兩岸公共事務議程的平臺建設應該從以下幾個方面進行:兩岸官方在兩岸事務中的角色轉變,將更多的兩岸公共事務交由社會組織管理;建立健全大眾傳播媒介組織機構,形成健全、獨立、理性的多管道、多維度的兩岸交流網路體系;為各種兩岸事務的民間組織、諮詢智囊組織提供寬鬆和良好的發展環境,充分發揮其在表達民意、鼓勵兩岸民眾在兩岸公共事務上參政議政、培養兩岸民眾政治參與能力和形成政策決策意見等方面的重要作用。

二、發展兩岸社會交流自主性,兩岸社團合作開創公共領域

兩岸關係走入和平發展階段,社會資源呈現多元化態勢,隨著技術進步帶來的通訊便利以及公民責任意識的不斷增強,很多社團正變得越來越活躍。自願社團的成長促進了兩岸關係中社會資本的形成和轉化。開放兩岸社團合作和開放兩

岸自組一般性社團（非政治性的自由結社權），開放兩岸婦女組織、基金會、環保組織、非政府研究機構等，在資源、人口、環境、教育、扶助弱勢人群、解決貧困等方面合作，是開創公共領域的社會基礎。當大量的兩岸人民參與社團合作或自組社團過程中，兩岸人民之間有持續性的交往，就形成「重複博弈」之局，傾向考慮長遠利益而非短期，易於形成合作的精神與習慣。兩岸人民透過參與社團活動，彼此交流相互學習，能夠大大增強其理性思考和行為能力。溝通理性並不是理性本身，而是達致理性的方法。兩岸關係發展中，人們透過商談或對話的溝通方式建立起他們之間的關係並調整相互關係，不同的意見和觀點透過交流爭論融合而逐步趨向於共同的認識和價值觀。溝通理性的實質，乃是在於它是一種程式性理性觀念。[256]社團式的兩岸人民參與網路為兩岸關係的發展提供了一種資訊傳遞、建立信任、理解並達成共識的橫向交往結構。大量自治性、多元性社會團體聚合了兩岸間的物質、精神資源，在經濟、社會和政治生活中具有一定的影響力，而且能在政府無力或不願介入的社會領域裡發揮不容忽視的作用。以具有五緣優勢的廈門為例，社會組織透過民間和半官方的形式，搭建起各種載體平臺，有力地促進了海峽兩岸的經貿合作與人員往來。[257]開放兩岸人民間的社團合作和自由結社，作為一種公共生活形式，以合作的形式大大拓展了兩岸理性交往的公共領域。

三、培養最具潛力的兩岸公共領域：傳媒公共領域和網路公共領域

兩岸隔閡的時間太長了，冰層太厚了，要使橫阻在兩岸的冰層完全消融，還需要更加努力，促進兩岸社會的進一步相互瞭解和理解。現在兩岸關於對方的報導，層次較淺，只是一些簡單、零碎的表面的情況，尤其是對於民生新聞、常態生活報導極少，比如關於陸生入臺問題，臺灣的年輕人對此有何想法，會給他們帶來哪些變化等等，幾乎沒有相關報導。如果記者能夠深入到對方社會生活的某

一點,報導的內容將豐富得多,也會吸引更多的受眾。關於這個問題,臺灣政治大學政治學教授石之瑜早在1994年就談到過。他說:「新聞媒體在作關於兩岸或大陸方面報導的時候,首先應該要讓此間的民眾看到大陸上的人民是如何瞭解他們自己的。因此,媒體要鼓勵記者深入大陸鄉鎮田野,對於農村生活、盲流的發生與動機、大陸兒童立志要當工人的社會背景、酒廊女侍的生活目標等等,寫出深入的報導文學作品,協助此岸的人民進入彼岸人民的生活情境,體會他們生命之中的酸甜苦辣。像這類報導,絕不是一個以行使主權為主的人所關切的,但這卻是人類生活實際當中的絕大部分。」[258]

未來在兩岸新聞報導方面:從民間入手,由下而上打好傳播基礎、提升社會信任度;從民生入手,增加常態報導、增進瞭解;從民聲入手,強化認同、增強輿論影響力。加強兩岸的資訊溝通,增進互信和共識,這是兩岸關係和平發展的必經之路。資訊溝通是政治生活中最活躍、最富有影響力的因素之一。梁啟超在維新變法時期就指出,國家的強弱「在於其通塞而已。血脈不通則病,消息不通則陋。」在他看來,報紙是去塞求通、振興國家的基本途徑。因此,加強政治互信,恢復和平協商乃是兩岸溝通的當務之急,而傳媒正是擔當「去塞求通」職責的重要社會組織。兩岸媒體的報導可以促進雙方的換位思考,促進民眾對兩岸關係發展的理性思考。兩岸應該加快新聞媒體交流與合作的速度、擴展交流與合作的廣度,深化交流與合作的深度,引導兩岸社會逐步建立相互信任合作的氛圍的基礎。「兩岸共同媒體」這一概念由郭偉峰提出,指「兩岸傳播人共同合作構建的新聞媒體,是兩岸新聞與傳播的共同資訊平臺」,以共構性、兩岸性、民族性為基本特徵。兩岸媒體公共領域的培育有利於兩岸媒體的資源聯合與共用,更深層的是由此形成兩岸同根的心理共構。報紙、雜誌和電視這些傳統媒體在傳播向度上還是比較單一,採取自上而下的資訊傳播方式,公共輿論往往是被製造出來,兩岸公眾的批判意識孱弱。兩岸公共事務領域中媒體應該釋放更多地空間給予兩岸民眾參與討論,協助民眾在兩岸公共事務領域形成公眾輿論,並且形成長效的機制。[259]

隨著兩岸民眾獲取資訊方式的轉變,互聯網作為資訊傳播工具,其影響力越來越大,並逐漸融入到兩岸民眾的日常生活、工作學習和娛樂中。中國評論新聞

網作為網路公共領域的典範，值得更多的網路媒體和論壇學習。2010年11月，邱毅作為臺灣政治人物首例在新浪開微博，引起大陸線民的熱烈回應，上面有很多觀點，是有些民眾在正常媒體看不到的。話題的多樣性擴大了兩岸民眾參與兩岸公共事務的深度和廣度。在開放的互聯網中，微博、推特和FACEBOOK裂變式的傳播方式開闢了網路公共領域的新時代。依據哈貝馬斯的理論，用理想的話語情境必須具備的四個層次來考察微博的平臺發現，用微部落格非常貼切地建構出一種公共領域。四個層次是：「任何具有言說及行動能力的人都可以自由參加對話」，「對別人的論點加以質疑」和「必須真誠表達自己的主張」，逐步由私人領域深入到政治公共領域，進而影響公共權力機關，使其「理性地接受這些具有說服力的論證」，話語權取得「合法性」。微博使社會自我呈現的時間、空間暫時性的限制被打破，參與者隨時隨地進入、爭取發言的機會。並且，在他們的發言互動中呈現其多元、異質和互為主體性的特徵，其同時構成特殊的聯結感。這個連結感尤其在對特定事件的爭議討論中構成一個討論的、意見交換的社群，網路公共領域參與者之間的論辯也將更多地表現為理性的「思想交鋒」而不是操縱他人。

微博的推出為線民帶來平等參與和討論公共事件的平臺，使線民輿論成為一股積極干預現實的重要力量，傳統媒介漸漸退出了領軍的位置，網路意見的能量正在引導輿論走向一個全民參與的境地。也讓傳統傳播理論中的把關人角色漸漸消失，在部落格中線民的見解不經篩選與過濾直接進入公眾的事業，或者直接與自己的關注者進行個性化的有效資訊傳播，每個人都獲得了話語的主導權。這讓輿論中的理性傳播受到了前所未有的挑戰。公共領域不是在別的地方，正是在具有不同意見和背景的群體展開公共辯論的地方出現。公共領域是公眾輿論形成之地，但真正在辯論中折射出來的理性見解只有在觀點公共市場上才能體驗到自由境界。公共領域與普通的話語空間所不同之處是，要求參與者對話題的討論除了具備內在的批判意識之外，還能夠以理性思辨精神作為出發點，來思考問題、討論問題。不是透過資訊的「量多」來取勝，關鍵是理性思考的本質。作為具有獨立人格的「私人」，網際公共領域參與者一旦就普遍利益問題達成共識，那麼他們的共識就不再是普通心理學意義上的「個人意願」，相反，這些共識可以在一

定程度上反映出社會學意義上的「公意」。[260]所以，網路傳媒公共領域達成的「共識」才可能真正是理性的、辯論的、差異化的共識。但有時我們容易把社會上易發生的問題歸罪於技術工具上，其實，媒介本身是中立的，關鍵在於如何利用。網路傳播過程中出現的社會生活「過度政治化」和「過度私人化」，讓社會話語機制呈現出明顯的斷裂特徵和僭越現象——在社會話語系統中，權力精英在話語體系中牢牢占據著制高點，社會弱勢話語只是遊走於邊緣境地和夾縫地帶。

由於網路本身具有虛擬、自由、交互的特點，決定了網路輿論呈現出雙重性，甚至多重性。一方面，網路輿論的真正價值在於對話語權的解放，讓普通民眾有了發言的管道。另一方面，網路媒體作為最具包容性、交互性和人性化的媒介，對立的意見始終存在，一方壓倒另一方雖然是在主導輿論的發展，但被壓倒的輿論則依然儲存於網上。這種雙重性以至意見的多元性深刻影響社會的各個領域，使不同的價值取向、思想觀念、宗教信仰、風俗習慣和生活方式等相互並存，在後續發展中才能走向融合。它真正的意義不在於能夠完全建立起一個獨立自主的對公共事務探討的領域，而在於作為一種相對獨立的民間力量，培養了兩岸民眾對於兩岸事務參與的熱情，為兩岸關係的發展提供了基礎。在網路公共領域中，兩岸透過「互相糾正」來培養互信。充分利用兩岸網路平臺，構建良性網路公共領域，使得理性、批判和建設性的公共意見得以形成，發揮疏導民意、表達利益訴求並形成客觀要求的管道機制作用。

和平發展能為兩岸交往的公共領域提供兩個前提條件：一是承認和遵守共同的社會規範；二是確立良好的對話環境。它容許一切參與者發表不同意見，照顧到一切參與者的有關利益，同時保證規範的普遍有效性。兩岸之間聯繫已經如此緊密，兩岸民眾對兩岸議題的關心和討論也已經不是雙邊內部發生的事務，毫無疑問兩岸民眾不僅有互動行為、有共同經歷的事件，而且也早已開始尋求價值的溝通與意義的探尋。兩岸公共領域以兩岸民眾公共參與公共事務探討的方式在兩岸間建構一個對話的共同體。這一對話的共同體不僅成為兩岸民眾進行身分認同和文化歸屬的重要依憑，塑造了一種命運共同體的民族意識，還影響到他們對待兩岸及其關係的態度，即輿論和民意。培育兩岸公共領域的深層意義在於透過參與公共事務的探討塑造了兩岸民眾的認同感和向心力，為兩岸和平發展的主流局

面奠定持續性的心理基礎。兩岸的民眾在共同對於公共事務的探討中,才能更深切地體會到同胞的涵義。以公共領域來看認同問題,不僅僅要注重將歷史淵源與文化傳統、法理依據和目前廣泛的經濟相互依賴等作為命運共同體認同的黏合劑,[261]而且要在此基礎上,更注重兩岸民眾在接觸、交往中能否有助於溝通、理解與共識的達成,有助於共同參與建構良好的兩岸公共領域。

第九章　和平發展時期兩岸青年的交往實踐

兩岸關係發展的新進程為兩岸青年交流開創新局面提供了深化交流與達成共識的機遇，但是兩岸青年交流的認知障礙依然存在。透過一種兩岸青年交互參與網路，特別是兩岸間青年社團的合作，能更好地解決兩岸青年交流中集體行動的困境。

第一節　兩岸青年交流現狀及認知障礙

一、兩岸青年交流現狀

2008年臺灣政局發生政黨輪替以來，兩岸關係邁入和平發展的軌道。隨著兩岸ECFA的簽署並生效，兩岸關係和平發展進入到一個新階段。但是，也有部分資訊表明，在兩岸關係和平發展過程中，臺灣人民對大陸的認同度不但沒有升高，反而有降低的趨勢。甚至有民調顯示，在最近兩年來，臺灣人民支持兩岸統一的比例在降低。這在一定程度上表明，儘管兩年來的兩岸關係在和平發展過程中取得一定成效，但仍然差強人意，兩岸關係和平發展亟須尋找新的著力點和突破口。青年是建構未來兩岸關係的重要參與者，同時也是引領未來兩岸趨勢走向的影響者與領導者。相形之下，兩岸青年交流領域的研究顯得相當薄弱。年齡概念是青年研究的基礎概念，是界定青年在合格特定分析物件的首屬概念。本文對於青年的界定，參考1992年世界衛生組織對於青年人口的界定，把14—44歲的人群界定為青年。兩岸關係和平發展的新進程為兩岸青年交流提供了開創新局面

153

的新機遇。青年與其他社會群體相比，具有特殊性和獨立性，所以需要客觀地來看待兩岸青年交流的雙重性，釐清兩岸青年交流中的積極和消極兩個面向，正視和調整兩岸青年交流之中的認知障礙，透過兩岸青年交互參與網路的搭建，以及社團合作的共同推動，逐步形成長效交流機制，增加兩岸青年之間的共識，深化兩岸青年交流。

由於交通與通信條件的不足，早期海峽兩岸青年交流的管道與方式都極其有限，海峽兩岸青年在外國留學時的交往，成為一種主流的互動方式。從1987年底兩岸同胞隔絕狀態被打破以來，探親、經商、旅遊、求學、工作與居住，兩岸青年交流從早期的泛泛的遊覽逐漸轉為專題交流活動，不斷擴大交流管道與交流規模，層次上和範疇上都有所拓展，逐漸轉向制度性交流。各級青聯組織已經與數十家臺灣青年社團組織、學校建立了交流合作關係，開展了多項富有成效的交流活動。[262] 2008年12月31日，胡錦濤在紀念《告臺灣同胞書》發表30週年座談會上特別指出，「尤其要加強兩岸青少年交流，不斷為兩岸關係和平發展增添蓬勃活力」。總體來說，目前兩岸青年交流大致分為論壇對話型、交換學生型、旅遊參訪型、特殊主題型以及網路論壇的虛擬互動。許多學校校際舉辦了各種夏令營或比賽，前者例如著名的東亞研究型大學協會學生夏令營、全國臺聯臺灣同胞千人夏令營等等，開展各種兩岸知識競賽，又如臺灣大學與北京大學二校之間所建立的「高校高爾夫球菁英賽」等等。臺灣「陸委會」下轄的「中華發展基金」，每年有兩次機會全額補助海峽兩岸研究生到對岸高校從事二到四個月學位論文寫作與調研。此外，臺灣的少數高校也慢慢地在暑期以學校名義大批量地將學生送到大陸的高校來進行小學期（暑期學校）的學習活動，例如臺灣致遠管理學院的「暑期北大研修計畫」。[263] 雖然這裡交流活動的時間較短，卻是很多青年真實地瞭解對岸的第一步，因此這樣的交流管道還是彌足珍貴的。從2000年至今，大陸透過臺聯、海協會、臺盟、宋慶齡基金會以及各個綜合大學等交流實體，多管道地推動臺灣大學生來大陸參訪、交流、聯誼，取得相當大的進展。「這一系列工作影響的臺灣年輕人不少於10萬人次。」[264] 但從整體看，真正踏上大陸土地的臺灣學生還是少數。兩岸青年交流工作需要跨越的障礙還有很多。2010年6月19日，第八屆海峽青年論壇在廈門舉行，兩岸青年歡聚一堂，把兩岸

青年交流推向新的高潮。兩岸21家青聯社團負責人簽署了10個交流項目，涉及大陸11個省市和臺灣10家青聯社團，這是海峽青年論壇圓桌會議的重要成果之一。

　　兩岸關係發展的新進程為兩岸青年交流開創新局面提供了擴大接觸與增加交流、深化交流與達成共識的機遇。兩岸青年交流的影響，表現為兩個不同的層面，若就認知和印象層面來看，兩岸青年交流已取得相當大的成效。首先，交流能化解部分刻板印象，比如臺灣青年原本認為大陸很落後和大陸青年原本認為臺灣很混亂等的刻板印象，都能夠透過交流得到很大程度的調整；其次，交流能加深對彼此發展的印象，一些臺灣青年甚至因為瞭解到大陸經濟的發展形勢而重新設定生涯規劃；最後，交流可以建構出雙方持續互動的溝通管道。但是另一方面，兩岸經過了幾十年分隔，加上李登輝、陳水扁等人將近20年的「去中國化」教育，不少臺灣青年形成了相對較為獨特的自我認同意識，他們對大陸的認知和認同感與中老年人有明顯的世代差異。對於年齡層在60歲以上的臺灣民眾，因經歷了兩岸軍事對立時期，而對中國大陸產生敵對心理；然而透過兩岸開放探親的政策，逐漸淡了化他們內心的仇視。對於中年以上的臺灣民眾而言，經歷了兩岸的政治對抗時期，透過逐步交流，除了為彼此在經濟上帶來商機，也增進了兩岸民眾間的瞭解。臺灣青年世代，一方面，相較於老一代，尤其是相較所謂的外省第一代而言，他們缺乏血緣，以及原鄉記憶、原鄉經驗的聯繫，因此可以理解何以年輕族群對大陸有更強烈的疏離感。然而對於臺灣在國際空間方面的困境，現階段的兩岸關係，經濟彼此依賴又競爭，對年輕世代而言，初出社會即可能遭遇工作機會的流失，同時可能還必須要面臨與中國大陸人民在工作上和資源上的各種競爭等，都是年輕世代對中國大陸持有敵意的原因。

二、雙重態度模型與認知障礙

　　認知是人腦對實際的辯證反映。它起源於人類的實踐活動，並在實踐活動中

發展。辯證唯物主義在強調人的一切心理現象都是對客觀世界的反映的前提下，也認為人的心理對客觀現實的反映並非死板的、機械的反映。人對現實事物的反映是同他長期形成的個人特點、知識經驗、世界觀等密切相聯繫的。人對客觀現實世界進行認知的過程不僅受到認知物件（客觀因素）的影響，而且也受到主觀因素，如信仰、需要、興趣、知識經驗以及知覺物件對生活和實踐的意義等的影響。[265]認知對人類的活動有巨大的指導作用，使得人們能夠認識事物及其發展規律，更好地認識世界和改造世界。認知的內容非常豐富。根據指向的不同，邁克爾·W·理克特將認知分為4種基本類型：我方對自己的認知、我方對他方的認知、我方對「他方對自己的認知」的認知以及我方對「他方對我方的認知」的認知。認知不是一成不變的。引起決策者觀念變化的原因主要有兩種：代際變化和學習效應。代際變化是指在不同時代出生、成長起來的領導人，在歷史經驗、世界觀念、政策取向上都會有差別；學習，就是觀念的變化（或對一個人信念的信心的程度的變化）或新觀念、新技巧的發展，或是觀察和理解經驗的結果的過程。[266]社會認知是一個由表及裡、由點到面、由簡單到複雜的動態過程。認知者最初只能獲得有關認知物件外部特徵的資訊，形成對其的初步、淺層次的瞭解。在此基礎上，認知者開始對認知物件的內在屬性做出判斷。與此同時，人們在認知單個認知物件的過程中，難免會受到一些侷限，做出的判斷與決策偏離現實。

認知相符理論是社會認知理論中的代表，是由海德、費斯汀格等心理學家最早提出的。該理論認為，人們的認知結構趨於相符或平衡。平衡結構指的是這樣一種結構，其中所有「好的成分」（即那些具有正價值的成分）之間的關係是正向關係（或零向關係）；其中所有「壞的成分」（即那些具有負價值的成分）之間的關係是正向關係（或零向關係）；其中所有好壞的成分之間的關係是負向關係（或零向關係）。人具有一種保持心理平衡的需要，而認知矛盾往往會打破心理上的平衡，使個體出現不愉快的心理狀態。這種心理狀態又會促使個體做出一定的行為，以重新恢復心理上的平衡。這一簡單原則指導著人們的認知過程，使得人們對新資訊的解讀也是以維持和加強這種平衡的方式進行的。在因認知相符而產生的主觀因素中，預期或知覺定勢可以解釋大陸的認知。預期或知覺定勢使

人們產生一種對世界的程式化看法，由此產生了一個人對自己所面臨的事物的程式化預測，或者說人們生性趨於看到他們預期看到的事物，容易注意到事先預期的資訊，而忽視那些與之不一致的資訊，因此往往會對面臨的事物做出千篇一律的預測。對於大陸而言，對於臺灣執政當局的認知也很容易陷入這種境地，一旦關於臺灣的印象確立，要改變原來的印象就成為一件十分困難的事情。

態度是個體對特定社會客體以一定方式做出反應時所持有的穩定的、評價性的內部心理傾向。在社會心理學中，有關態度的研究是極為重要的課題之一。社會心理學家湯瑪斯認為社會心理學就是「研究社會態度的科學」。[267]奧爾伯特也曾經提出「態度是社會心理學中最重要、最關鍵的概念」。在1990年代以前，人們一直將態度看作是一種人對社會客體（包括人、事件和觀點等）或支持、或反對的單一心理傾向。到了1990年代中期，美國心理學家Greenwald和Banaji在分析了大量研究文獻的基礎上提出了一個新的研究領域——內隱性社會認知，即過去經驗的痕跡雖然不能被個體意識到或自我報告，但是這種先前經驗對個體當前的某些行為仍然會產生潛在的影響。這一理論強調了無意識在社會認知中的作用，並進而提出了一種關於態度的新概念——內隱態度即過去經驗和已有態度積澱下來的一種無意識痕跡潛在地影響個體對社會客體物件的情感傾向、認識和行為反應。

在此基礎上，Wilson和Lindsey等人提出了雙重態度模型理論，他們認為人們對於同一態度客體能同時存在兩種不同的評價，一種是能被人們所意識到、所承認的外顯的態度，另一種則是無意識的、自動啟動的內隱的態度。[268]當態度發生改變時，人們由舊的態度A1改變到新的態度A2，但是舊的態度A1仍然留存於人們的記憶中潛在地影響著人們的認識和行為，這就導致了「雙重態度」。從這一理論模型出發，Wilson和Lindsey提出了以下理論觀點：（1）相同態度客體的外顯態度與內隱態度能共存於人的記憶中。（2）出現雙重態度時，內隱態度是被自動啟動的，而外顯態度則需要較多的心理能量和動機從記憶中去檢索。當人們檢索到外顯態度，且它的強度能超越和壓制內隱態度，人們才會報告外顯態度；當人們沒有能力和動機去檢索外顯態度時，他們將只報告內隱態度。（3）使外顯態度被人們從記憶中檢索出來，內隱態度也還會影響人們那些無法有意識

控制的行為反應（如一些非言語行為）和那些人們不試圖去努力控制的行為反應。（4）外顯態度相對易於改變，內隱態度的改變則較難，那些態度改變技術通常改變的只是人的外顯態度，而非內隱態度。（5）雙重態度與人們的矛盾心理是有明顯區別的，在面臨一種有衝突的主觀情景時，有雙重態度的人通常報告的是一種更易獲取的態度。[269]

根據對內隱態度的覺知程度和外顯態度抑制內隱態度時所需要的動機及認知容量的不同，Wilson, Lindsey與Schooler劃分出四種類型的雙重態度，以便組織有關的經驗文獻並形成清晰的理論架構：1.壓抑。某態度因為能引發焦慮而被逐出意識之外，如果人們對同一客體還持有能明確意識到的另一態度，就產生了雙重態度。壓抑的過程包含了認知容量和動機，若動機減弱，內隱態度就有可能被覺知。此即是採用當代認知和社會心理學的語言來重新解釋精神分析的壓抑概念。在精神分析理論的鼎盛時期，壓抑就曾經作為對雙重態度的一種解釋，隨著無意識研究的心理動力取向朝認知取向的轉變，對壓抑的詮釋也認知化了。Dovidio等人透過研究認為，許多白人都深藏著對黑人的無意識的消極評價，同時還保持著積極的外顯態度，無意識偏見會對主體的自我形象產生威脅，故將之逐於意識之外。2.獨立系統。人們既有不能覺知的內隱態度，又有能夠覺知的外顯態度，此兩種評價相互獨立，分別影響內隱反應和外顯反應。內隱態度是自動的，不會進入意識，人們無需努力用外顯態度去抑制它，此即內隱和外顯態度的分離。偏見同時具備控制的和自動的兩種成分，它們可分別用自陳量表和諸如啟動技術等內隱測量評定，對態度的自我報告與反應潛伏期測量都是有效的方法，兩者的測量結果相關很低，自動的和外顯的評價分別預測不同的行為。3.動機性抑制。人們能充分覺知到內隱態度，但視其為不適當而盡力去用另一態度抑制它，此抑制過程需要動機與認知容量。此類雙重態度與先前研究中有關刻板印象和偏見的模型相符。在實驗室中研究動機性抑制首先要求被試建立一種態度，進而使其確信該態度是不正確的，看被試是否用正確的態度消除初始態度，初始態度是否還在無意識水準上起作用。4.自動抑制。只要人們具備了適當的認知容量而能夠提取出外顯態度，外顯態度就可以自動抑制內隱態度並決定外顯反應，此時主體意識不到內隱態度的存在。若因缺乏動機或認知容量而提取不到外顯態

度,內隱態度就進入意識並決定外顯的和內隱的反應。研究自動抑制時可以用某種操作促使態度改變,然後測量不同認知負荷條件下的外顯態度。[270]

態度,傳統上被看做是一種存儲在記憶系統中的並能持續很長一段時間的對客體的評價。2000年,威爾森(Wilson)和林德森(Lindsey)提出了雙重態度模型[271]認為,人們對同一態度客體能同時存在兩種不同的評價,一種是能被意識到並承認的外顯態度,另一種是無意識的、能自動啟動的內隱態度,二者共存於人的記憶中。用這個雙重態度模型,我們來看臺灣青年人對大陸的認知特性主要是這樣形成的。兩岸青年對於彼此的認知是存在著兩種分離的記憶系統,一種記憶系統是關聯性的,它代表著曾經經驗積累所形成的印象之間的一種關聯,刻板印象構成這種記憶系統的一部分;另一種記憶系統則是以規則為基礎,不同於常規的印象,它是偶然獲得的一種經驗,可以因為偶然的事件而進行調整。兩岸分離一甲子,在特殊的歷史背景下,雙方的青年人對對方社會的認知有很大的差別和障礙。兩岸的青年各自都會由於過去不同生活經驗的影響,而將對對方的評價感覺儲存於記憶系統中。兩岸歷史上形成的對對方的認識,總是按照之前的印象預期另一方的行為、解讀其外交政策,誇大對方的敵意,並視其為有衝突意圖的對手。即使對方社會發生顯著變遷,這種固有印象也不會完全消失。很多臺灣青年對於大陸的印象還停留在「文革」時期,完全不知道大陸早已舊貌換新顏。很多沒來過大陸的臺灣年輕人只能透過媒體的報導、當局的宣傳和親友的耳口相傳等途徑來瞭解大陸。在兩岸敵對,特別是李登輝和陳水扁的「去中國化」教育下成長起來的臺灣年輕世代,對大陸形成了所謂「妖魔化」的認知不足為奇。[272]臺灣年輕世代對大陸發展現狀的認知非常有限,對大陸抱持不信任和敵意,受這種政治情感的影響,臺灣青年對大陸的資訊往往產生一定的「負面選擇」慣性。廖義輝指出「大陸更強調統一,臺灣強調『主體性』」。[273]臺灣同胞無法體會在大陸的中國人百年來對中華民族遭受列強瓜分欺壓,民族自尊蕩然無存的悲憤心情,以及他們極欲在21世紀重新恢復民族的尊嚴,重新在國際上受到重視的強烈的民族使命感;同樣的,在大陸的同胞也無法體會臺灣人民百年來是如何在夾縫中求生存,如何委曲求全,在國家認同的錯亂中尋找自己的未來。

兩岸青年也可能在現在兩岸關係和平發展和兩岸大交流時期的新的生活經驗中，建構了不同的對彼此的認知架構。依《聯合報》的民意調查，曾去過大陸的臺灣民眾從十年前的31%增加到42%，而去過大陸的人中50%對大陸人民留下好印象，38%對大陸的官方印象不錯，比沒去過大陸者分別高出17個與9個百分點，足見兩岸民間交流的意義重大，效果在顯現。[274]透過交流，兩岸青年人對彼此有了更直觀和不同的感受，臺灣青年看到大陸的經濟發展，大陸青年看到臺灣的亂中有序。臺灣青年來大陸，改變了他們過去對大陸發展的錯誤認知，也會讓他們重新審視內心的中華文化基因，加深身為中華民族一分子的認同感。

　　對臺灣青年而言，臺灣與大陸之間在歷史與文化上的關聯，兩種認知結構都共存於他們的記憶系統中。要在短時間內把過去他們成長年代裡所接收到的資訊全部歸零，是不可能的事情。然而，刻板印像是在大量的社會交往過程中得以形成的，只要現實生活中與刻板印象相關的線索出現，那麼刻板印象被啟動則難以避免。兩岸青年新的認知並不會完全抹殺或取代舊有的態度，彼此舊有的評價感覺依然以隱形的模式而存在。也就是說，臺灣年輕人對大陸印象好轉，都是表現在外顯測量上，而不是在內隱測量上。內隱態度本身不會因為勸說性資訊的呈現而變化。而且，交流也會讓臺灣的年輕人感受到不可忽視的社會文化的歧義點與落差存在，也可能會強化雙方認同的距離。兩岸交流過程中，不可避免的「總是採用直接而同一的方式把物件知覺為統一的整體，而不是知覺為一群個別的感覺」。比如臺灣青年到大陸見到某個城市的某些景象，就認為是全貌，往往會過高猜想刺激統一性，而忽視其中的複雜性以及其他的偶然因素。而且，由於認知主體各自最關注的事物有所不同，這也容易導致錯誤知覺。在兩岸青年交往交流中，若雙方青年僅以自己的關注點為中心，不能從全民族的整體利益來考慮，也會阻礙兩岸關係的發展。

第二節　兩岸青年社團聯合

兩岸青年交流在兩岸大發展大交流的新形勢下,實現了多次跨越,呈現出加速發展的態勢,形成了今天的良好局面。當前的兩岸青年交流有以下幾點突出的成績:一是從單向交流走向雙向交流。以前都是臺灣的學生來大陸參加青年夏令營的居多,臺灣方面,「中華發展基金」等也在做一些推動兩岸青年交流的工作。兩岸關係走向和平發展之後,大陸青年大量地赴臺灣參加交流活動。包括兩岸目前推動的高校之間簽訂相互的交流協定,派遣一批優秀的學生到對岸去從事一個月到半年不等的交換學生或短期訪學活動;以及臺灣「陸生三法」的通過,都表明兩岸青年交流實現了從單向交流向雙向交流的發展。二是從單一主題走向多樣主題。兩岸青年交流從早期的零散交流,到後來的定期互訪,再到現在的品牌活動,實現了多次跨越,開展了多項內容豐富、形式多樣的交流活動,從文化觀光參訪到青年聯歡節,從青年論壇到圓桌會議,為兩岸青年交流提供了較為豐富的活動產品。三是規模不斷擴大。在兩岸各方共同努力下,2009年共計完成了5大項39小項交流活動,兩岸青年共8000多人次參與交流,其中臺灣青年達到了約2200人次。活動內容涵蓋經貿、文化、學生、青年工作、創業等方面。兩岸青年交流的規模與領域不斷擴大。[275]隨著兩岸青年交流的推進,兩岸青年彼此逐漸熟悉,而且開始尋求深入瞭解。透過交流,可以優勢互補,推動兩岸青年在解決問題的過程中,形成合作的契機,為促進共同發展創造條件。

　　2009年5月15日,由中華全國青年聯合會主辦的海峽論壇・兩岸青年社團負責人圓桌會議在廈門舉行,來自兩岸及香港地區的48家青年社團組織負責人參加了會議。共青團中央書記處常務書記、中華全國青年聯合會主席王曉在會上說:「以1990年接待臺灣亞運觀光團為起點,全國青聯開啟了兩岸青年交流活動。20年來,經過各方面的共同努力,以青年為主要交流對象,以青年社團組織為主要合作管道,以品牌活動為主要載體的兩岸青少年交流合作的良好格局已經形成。他說,當前兩岸關係已步入和平發展的軌道。2008年12月31日,胡錦濤在紀念《告臺灣同胞書》發表30週年座談會上發表了重要講話,為我們開展好新形勢下兩岸青少年交流指明了方向。要準確把握兩岸青年社團交流的時代方位,緊緊抓住兩岸關係實現歷史性轉折的有利時機,充分認識到加強青年交流是兩岸關係和平發展的需要,是兩岸青年成長發展的需要,是兩岸青年社團健康發

展的需要,把兩岸青年交流工作主動融入兩岸關係和平發展的大局,積極推動兩岸青年社團交流邁出新步伐。要著力深化兩岸青年社團交流的文化內涵,始終把傳承中華文化、展示時尚文化貫穿於交流活動之中,不斷強化感召、凝聚兩岸各界青年的文化紐帶。要努力構建兩岸青年社團交流的專案體系,針對不同青年群體,縱向分層、橫向分類地探索建立交流專案體系,注重發揮品牌效應,提高活動專案的關聯度,增強兩岸青少年交流工作的整體性和持續性。要不斷擴大兩岸青年社團交流的社會基礎,努力為更多的兩岸青年增進瞭解、建立友誼提供組織化的平臺和機制。要逐步完善兩岸青年社團交流的制度安排,逐步建立、完善定期溝通、互訪交流、合作協商等制度,把兩岸青年交流的實踐成果昇華為制度成果,為兩岸青年社團和青少年交流提供保障。」[276]

2010年6月20日,鄧亞萍在第二屆海峽論壇大會上指出,「兩岸關係發展的良好勢頭為青年交流提供難得機遇,主要體現在三個方面:一是擴大接觸與增加交流的機遇。兩岸青年人數眾多,渴望相互瞭解,加強認識。但是,交流總量和規模都還比較小。比如,北京市青聯在目前一年接待來訪臺灣青年團組近一千人次的基礎上仍有更大規模的交流願望。二是深化交流與達成共識的機遇,兩岸青年成長的不同社會環境之下,相互之間的認識還存在著較大差異,隨著兩岸同胞大交流的推進,兩岸青年必然會在相互熟悉的基礎上尋求對彼此思想層面的深入瞭解,這也將有利於形成雙方的思想共識。三是合作與共同發展的機遇。兩岸青年的發展面臨著許多相同和類似的問題,透過交流可以優勢互補,推動兩岸青年在解決問題的過程中形成合作的契機,為促進共同發展創造條件。站在兩岸青年交流的新起點上,我們將引領廣大青年成為促進兩岸同胞大交流的堅定力量。我們將激發青年開風氣之先的志氣與熱情,與臺灣青年共同積極承擔傳承中華傳統文化的使命,共同致力於創造和展示體現中華韻味的時尚文化,不斷鞏固、凝聚兩岸青年的文化紐帶,並由此進一步加深兩岸青年的瞭解,促進兩岸青年形成密切的情感聯繫,建立深厚的友誼。」[277]

目前的兩岸青年交流存在兩個方面的不足,一是大部分的青年交流和青年活動缺乏可持續性,其中建立的兩岸青年之間的關係也不夠深入和持久。我們需要積極深化兩岸青年的交流與合作,形成更加豐富的交往管道和更加穩定的互動平

臺。二是民間社會力沒有受到足夠重視。大陸方面目前在推進兩岸青年交流的主要著力點是在論壇、夏令營和短期訪學上。這些措施在戰略目標設定上是正確的，對兩岸青年是有益的，卻過於倚重公權力的運用，忽視了能深入並長久地影響臺灣青年對大陸的感性認知和認同度的民間社會力量。兩岸關係和平發展的內涵在青年層面上的理解就是「如何解決與兩岸青年生活密切相關的經濟、社會和文化發展的問題」，[278]它在青年交流層面的主要任務就是重建兩岸青年的統一動力。[279]楊劍指出，兩岸應從「需要」出發重建臺灣社會的統一動力。如果我們要和平地引導臺灣民眾走向統一，首先要瞭解臺灣青年的需要。也就是說，民間自發的青年交流目前很少，尤其是缺乏從社團出發的自發的青年交流，這樣就無法有效地催生出兩岸青年交流中的社會資本。

社會資本在兩岸青年交流中表現得尤為活躍。社會資本更多地產生於兩岸青年在民間長期以來的交流交往過程。兩岸青年交流催生出的社會資本，包括：兩岸關係中青年個體擁有的各種關係資源和社會參與網路，比如朋友、同事或更普遍的聯繫；兩岸青年交往中的規範和信任。比如青年人對青年人的信任，青年人對彼此公權力部門的信任，這就有賴於兩岸公權力部門各自增加制度建設及自身在兩岸事務運作過程中的透明度和青年人的參與度，以此增加青年人的信心；兩岸之間的文化、宗教要素在青年人交流中的作用。兩岸關係的發展越具有橫向性，越能夠在更廣泛的共同體內促進制度的成功。[280]兩岸關係走入和平發展，社會資源呈現多元化態勢，隨著技術進步帶來的通訊便利以及公民責任意識的不斷增強，很多青年社團正變得越來越活躍。[281]大批陸生赴臺就讀，他們在生活、學習等方面需要更多的說明，兩岸青年社團可建立相關服務機制加以解決，類似這樣的議題將是未來兩岸青年交流深化的目標。

青年人之間易於產生共同的理想，他們也期盼有更多友好的氛圍以及環境，所以如何為青年朋友建構一個良好的發展的氛圍環境，是兩岸青年社團應該擔起的重責大任。青年自願社團的成長促進了兩岸關係中社會資本的形成和轉化。開放兩岸青年社團合作和開放兩岸自組一般性青年社團（非政治性的自由結社權），在教育、扶助弱勢人群、就業等方面合作，是兩岸關係和平發展的社會基礎。青年社團在兩岸關係中最重要的意義不在於提供公共產品本身，而是在於服

從共同考慮的成員所創造的獨特的社會資本。組織化是兩岸青年共同進行利益表達的有效方式。[282]青年社團因其具有聯合性，而比原子化的青年占有更多的社會資源；又因其組織化、秩序化程度較高，而比臨時性的青年聯合具有更強的理性判斷和行為能力。於是，開放兩岸青年社團合作和兩岸間的青年自由結社權有助於兩岸青年參與兩岸事務的熱情的激發。當大量的兩岸青年參與社團合作或自組社團過程中，兩岸青年之間有持續性的交往，就形成「重複博弈」之局，傾向考慮長遠利益而非短期，易於形成合作的精神與習慣，能促使兩岸青年寬容態度的養成。兩岸關係發展中，青年們透過商談或對話的溝通方式建立起他們之間的關係並調整相互關係，不同的意見和觀點透過交流爭論融合而逐步趨向於共同的認識和價值觀。

社團式的兩岸青年參與網路為兩岸關係的發展提供了一種資訊傳遞、建立信任、理解並達成共識的橫向交往結構。兩岸青年透過與陌生人一道參與自願的聯合社團和公開的聯合社團學習彼此信任。大量自治性、多元性青年社團聚合了兩岸間的物質、精神資源，在經濟、社會和政治生活中具有一定的影響力，而且能在公權力難以或不願介入的社會領域裡發揮不容忽視的作用。透過一種兩岸青年交互參與網路，特別是兩岸間青年社團的合作，能更好地解決兩岸青年交流中集體行動的困境。兩岸應當調整政策，加大對兩岸事務相關的青年社團的保障力度；由單一行政管理方式向兩岸民間青年社團組織共同參與的社會治理的關係轉變。逐步完善兩岸青年社團交流的制度安排，逐步建立、完善定期溝通、互訪交流、合作協商等制度，把兩岸青年交流的實踐成果昇華為制度成果，為兩岸青年社團和青少年交流提供保障。正是兩岸官方和兩岸青年社團的合作和互動，使得兩岸關係中的社會資本存量不斷提升。

第三節　深化兩岸青年交流的建議

在以敵對為主旋律的兩岸關係下，雙方難免會以自我為中心，以自己的立

場、情感去瞭解對方，批判對方。兩岸交往以不同形式淪為手段或客體，也就是說，相互交往的人們不是作為特定主體的規定性而進行相互平等的交往，而是作為片面的、被動的人進行片面的、扭曲的、異化的交往，從而使兩岸的交往與理解難以真正建立起來或者只能虛假地建立起來，很多時候都將兩岸關係當做一種資源手段，卻忽略了人際間的相互瞭解多於策略性的取向，這使得正常的青年交流充滿異化色彩。

所以，為了深化兩岸青年交流，筆者提出以下建議：

首先，也是最重要的一點是，實現兩岸青年交往行為合理化。交往行為合理化是一種透過語言實現的、具有主體間性的、符合一定社會規範的、在對話中完成的，能在交往者之間達成協調一致與相互理解的理性化行為。克服過去單純的認識向度和單一的工具理性指向的侷限，讓兩岸青年在沒有任何壓力的情況下自由、平等地對話和交流，從而實現以理解為基本方式、以達成共識為基本目的的交往理性的價值理想。兩岸交往中曾經被扭曲的很多語言，都可以經過新世代年輕人開放理性的辯論，重新賦予它們新時代的內涵。使兩岸青年透過對話參與到發展兩岸關係中去，讓兩岸青年的具體願望都可以在互動中得到表達，是兩岸交往理性的真正目的。

其次，開展兩岸青年「尋根」活動，建立兩岸青年對「根」的共同認知，培養具有「命運攸關共同體」的公民身分。公民身分有雙重特徵，一種是由公民權利確立的身分，另一種是文化民族的歸屬感。民族認同對於新世代的年輕人來說可能並不僅僅在於文化的共同性，可能更在於公民積極運用參與權利和交往權利的實踐。我們要讓兩岸事務，對兩岸公民都保持開放狀態。一個完整的民族國家成為兩岸中國人實現個人福祉、謀求個人幸福的重要依託。開展兩岸青年持續地、長期地關於價值觀的探討、交流和互動，也有利於培養「獨立人格、自由精神」的兩岸青年。

第三，充分利用現有的交流平臺，擴大青年交流，鞏固友誼。[283]兩岸青年交流的活動內容的規劃與包裝至為重要，依內容規劃層次的不同可以達到不同的目的。應該側重兩岸青年最關注的音樂、電影、戲劇、美食等主題。兩岸青年交

流是奠定以後長期交往的基本條件,雙方藉著互動從陌生到認識再到瞭解共事,是一個交朋友的過程。包括活動期間接待人員與臺灣成員的互動瞭解,以及活動結束後雙方仍保持密切的聯繫。由於網路的聯繫,參與者即使回到了臺灣也能持續與對岸保持聯絡,在溝通管道持續順暢的情況下,彼此間的想法與意識也能持續地交流。長久以來,在政治認同層面有可能持續發酵。彼此的聯繫將在未來的日子裡繼續,這是彼此培養共同的社會記憶的開始。

第四,創造條件,鼓勵兩岸青年共同創業、聯合研究,建立兩岸青年創業園。比如說臺灣很多青年朋友對新的創業模式有很獨到的創意,然後大陸有非常良好的市場,結合包括資本市場,以及金融市場上一些協助的力量,能夠使合作交流的項目有機會落實。透過交流,包括技術合作的開發,還有相關一些創業的商業模式的一些共同的思考、設計,可以優勢互補,推動兩岸青年在解決問題的過程中,形成合作的契機,為促進共同發展創造條件。另外,藉助臺灣很多大學的公益社團,結合大陸大學生的暑假社會實踐工作,讓兩岸年輕人一造成農村和山區奉獻愛心,體會基層社會的需求,認識真正的大陸社會。除在校生交流以外,對已經開始工作的社會青年的交流也不妨同步開始推動,可以透過各個職業團體做專業上的交流。兩岸青年交流的層面應有計劃地向中小學生擴展。

最後,目前兩岸經貿發展已經取得巨大進展,能否在經濟關係的基礎上建構和諧穩定的新政治關係,關鍵在於兩岸人民能否有共同的認同感。以現狀看,這不是一蹴而就的,要從正在型塑中的兩岸青年共同的文化認同入手,搭建一個紮實且有效的平臺。文化認同的實現不僅在於文化因素本身,更與公權力部門文化認同建構能力有關。兩岸公權力部門需要的是一種大規模共同文化參與的「文化動員」。覆蓋網路的構成除了包括公共圖書館與博物館、美術館、劇院以及藝術中心之外,也涵蓋了文化館與文化廣場、電影院、電視臺、文化資訊數位網路、書店等。兩岸需要共同利用媒體來向兩岸青年再現某些相關的集體記憶,將相關的集體記憶融入故事敘述、藉助於新聞報導喚醒兩岸青年記憶等;臺灣需要進一步加強認識當代大陸,大陸則需要體認臺灣的多元化政治環境,在動態的過程中逐步建構兩岸共同體的文化認同,共同打造兩岸和平發展的「希望工程」。

臺灣作家龍應臺說過,海峽兩岸和平統一,需要的不僅僅是血濃於水,更需要一份價值觀念的認同。龍應臺的看法值得我們重視,只有價值觀念上有共同基礎,兩岸的交流對話才真正有意義。這種價值觀念,無論是政治上的、經濟上的、文化上的,但凡任意一點,都將博得更大的對話空間。相反的,刻意或無意逃避價值觀念,一味強調血濃於水,效果難免蒼白無力。和平發展作為當前兩岸關係的一個主旋律,有利於生成兩岸公共生活的基本規則與關於社會基本結構的正當性共識,維護兩岸青年的權益。

　　兩岸青年交流在一個不斷變化的環境中得以持續的條件有二:一是兩岸青年合作的自組織化。兩岸關係由於兩岸青年能夠普遍享有共同組織起來保護自己權益的權利,實現了自組織化,其功能在於它能在兩岸間建立起普遍性的在一切方面相互依賴的制度。二是兩岸青年交流的制度化和理性化。在理性化的兩岸青年個體互動過程中,產生互動形式,並慢慢成為習慣,進而上升到制度層面;建立在理性化基礎上的各種制度,一經建立,便獨立於青年個體而存在,對不符合理性化的社會行為進行調整,使理性化的基礎擴大、程度加深。最後,理性化的兩岸青年社團或各領域的互動,進入交融和整合過程。透過更多元的交流互訪來改變、增進兩岸感情,也讓青年朋友有更多新的思維,交換彼此想法,進而替社會做出更大貢獻,有共同目標為兩岸之間而努力。

第十章　主觀博弈論與兩岸政治互信

兩岸關係處於一個開放的系統中，相互作用、共同影響彼此的發展。信任也許存在於人們的默契理解之中，也許存在於人們頭腦之外的某種符號表徵之中，某些理念被參與人共同分享和維繫，由於具備足夠的均衡基礎而逐漸演化為互信。政治互信內生於兩岸參與者的博弈過程，並作為博弈的均衡形態外化形式出現，得以成立取決於兩岸在博弈過程中構建的一系列制度。理解兩岸政治互信的發展過程就等於理解兩岸參與人協同修正其理念的方式，有利於減少兩岸交往的複雜性。兩岸的政治互信就是我們在互為「他者」的情境下，互相理解，然後形成共同理解。透過對政治互信演進軌跡的歷史分析，梳理出政治互信的邏輯起點、關鍵節點和路徑依賴機制。對增進政治互信提出一種現實建構，即一種公共秩序和集體行動邏輯的達成，以及制度創新和文化實踐的促動。

第一節　兩岸政治互信的博弈詮釋

青木昌彥的制度觀是從博弈論的角度來考慮的。一般來說制度可以看做是一種博弈均衡。從博弈論來看，博弈模型可能存在多重解（均衡），這種多重解可以理解為制度安排的複雜性和多樣性。青木昌彥總結道：「在博弈論視野下有三種制度觀，不同的經濟學家分別將制度看做是博弈的參與人、博弈規則和博弈過程中參與人的均衡策略。」[284]如尼爾遜就把制度明確等同於博弈的特定參與人；諾斯和赫爾維茨則把制度看成是博弈的規則，特別是赫爾維茨又特別強調規則是可實施的；而肖特、格雷夫等學者則把制度看成是一種均衡。青木昌彥自己

則把制度概括為「制度是關於博弈重複進行的主要方式的共有信念的自我維繫系統。」[285]他用「共有信念」這個概念把諾斯關於制度的正規方面和非正規方面都包括了進來。在主觀博弈中,儘管假設存在一個客觀的博弈場景,但參與者的實際博弈行動並非依據這個客觀的博弈形式,而是依據各自的主觀博弈模型。這意味著主觀博弈的博弈規則並不是外生給定,它是內生於參與者的博弈過程。因此,在主觀博弈視角下,制度是參與者主觀博弈過程中形成的規則,是博弈的內生規則。這裡著重分析兩個層面的制度:其一是參與者之間在主觀博弈過程中形成的共同主觀博弈模型,即參與者對博弈環境形成的共同知識或共同認知,它構成了參與者之間主觀博弈的規則;其二是參與者之間形成的有關博弈具體如何進行和實施的共同信念,是內生於共同主觀博弈模型的規則。

如何將有限理性納入博弈論分析框架,一直以來是博弈論理論發展的重要方向。儘管靜態和動態貝葉斯博弈弱化了博弈的完全資訊假設,但是,由於假定自然對參與者類型選擇的先驗概率是共同知識,並且參與者採用期望效用最大化的行為法則和貝葉斯條件概率法則,不完資訊的博弈實際上反而提高了對個體理性程度的要求。例如,貝葉斯完美均衡不僅要求參與者在均衡路徑上的行為必須是理性的,還要求他們即便在不是均衡路徑上的行為也必須是理性的。只有等到演化博弈論的發展,博弈論才將有限理性納入其分析框架中。但是,在演化博弈論中,有限理性也僅僅表現為,參與者之間無法透過理性推理獲得均衡策略,而是必須透過一段時期的學習過程而達至均衡策略;有限理性並不對參與者的博弈規則本身產生作用,例如,有限理性並不會導致參與者的行動集合縮小,它依舊假設參與者是在一個外生給定的客觀博弈形式下進行博弈。這種有限理性假設否定了參與者具有主觀建構博弈規則的能動性。主觀博弈論也遵循參與者有限理性的假設,認為參與者不能完全知曉客觀的博弈形式,但是,它並不像演化博弈論那樣機械,相反,它認為個體既是有限理性的,但又具有一定的主觀能動性,即個體能夠透過自身的認知能力來建構主觀博弈模型和嘗試新的行動。在這意義上講,主觀博弈論的個體基本假設是有限理性與主觀能動的統一。

實際上,有限理性並不能否定參與者的主觀能動性,相反,正是因為理性的有限性,參與者才能有主觀的能動性去創造某種機制(如主觀博弈模型)來彌補

理性的不足,以提高參與者的決策效率及其對環境的適應能力。因此,主觀博弈論對個體的行為假設更加接近於經驗事實。正是基於這種個體假設,參與者的主觀認知模型才具有進一步演化的空間,而這也是制度內生演化的重要動力。[286]青木昌彥在談到進化博弈的基本思路時說:「經濟中穩定的均衡狀態是:不可能正確地知道自己所處的利害狀況,發現最佳行動的能力也是有限的經濟主體(有限理性的經濟主體),透過對被認為是最有利的戰略逐漸模仿下去,而最終所達到的狀態。在這樣的經濟中,能夠觀察到採用獲得更高受益的戰略的人數比率逐漸上升的動態過程。這與更善於適應現狀的種類逐漸地占據統治的所謂生物進化過程類似。」[287]他的意思是說在進化博弈的框架下,人們可以透過模仿而爭相選擇某種策略,使某一戰略成為某一時期的主導戰略,從而達到一種漸進穩定均衡狀態(新制度的形成)。他還進一步分析道,在進化博弈理論的框架下,一方面,既有試圖將實現納什均衡的認識論條件運用知識論加以確定的研究;另一方面,也有將有限理性的經濟主體看作是以某種常規的或機械的程式為基礎進行決策的主體,並從這種角度來研究其在戰略狀態中的結果。

西方心理學家、社會心理學家主要研究了個體信任與人際信任,其中的人際信任就包括了所謂的社會信任。但他們大多將人際信任理解為一種「單向」的人際信任,只有薩貝爾將人際信任理解為基於社會交往主體雙方共有的信心或認識。因而他已將人際信任理解為一種「雙向」的人際信任(即人際互信),從而在心理學領域最先突破了對於信任的個體意義上的理解,即已從社會關係結構的意義上去理解信任,這種信任是人與人之間的相互信任,即社會信任。

社會學家從社會關係結構意義上去研究信任,不僅突破了對於信任的個體意義上的心理學或社會心理學的理解,而且將社會信任的研究置於現實的制度基礎之上。福山、科爾曼的研究最為典型。福山從社會關係結構的意義上去理解信任,將信任基於道德規範,認為它產生於對於道德規範的共同直覺。因此,他所謂的信任實質上就是社會信任,即「文化社團」成員之間的相互信任。福山所謂的「文化社團」或「道德性社團」就是以社團成員之間彼此的相互信任為基礎建立起來的。科爾曼不僅強調了雙向信任或相互信任的功能,而且將這種雙向信任基於法律規範。在科爾曼看來,雙向信任關係往往比單向信任關係更穩定、更有

生產性。因為如果委託人不僅信任受託人，而且也被受託人信任，那麼委託人與受託人之間的相互約束的可能性更大，因而委託人與受託人之間的相互信任可以減少監控與約束活動的成本。但這種相互信任，即社會信任是基於法律規範的，產生於對於法律規範共同理解基礎上的理性算計。從人類發展歷史看，制度確實是人類信任的基礎。人類在適應與改造自然和社會的過程中，為了應對自然和社會的不確定性與風險而創設制度，制度降低或減少了事實上的不確定性與風險。制度造成了一種事實上的穩定的「客觀秩序」，這種客觀秩序是由可預見的、確定性的行為所構成，而可預見的、確定性的行為是一種符合制度規範或規則的行為。這種穩定的「客觀秩序」使人們產生了一種心理期待。這種心理期待就是信任。加芬克爾把信任作為「對普通的和日常的道德世界的持續、規則、秩序和穩定性的期望」，就是「對合乎道德的社會秩序的持續性的期望。」巴伯據此將信任定義為「對維持合乎道德的社會秩序的期望。」[288]盧曼所謂「信任是減少複雜性的機制」，指的是信任降低或減少了心理上的複雜性、心理上的不確定性與風險。

　　相互信任不僅造成了一種心理上的秩序，從而滿足了人們心理上的安全需求，而且也造成了一種事實上的秩序。因此，制度安排造就了一種事實上的秩序或確定性，如道德性秩序或法律性秩序，而由此產生的相互信任則造就了一種心理上的秩序或確定性與事實上的秩序或確定性。它們之間又是可以相互激勵的。相互信任產生之後，對於其基礎——制度的作用也是相當大的。它可以進一步彌補制度的不足，因為內在制度與外在制度都存在自身的缺陷，如內在制度的內在監督的不確定性會導致「道德風險」，內在制度的內在監督無法解決內化價值的投資收益外溢而導致的投資激勵失效問題；外在制度的外在監督是有成本的，包括立法成本、實施成本和由賞罰帶來的費用，執行監督的機構和人員可能行使超越被委託的權力，從而對規範目標行動者產生損害，單純的外在監督不能有效地防止「機會主義行為」等。相互信任實際上被提升為一種「制度」，一種道德規範這樣的內在制度。相互信任對於人們行為的約束是一種類似於內在制度的約束。相互信任的約束可以彌補制度缺陷，比如能較為有效地避免所謂「道德風險」，有效地防止「機會主義行為」。[289]

經典博弈論在解釋那些已經穩定下來的制度是如何起作用的問題上是非常有說服力的，但在制度變遷問題上很難描述「從均衡到均衡」的躍遷。與經典博弈論相比，青木昌彥所發展的「主觀博弈論」探索性地運用博弈論清晰表述了制度變遷問題，並考慮觀念的因素，把制度變遷模型化為博弈參與人「共有信念」系統的改變，更適合兩岸政治互信的研究。青木昌彥將制度定義為「關於博弈重複進行的主要方式的共有信念的自我維繫系統」。[290]兩岸政治互信是由兩岸的策略互動內生的，存在於兩岸參與者的意識中，並且是可自我實施的。兩岸政治互信作為兩岸共有信念的自我維繫系統，其實質是對兩岸博弈均衡的概要表徵（資訊濃縮），起著協調兩岸參與人信念的作用。兩岸的博弈是重複進行的，由此演化出一個穩定結果（行動組合），每個參與人基於個人經驗對兩岸博弈進行的方式形成了大致的認知。參與人依靠這些濃縮資訊得出自己的行動規則（策略）。政治互信對應著的就是兩岸參與者共用的那部分均衡信念，其中信念是關於兩岸博弈將實際進行的方式的預期。兩岸政治互信是一種均衡狀態，但不是在一次博弈下的結果，也不是一種完全的靜態平衡，它代表了實際上重複參與博弈的兩岸自我維繫的基本預期，是由「有限理性和具有反思能力的兩岸關係參與者構成的長期經驗的產物」。[291]兩岸政治互信是指兩岸交往過程中交往雙方彼此對對方能作出符合制度行為的持續性期望。所以，我們把兩岸政治互信定義為兩岸在主觀博弈模型中顯明和共同的因素，即關於兩岸博弈實際進行方式的共有理念。

　　兩岸政治互信是一種社會建構的現實，因而它必然內生於兩岸博弈過程之中，它透過其扼要表徵——默契的或符號的——協調著參與人的信念。參與人基於共有信念而做出的策略決策共同決定了政治互信的再生，政治互信反過來又強化了關於它的概要表徵，參見圖1。政治互信的本質是對兩岸博弈路徑顯著和固有特徵的一種濃縮性表徵，該表徵被相關域參與人所感知，認為是與他們策略決策相關的。這樣，政治互信就以一種自我實施的方式制約著參與人的策略互動，並反過來又被他們在連續變化的環境下的實際決策不斷再生出來。[292]所以，政治互信雖然是內生的，但同時又客觀化了，也就是說，政治互信具有內生性[293]和客觀性的雙重性質。

　　兩岸政治互信的博弈詮釋必須包含五個相關方面：首先，政治互信是在兩岸

博弈過程中產生的，而不是外在給定的。第二，兩岸參與人在做決策的過程中，不可能也不必要預期對方所做決定的每一個細節。政治互信是濃縮資訊的載體，這些資訊涉及參與人在一些重要場合行動決策的基本特徵，降低了有關他人決策的不確定性。第三，政治互信概括為兩岸參與人關於博弈重複進行的方式的共有信念系統，它能夠經受住環境的連續變化，對參與人微小偏離行動決策的隱含規則具有承受力。第四，兩岸關於政治互信必須有一些共同理解或共用認知，雖然可能對這些狀態的含義的解釋因人而異。第五，政治互信是人為的秩序。政治互信對兩岸關係中的行動決策具有多重意義，一方面它幫助主體節省決策所需的資訊加工成本，另一方面，它又對主體的行動決策施加人為約束。雖然我們致力於把政治互信理解為「內生的博弈規則」，但是哪一個均衡被選中無法由模型內生決定，我們有必要獲知過去發生的歷史事件和過去通行的規則以及鄰近域所通行的規則，這些因素促成了對特定均衡的選擇。

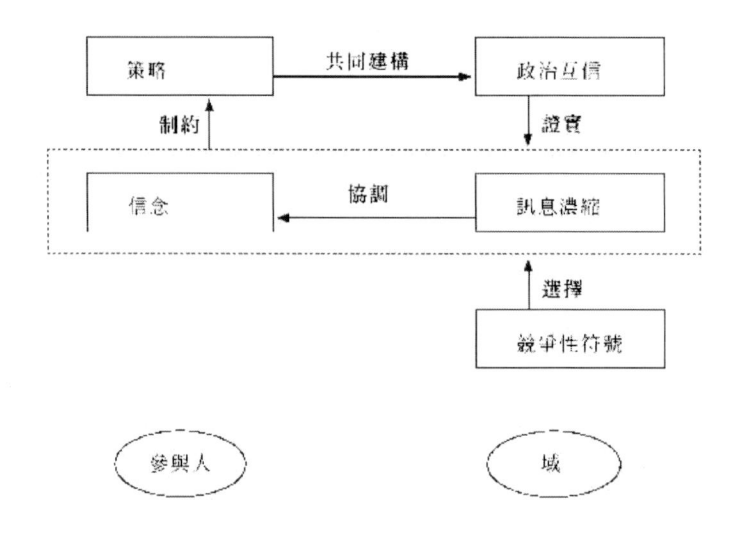

圖1作為共有信念和均衡概要表徵的政治互信

第二節　兩岸政治互信的演進軌跡及深層基礎

歷史制度主義的一個代表性特徵即是將歷史維度納入到制度分析當中，這也是其區別於其他新制度主義的特殊之處。歷史制度主義對歷史要素的考慮和運用形成了獨特的時間理論，即從時間角度來分析制度演變的過程，分析時間要素對制度變遷和政策差異的影響及其結果。歷史制度主義的時間不僅僅是歷時性的長時段時間，也是短時間的某個重要節點，甚至是偶然的時間和事件變化。美國學者皮爾遜曾經把歷史時間要素概括為7個：路徑依賴、關鍵節點、序列、事件、持久性、時序、意外後果。[294]但不管這種劃分多麼複雜，總的來看，基本上都可以被包括在以下兩個方面：時間要素的穩定性決定了制度的規則變化，而時間要素的波動性則決定了制度的不規則性和意外變遷。早期歷史制度主義在追尋政策歷史的過程中所看到的是，某種政策方案的選擇和實施往往受制於既定的政策制定模式，而既定政策模式的形成又是一個歷史的過程。

在對這種觀點進行系統總結的基礎上，歷史制度主義借用並發展了經濟學中的「路徑依賴」概念，從而也就在第二個層次上形成了自己的路徑依賴觀。廣義上的路徑依賴就是指前一階段的事件可能會對後一階段的事件產生某種影響和制約作用；狹義上的路徑依賴則主要透過「報酬遞增」一詞來表現自己的意義，即一旦進入某種制度模式之後，沿著同一條路深入下去的可能性會增大，其原因在於，這一制度模式提供了相對於其他制度之下更大的收益。而一旦這種制度固定下來之後，學習效應、協同效應、適應性預期和退出成本的增大將使得制度的改變變得越來越困難。歷史制度主義在第二個層次上提出了政治生活中所體現出的路徑依賴的下述特徵：時間序列的重要性；政治制度的慣性；政治過程的偶然性；政治制度的繼承性。[295]

歷史制度主義的制度變遷理論一方面體現為路徑依賴理論，另一方面也體現為制度斷裂及其生成理論。在歷史制度主義者那裡，制度變遷過程總體上被分成了制度存續的「正常時期」和制度斷裂的「關鍵性支節點時期」。正常時期的制度變遷遵循著路徑依賴規律，制度與環境及其制度內部都保持著某種平衡；但是在制度的斷裂時期，主要制度的變遷將會成為可能。在這一制度斷裂的「關鍵性支節點」上，新的制度就建立於各種政治力量的衝突結果的基礎上，這種衝突結果的凝固就逐步構成了新的制度。新制度的形成初期之所以被稱為「關鍵性支節

點」時期，一方面是因為此時新制度的形成往往有幾種可能，取決於政治衝突各方的力量對比，並且在新制度的形成初期也往往會受到其他「干擾」因素的影響。而一旦正式走入了某一制度之後，制度的自我強化機制就會使得制度不斷得到鞏固和強化，直至新的危機出現。進而，歷史制度主義還提出了「正常時期」制度變遷的意外後果問題，即儘管制度穩定之後很難發生大的改變，但是環境和條件的變化又有可能使得制度的功能發生扭曲或改變。

在這裡，歷史制度主義主要列舉出了五種情況：一是社會經濟系統和政治背景的變化有可能會使原本不那麼重要的制度變得重要起來，原來不怎麼發生作用的制度會突然對社會政治生活產生重大影響；二是社會經濟和政治背景的變化也有可能會在既定的制度背景下產生出一些新的行動者，這些新的政治行動者有可能會利用原本服務於舊有行動者的制度來為自己服務；三是環境的變化還有可能使舊制度下的舊行動者利用既存的制度來追求新的目標；四是新觀念的輸入有可能會使既定制度下的行動者重新審視原有的制度，從而促成主動的制度變革；五是制度自身的意義和功能隨著時間的改變而出現內在衝突，而這些鬥爭和衝突又可能溢出制度之外，並引發新的變革。[296]

兩岸政治互信隨著歷史的進程不斷變化，而推動這種變化的力量，來自於兩岸之間的相互交往。兩岸的政治互信是一個從過去到現在又延展到將來的流形，這個流形由一系列局部博弈過程所構成。每個局部博弈過程都是一個特定博弈實現均衡的過程，它基於以前的博弈均衡，從一個隨即突變開始，以實現某個均衡為結束。參照丹麥新制度主義研究者尼爾森教授的歷史制度主義的四個理論支柱[297]，本文對於政治互信的分析框架如圖2所示。

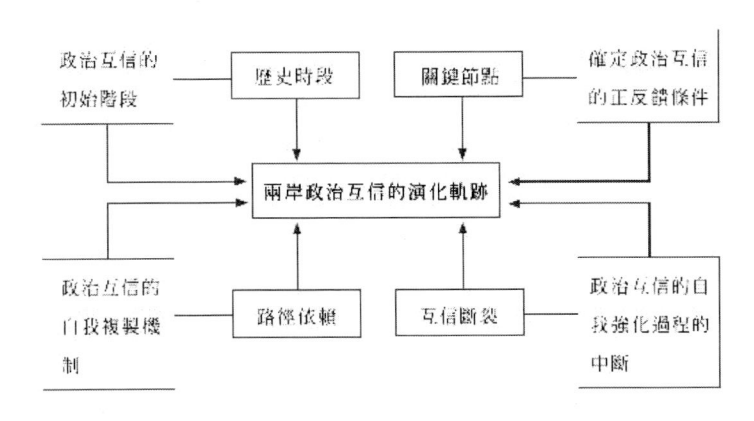

圖2政治互信歷史演進的分析框架

首先，找出兩岸政治互信的形成時段，即確定應當追溯的影響政治互信的歷史時段到底有多長，初始設置應該劃在哪裡。兩岸關係最本質的內涵是政治關係，是1940年代以來的中國內戰及其延續所造成的政治對立。1946年6月，中國內戰爆發。這場內戰的根本原因是，參與雙方對中國統治權的爭奪。[298]儘管內戰規模巨大、損失慘重，但參與的雙方始終堅持的，都是爭奪中國唯一的合法代表地位，即中國的統治權，而沒有任何一方試圖損害中國的領土主權完整。中國內戰及其延續對兩岸政治關係的影響，首先並最集中地表現在對兩岸政治互信的影響上。[299]在中國內戰延續的六十多年中，雙方之間的政治互信，特別是1949年以後的兩岸之間的政治互信及其發展變化，卻有更為複雜的表現。

結合兩岸關係的歷史分期，可將政治互信的演進軌跡分為四個階段：

一、1949—1987年，兩岸之間存在薄弱的政治互信

1949—1979年，兩岸關係格局的基本特點是全面隔絕和軍事對峙，兩岸之間沒有政治互信的基本狀況。但當時臺灣的數位密使多次與大陸交往、溝通，表明兩岸之間實際上存在某種薄弱的雙方都堅持「一個中國」原則的政治互信。

1958年的金門炮戰後,兩岸由過去激烈的軍事對抗轉向以政治對抗為主、軍事對抗為輔的對峙狀態。[300]當時,大陸連續發表了兩份《告臺灣同胞書》,其中都提到「我們都是中國人。臺、澎、金、馬是中國領土,這一點你們是同意的,見之於你們領導人的文告。臺澎金馬是中國的一部分,不是另一個國家」;「世界上只有一個中國,沒有兩個中國。這一點我們是一致的。美國人強迫製造兩個中國的伎倆,全國人民,包括你們和海外僑胞在內,是絕對不容許其實現的」。[301]金門炮戰及其長達二十年的延續,是以兩岸之間重要的政治互信為基礎,即以雙方之間存在著的關於反對美國「劃峽而治」,維護中國領土主權完整、反對「兩個中國」的互信為基礎,而達成默契的結果。[302]

1979年元旦,全國人大常委會發表《告臺灣同胞書》,提出「透過兩岸的商談結束軍事對峙狀態,為雙方任何一種範圍的交往接觸創造必要的前提和安全的環境」。同時提到「臺灣一貫堅持一個中國的立場,反對臺灣獨立,這是我們共同的立場,合作的基礎。」[303]此後,中國政府又在此基礎上確立了「和平統一,一國兩制」的基本方針,在堅持一個中國原則的基礎上,積極推動兩岸各項交流和人員往來。大陸採取了一些有利於兩岸關係緩和的措施,提出了「三通」的主張。臺灣前期由於擔心兩岸關係發展會威脅到「反共戡亂體制」,制定出「不接觸、不談判、不妥協」的「三不」政策,堅持「反共拒和」。但隨著形勢的發展和兩岸接觸的頻繁,國民黨當局的政策也出現鬆動,用「三民主義統一中國」取代了「反共複國」。[304]直到1980年代中後期之前,國共兩黨都承認在國家統一的問題上有許多共同基礎,如共同承認臺灣是中國領土的一部分,雙方都反對「臺獨」或國際託管,雙方都強調要用和平的方式解決臺灣問題,某些國家的自由、獨立和統一、謀求中華民族和國家的強盛、繁榮,以及包括臺灣人民在內的全國人民的幸福。[305]

二、1987—1999年,兩岸政治互信前期初建,後期中斷

進入1980年代以來，兩岸經貿往來、人員交流持續、較快增長，軍事對抗逐漸緩解，反映了兩岸之間出現了保持臺海和平、促進兩岸交流、交往的互信。1987年11月2日，臺灣被迫開放臺灣居民赴大陸探親，兩岸的民間交流出現迅猛發展的勢頭。1988年李登輝上臺之初，延續了蔣經國的「一個中國」的立場，1988年12月，李登輝首次提出必須面對「中國只有一個，但卻無法有效在全國行使統治權的現實」。[306]1991年2月23日，臺灣制定了「國家統一綱領」，正式提出「互不否認對方為政治實體」。雖然仍然堅持一個中國原則，但對一個中國的內涵並沒有做出說明。3月9日，臺灣率先成立海基會，希望藉此推動兩岸對話，兩岸交流進入雙向交流的對話階段。1992年3月23日，兩會協商正式開始，此後在北京、廈門、香港、臺北舉行多輪兩岸對話。1992年8月，臺「國統會」就一個中國涵義發表聲明，提出「中國暫時處於分裂狀態，由兩個政治實體，分治海峽兩岸」。1992年10月28日—30日，兩會在香港舉行商談，集中討論兩岸事務性商談中如何表述堅持一個中國原則的問題。1992年11月，兩岸達成體現一個中國原則的「九二共識」，為「辜汪會談」及此後各種事務性協商談判奠定了基礎。

　　1993年4月27日—30日，在「九二共識」的基礎上，在大陸的積極推動下，海協會會長汪道涵與海基會董事長辜振甫，在新加坡正式舉行第一次會談。[307]「九二共識」以及第一次辜汪會晤，進一步表現了兩岸之間關於堅持一個中國原則的互信，「一個中國」仍然被視為兩岸走向整合協商的進程裡不可缺少的原則或主要條件。[308]1995年李登輝訪美使得兩岸事務性協商中止，臺海地區出現了1970年代以來前所未有的緊張局面。1997年7月，李登輝發表「特殊國與國關係」論，兩會協商管道徹底終止。1999年7月9日，李登輝在接受「德國之聲」採訪時公然表示，臺灣已將兩岸關係定位在「國家與國家，至少是特殊的國與國的關係」。[309]臺灣的兩岸「主權分裂論」逐漸發展成為「臺灣主權獨立論」。1999年，民進黨通過「臺灣前途決議文」，其中就明確提到「臺灣是一主權獨立國家，其主權領域僅及於臺澎金馬及其附屬島嶼，以及符合國際法規定之領海與鄰接水域。臺灣，固然依目前憲法稱為中華民國，但與中華人民共和國互不隸屬」。臺灣對於一個中國原則由混淆、否定演變為背棄，兩會商談被迫中

斷，剛剛初建的政治互信也被迫中斷。

三、2000—2008年，政治互信中斷，但基礎在累積

　　2000年臺灣首次「政黨輪替」，標舉「臺獨」黨綱的民進黨取得了執政地位。陳水扁就職時提出「四不一沒有」[310]，大陸提出了「聽其言、觀其行」。2000年8月，錢其琛副總理提出「一個中國」的新三段論述，即「世界上只有一個中國，大陸和臺灣同屬於一個中國，中國的領土和主權完整不容分割」，作為善意回應。2001年大陸一方面對臺灣「臺獨」活動進行批判，另一方面也強調只要臺灣接受一個中國原則，回到「九二共識」，兩岸就能恢復對話和談判，而且什麼問題都可以談。陳水扁拒絕接受一個中國原則，否定「九二共識」；2002年，陳水扁提出了「一邊一國」論，讓兩岸關係再次跌入谷底。2003年至2004年，陳水扁在競選過程中變本加厲地拋出「臺獨」主張，不僅將選戰定調為「一邊一國」對「一個中國」的對決，並推出「臺灣正名」、「公投制憲」的「臺獨時間表」，以「公投綁大選」的方式強勢進行「和平公投」；此後，陳水扁更是有恃無恐地推動「去中國化」、鼓吹帶有「臺獨」意識的「臺灣主體意識」、廢除「國統會」和「國統綱領」、透過「憲改」謀求「臺灣法理獨立」、鼓噪「以臺灣名義」申請加入包括聯合國在內的各種明顯需要主權國家身分的國際組織、推動舉辦「以臺灣名義」加入聯合國「公投」、授意民進黨炮製「正常國家決議文」這一新的「臺獨」綱領等等赤裸裸的「臺獨」分裂活動。[311]陳水扁大肆推進「臺獨」路線，嚴重破壞了兩岸之間實際上一直存在的，關於堅持一個中國原則，維護中國領土主權完整的政治互信。這不僅導致臺海局勢、兩岸關係幾次陷於高度緊張和危險之中，而且對未來兩岸政治關係的改善產生了嚴重不利影響。

　　2005年四五月間，中國共產黨相繼邀請中國國民黨主席連戰和親民黨主席宋楚瑜訪問大陸，並與中國共產黨建立了政黨溝通交流平臺，兩岸關係出現了一

些促進兩岸關係發展的積極因素。4月29日胡錦濤和連戰的會談新聞公報中就提到,堅持「九二共識」,反對「臺獨」,謀求臺海和平穩定,促進兩岸關係發展,維護兩岸同胞利益,是兩黨共同的主張。[312]在與宋楚瑜發表的會談公報中也提到,1992年兩岸達成的共識應當受到尊重。在兩岸各自表明均堅持一個中國原則,即「九二共識」(「兩岸一中」)的基礎上,盡速恢復兩岸平等協商談判,相互尊重,求同存異,務實解決兩岸共同關心的重大議題。[313]兩岸關係以政黨交流的模式,掀起了一個又一個的高潮。2005年8月,國民黨臺中市、彰化縣、臺南市、新竹市黨部參訪團先後抵達廈門、青島、深圳、蘇州展開交流訪問,中國共產黨與國民黨基層黨部交流分階段展開。中國共產黨與國民黨、親民黨之間的政黨溝通平臺啟動後,不僅使兩岸的政黨關係開創了前所未有的新局面,而且國親新三黨與中國共產黨之間形成了「堅持『九二共識』、反對『臺獨』」的政治互信,在兩岸的政黨之間建立了共同的政治基礎,為兩岸關係注入了新的動力。

四、2008以來,兩岸關係和平發展,政治互信恢復和鞏固

兩岸政治互信在李登輝、陳水扁於臺灣執政期間遭到嚴重損害,但在2008年5月以後,在兩岸關係進入和平發展歷史新階段進程中,得到明顯表現和加強。2008年5月20日,馬英九在就職演說中明確表示,我們今後將繼續在「九二共識」的基礎上,儘早恢復協商。兩岸雙方得以在反對「臺獨」、堅持「九二共識」的基礎上建立了政治互信,兩岸關係也朝著改善和緩和的方向發展。兩岸恢復了中斷多年的「兩會」制度化協商機制,並分別在北京、臺北和南京進行了三次協商,雙方共簽署了9項協議、達成一項共識。2008年5月以來,已進行了六次江陳會,儘管都沒有涉及具體的政治事務,但兩會接觸、辜汪會和江陳會實際上都應視為兩岸之間的政治交往,因為都是兩岸官方授權的機構和個人的接觸、

溝通。2008年9月馬英九在接受墨西哥《太陽報》的專訪時，就兩岸關係作出新的詮釋，說海峽兩岸雙方的關係應該不是「兩個中國」，「而是在海峽兩岸的雙方處於一種特別的關係」。

2008年12月31日，胡錦濤在紀念《告臺灣同胞書》發表30週年座談會上的重要講話中提出了六點意見，其中第一條就指出：「恪守一個中國，增進政治互信。」胡錦濤對兩岸政治關係的定位提出新的表述，他指出：「1949年以來，大陸和臺灣儘管尚未統一，但不是中國領土和主權的分裂，而是1940年代中後期中國內戰遺留並延續的政治對立」。並且指出：「兩岸在事關維護一個中國框架這一原則問題上形成共同認知和一致立場，就有了構築政治互信的基石，什麼事情都好商量。」一個中國原則始終是建立兩岸政治互信的基礎。自「三通」以來，兩岸各項對話全面開展，比較值得關注的有在福建舉行的兩岸民間性質的海峽論壇，在湖南召開的兩岸經貿文化論壇，兩岸故宮博物院合作舉辦「雍正文物特展」，在浙江舉行的兩岸農漁水利合作交流會，在臺灣舉行的兩岸一甲子學術研討會等。[314]國共黨際交流平臺也逐步得到新的確認與發展，從而初步形成海峽兩岸之間「兩軌交流機制」，這些為兩岸之間保持溝通、消弭誤解、增進互信、並達成共識奠定了重要的基礎。兩岸關係步入和平發展的軌道後，政治互信有了很大的發展。面對兩岸關係發展這樣的新形勢，鞏固和深化兩岸政治互信就成為可能，並顯得尤為必要。

我們假定，兩岸博弈結構參與人只擁有有限的主觀認知，這些認知來自過去的經驗，只有在環境發生重大變化或認知出現內部危機時才被修改。我們把每個參與人對博弈結構的主觀認知稱為主觀博弈模型。[315]兩岸關係中的參與人自覺或不自覺地調整行動決策的主觀集合與決策規則的方式，不是隨即和相互獨立地發生，而是以相互協調的方式進行的，最終將導致共有信念系統（兩岸政治互信）的產生。政治互信的主觀博弈模型滿足以下四個條件：

第一，參與人i技術上可行的策略決策的客觀集合Ai（iN）可以用一個無限維的空間代表，但是在任何時點上都只有一個有限維的子集處於啟用狀態，它被稱為行動的啟用集合。第二，對於博弈的內生性規則，參與人共用一個公共信念

系統，即制度；除此之外，當博弈的實際策略組合為s×iSi時，參與人對於博弈域的內在狀態還形成私人剩餘資訊I（s）=一。這兩者的加總就是參與人對於博弈的全部主觀認知。第三，給定被認知的制度，每個參與人擁有一個主觀的後果函數（.，I（.）：，e），其中Si是參與人的決策，e是參與人對博弈域環境的解釋。這個後果函數就是參與人的主觀推斷規則。第四，參與人從行動啟用集合中選擇策略S，使其預期效用u（（si，I（s）：，e）最大化，由此得出的策略選擇稱為最佳反應決策規則。

　　從兩岸政治互信的主觀博弈模型中我們發現最核心的條件是：在兩岸關係的初始政治域，必須有超過臨界規模的參與人修改對於域內部結構和外部環境的認知，並以分散化或相互協調的方式聯合採取新策略，這樣才能導致新均衡序列（穩定的政治互信）的出現。和平發展已經成為兩岸關係的大勢，透過加強交流，加深理解，為政治互信累積基礎。但是，只要主觀博弈模型的第二個條件——共同認知無法滿足，兩岸的政治互信很難建立。在政治互信的演化起點與歷史跨度大體確定之後，要尋找在整個政治互信發展過程中起著關鍵作用的時間點（也稱制度斷裂點）。政治互信的演進過程是一個間或被一些轉捩點所穿刻的過程，當實質性的變遷發生時，就會由此產生出某種「關鍵節點」，使得政治互信的發展走上某種新的道路。很顯然，1979年、1992年、1995年、2002年、2005年及2008年，都是這樣的關鍵節點，在這些關鍵節點[316]上，兩岸關係中的制度設計者們的某一重要決策直接決定了下一階段兩岸政治互信的方向和道路。這些時間點上所發生的事件極大地改變了政治互信的發展軌跡，形成一種「斷裂」，很長時間內影響著後續的兩岸關係。[317]

　　分析政治互信的正回饋條件和自我複製機制，即找出政治互信的依賴路徑及深層基礎。1.社會經濟系統和政治背景的大範圍變化，即大陸經濟發展、兩岸經貿文化往來和臺灣政黨輪替產生某種適合培育政治互信的環境。當前兩岸關係發展面臨難得的歷史機遇，兩岸經貿關係不斷拓展和深化，兩岸民間往來更加便捷密切，和平發展已經成為兩岸關係的大勢，成為海峽兩岸同胞共同的追求。2.分散化或個案協商的方式試驗兩岸政治互信的新策略。以「中華臺北」稱謂臺灣執政當局既是對臺灣參與國際空間的政治認同，也是對保留臺灣現行制度的政治保

證;這是中國大陸對臺灣最大的政治善意,也是兩岸構建新型政治關係的開始。
3.文化認同與政治認同的一致與分離。兩岸共用一個共同的民族意識和國家主權的感情基礎存在。但是由於政治權力不斷介入,臺灣認同的二元性日漸顯露,分離趨勢愈加明顯。李登輝先後鼓吹「新中原」、「新臺灣人主義」,認為臺灣可以建立民族國家。這種政治認同就已經偏離國民黨在臺灣長期建構的「一個中國」政治認同模式。民進黨執政時期充分利用各種資源來建構新的政治認同模式,即建構以臺灣為核心的文化與政治認同的總體工程,將本土化與「臺獨」公開畫上等號。雖然臺灣試圖建立與政治認同新模式相適應的文化認同模式,但是由於文化認同更多地是基於血緣關係的拓展,很難從短時期內對它進行徹底的改造和革新。[318]針對這種認同的二元性的分離趨勢,大陸開始依靠臺灣政治認同與文化認同相對趨於一致的政治力量,一起來強化政治認同與文化認同的一致,從而建立起對未來的國家認同。在兩岸文化認同相對一致的情況下,大陸需要在已經有非常良好的政治實踐的基礎上,進一步用實際行動來增強對臺灣民眾政治認同的吸引力和感召力。4.政治互信的培育是透過兩岸關係的「制度化」和「社會化」來實現的。根據《新牛津英語辭典》,制度化主要有兩層含義:(1)使一種行為成為一種規範或原則;(2)以某種固有的制度規範人的行為。第一層含義強調了制度變革與創新,指的是將創新行為規範化。制度化就是行為的規範化;第二層含義則強調了制度約束,反映的是將人們的行為納入一種既定的制度規範之中。我們基本上同意將制度化理解為「制度對人類現實的社會行動產生影響並使之模式化的過程。」因此,制度化不是制度本身的演化,也不是「使一種行為成為一種規範」,而是對人們的行為產生規範作用並使之模式化的過程。這種意義上的制度化,具有兩個基本作用:(1)促使人們認定某種行為的合理性。一般而言,符合制度規範的就是合理的行為,反之,不符合制度規範的就是不合理的行為。制度化就是合理化。(2)使人們的社會行為具有可期望性。制度化要求人們必須依循一定的制度規範實施行為,因此,這種行為是可期望的。人們行為的可期望性依據是制度規範及其對於人們行為的制約。在制度化階段,外在制度與內在制度對於社會信任培育的具體的機理是不同的。基於外在制度的「外在制度型」社會信任產生於對於外在制度的理性理解,這種理性理解主要是

一種工具理性式的理解；基於內在制度的「內在制度型」社會信任產生於對於內在制度的理性直覺，這種理性直覺主要是一種價值理性式的直覺。所謂社會化就是人類個體不斷自主地內化制度規則或規範的長期過程。社會信任是社會交往主體彼此對於對方能作出符合制度規則或規範行為的相互期望，它基於制度，產生於對制度規則或規範的共識或共覺。因此，社會化對於社會信任的培育起了非常重要的作用，是社會信任培育的基本途徑。社會化是社會信任培育的基本途徑。家庭、鄰里社會、學校、志願性社團等是社會化的基本場所，大眾傳媒，包括書籍、雜誌、報紙、廣播、電視、電影以及互聯網等是社會化的重要手段。社會信任就是在這些社會化場所中以及在這些大眾傳媒的影響下逐步培育起來的。制度化和社會化可以使兩岸之間的「擱置爭議、求同存異」真正落到實處，並在此基礎上來建立和增進政治互信。同時配合互信機制的建立，才能減少交往中的風險、增進交往各方的相互依賴、維持持續的交往關係，更好地維護長期利益和維護自身聲譽。制度化之後的兩岸關係中的政治互信是一種邊際量上的累積，是穩定的，顯示出連續性的特徵，突發事件下的非連續的制度變遷也是在原有制度框架下不斷發生的邊際調整的累積性結果。

結語　培育兩岸關係中的共同認知

　　兩岸關係隨著歷史的進程不斷變化，而推動這種變化的力量，來自於兩岸之間的相互交往。在兩岸關係中，儘管兩岸共用一個共同的民族意識和國家主權的感情基礎存在：共同的語言、文化、習俗，日益深入的經濟交往，以及對中華民族復興的期盼等。但是臺灣民眾這一情感的制度化缺乏必要的組織基礎，所以很容易在「臺獨」勢力下不斷被侵蝕。兩岸關係中共同認知的現實建構，需要一種公共秩序和集體行動邏輯的達成，以及制度創新和文化實踐的促動。具體來說，建構兩岸政治互信中的共同認知，主觀方面，兩岸人民必須感覺到使他們團結在一起比使他們分裂更珍貴。[319]在劉國深教授的「球體理論」和張亞中教授的「兩岸統合論」的基礎上提出基於周易精髓的兩岸「和合論」[320]（見圖3），是中國文化的生動體現，是中國人圓滿盈溢的審美理想的體現。中國人的智慧就體現在「仇必和而解」中。這就是用和諧的方法來消除矛盾、解決矛盾，使事物向一個更新的方面發展。《易經》中云：「乾道變化，各正性命，保合太和，乃利貞。首出席物，萬國鹹寧。」[321]人世間萬事萬物依循天道的變化，各自獲得自性、本質、命運，形成定位，這就是說分殊、差分和衝突，而又保持住內外的「太和」。衝突融合的更高層次即和合。「和」這個字是從「口」和聲，它的意思是說每個人都有飯吃，也就是說每個人都應該有生存的權利。「和」字從古代來說，就是講聲音相和。「合」的意思是由不同的事物合攏或者集中起來納入口中，或者是放在器皿當中，蓋上蓋子，使它發酵，也就是氤氳，使它成為新的事物。和合的基本意思就是衝突、融合，然後和合成新事物，[322]和合本身就是對稱的、相關的、動態的過程。

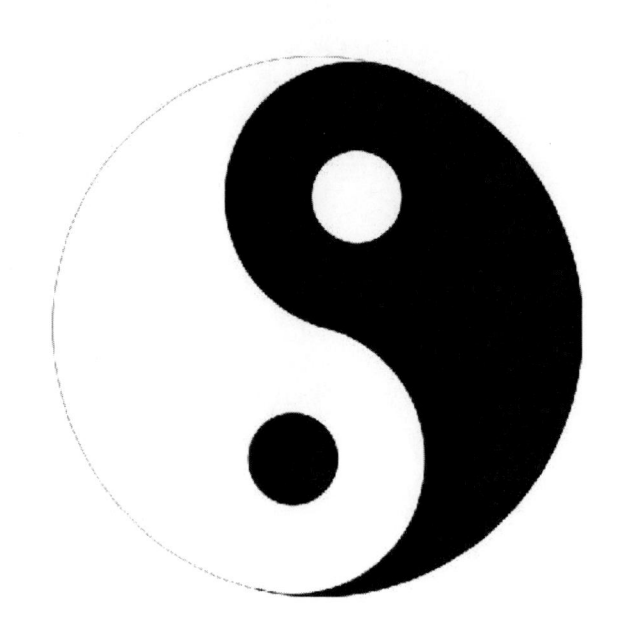

圖3兩岸和合論

　　天地間萬事萬物是依「和」或「合」而有的「和合者」，外於和合而有的「在」，為「非在」[323]「非在」轉換為「在」，必待和合，經和合而擁有「在」的質或式，故說「夫和實生物，同則不繼。」共名的事物是和合，殊名的一事一物亦是和合。和合就是差分，只有差分和異質，才能回應「如何與怎樣和合」是可能的。和合是差分、異質元素及多元要素和合而生。衝突是指諸元素性質、特徵、功能、力量、過程的差異和由差異而相互衝撞、傷害。衝突包含差異，是差異的激化。宇宙間沒有無衝突的自然、社會、人生、心靈和文明。衝突既有原結構方式的突破、破壞；又有秩序結構的衝擊、打散。由無構、無式而需要重建結構、秩序、方式，這便是融合過程。「融」有明亮、溶化、流通、和諧的意思。融合是指任何差分的諸要素在其差分或繼存過程中，各自的生命潛能、力量、特質、價值均有賴於另一方的聚會、滲透、補充和支援。融合在衝突過程中實現，它代表著新結構方式或方式結構的化生。衝突是融合的前提，融合是衝突的理勢。現代人類面臨著種種衝突，怎樣化解此種種衝突，是人類文化生命之

所在和時代人文精神之精髓。這便是更高層次，即和合。和合包容了衝突和融合，作為衝突融合的和合體，它是一種提升，使原來的衝突融合進入一個新的境界。324

「易」是陰陽兩種同存於一體的能量互動的張力，兩岸（陰陽）並不是彼此對立生死相剋的，只是作為不同的能量而存在，能夠相互影響。一陰一陽之謂道也。這個規律也不是僅僅存在於自然界的，而是存在於整個人類社會形態之中，如《說卦》所言：「昔者聖人之作《易》也，將以順性命之理。是以立天之道曰陰與陽，立地之道曰柔與剛，立人之道曰仁與義。兼三才而兩之，故《易》六畫而成卦。」天之道是陰陽分立，地之道是剛柔分立，人之道是仁義分立，這種分立往來互動，為發展變化提供了可能性。楊慶中先生在其早期發表的《交、感、化、革──周易宇宙觀的生成邏輯》325一文中指出，周易的核心範疇是陰陽，陰陽的互相運作而產生宇宙萬物，但這種運作最後要落實到交感化革上。陰陽並不是彼此對立、孤立的，相反如同男女結合一樣，因為不同而彼此交感而生萬物。陰陽之分立事實上有兩層意思：一是陰陽不同質。如「分陰分陽，迭用剛柔」（《說卦傳》）、「陰陽之義配日月」（《繫辭傳》）。二是陰陽互補、轉換。如八卦中老陰老陽之轉換，再如「坤至柔而動也剛」（《文言‧乾》），陰極生陽，陽極生陰，這種互動或互補，為生命的可能性提供了依據。陰陽之互補而互動，並非無條件的，而須「交感」方可實現。「陰陽合德」是自然世界萬物生長的基本原則。「《易傳》認為，陰陽對待和合，體現了天地萬物的變化，這種變化的本質和價值要旨是新事物的化生，生生之謂易，天地之大德曰生。中國有『和實生物』之說，天地氤氳，萬物化醇，男女構精，萬物化生。人類從自身的男女構精而生出許多子女這一啟迪中，推及宇宙萬物的化生是天地氤氳的結果。天地萬物不是唯一存有的上帝創生的。陰陽不交合構精或是二女同居，都不能化生新生命、新事物」。陰陽並非是絕對對立的存在類型，而是以「合德」的方式而實現存在。

和合論首先承認兩岸目前的政治現實，肯定差異性，兩岸融合而生生不息。我們可以透過五種從張立文教授開列的「和合學」中凝練出的共識來融合兩岸，以增進互信。這便是：（1）和生。也就是兩岸都是生命體，我們不能採取非此

即彼的方法,而只能在競爭當中互相生存,互相尊重,而不能互相殘殺。(2)和處。儘管兩岸各有不同,但是,我們可以和處,也就是和平共處,以「溫良恭儉讓」[326]的規範自律。(3)和立。就是孔子說的「己欲立而立人」,「己所不欲,勿施於人」。[327]尊重彼此的獨立性。(4)和達。就是「己欲達而達人」,兩岸之間應該互相通達、共同繁榮。(5)和愛。使兩岸之間充滿愛,也就是孔子所講的「泛愛眾」,墨子所說的「兼相愛」。這樣的中華民族才是真正和諧、和平、和合的民族。

建構兩岸政治互信中的共同認知,客觀方面,兩岸人民需要一定的組織來使這種感覺制度化。首先,從調整所有參與人的認知著手,建立真實有效的溝通系統,掃除政治互信中的認知障礙。雖然兩岸已經開放了二十多年,但兩岸之間依然缺乏深入的瞭解,存在認知與現實的不對等,互信基礎嚴重不足。如果資訊不透明,虛假資訊氾濫,導向偏差,那麼不僅政治互信,連兩岸之間的人際互信都難以普遍出現。改變歷史形成的刻板印象,重建對「他者」的認知圖像。要理解並尊重兩岸人民的特殊情感,正如廖義輝指出的:「大陸更強調統一,臺灣強調『主體性』」。[328]臺灣同胞無法體會在大陸的中國人百年來對中華民族遭受列強瓜分欺壓,民族自尊蕩然無存的悲憤心情,以及他們極欲在21世紀重新恢復民族的尊嚴,重新在國際上受到重視的強烈的民族使命感;同樣的,在大陸的同胞也無法體會臺灣人民百年來是如何在夾縫中求生存,如何委曲求全,在國家認同的錯亂中尋找自己的未來。因此我們要加強同臺灣同胞的聯繫,注意傾聽臺灣同胞的意見和要求。充分尊重臺灣同胞當家做主和爭取民主權利的要求,保護臺灣同胞的一切正當權益。最後要理解和尊重臺灣人民對民主和自由的追求,真正落實「寄希望於臺灣人民」的既定方針。另一方面,反思「兩會模式」,推行「三黨多元互動形式」。不僅國共之間,國共雙方與臺灣其他主要政黨之間也要逐步要建立互信。開放兩岸政黨基層溝通、交流和交往。這要特別說明的是,政黨基層之間的交流和交往不需設置政治前提。

再次,以最廣泛的兩岸事務政治參與的制度設置來凝聚政治互信。進行一系列保證兩岸事務要讓兩岸人民具有有效的機會來參與政治過程,且具有平等的權利來選擇議題並控制議程的制度設置:充分發展利益集團、大眾傳媒等社會仲介

組織,使分散的、潛在的兩岸人民意願轉化為明確的政策要求;兩岸主動透過社會對話等一系列手段和方法,瞭解彼此民意;提高兩岸事務決策過程的公開性和透明度,這樣才能強化兩岸協商過程中具有公共精神的公共參與。多管道共同參與兩岸事務的政治意義在於對兩岸政治教育的滲透力,亦使各有自己特殊利益的階層、集團和地區同時具有「責任共擔的習慣」。

第三,凝聚「中華民族」認同,培育兩岸公共文化服務,以兩岸合作的方式創造公共價值,作為政治互信中的交疊共識。文化認同是一個民族的根本性心理結構,透過影響人的自我認同,進而影響人的政治態度。文化認同首先強調個體的「文化身分認同」,其次是對「文化共同體」的認同,由此形成國家和社會建構的基礎。「認同」從本源上來看,首先意味著「同一性」。它是一個識別象徵體系,用於界定「自我」的特徵,以示與「他者」的不同。認同本身是一個認知過程,在這一過程中自我和他者的界限會逐漸變得模糊起來,並在交界處產生完全的超越。同時,它也是一個需要不斷重複建構的過程,這一點在不同的學者那裡也各有表述。「建構主義」的代表性人物亞歷山大·溫特就認為,「認同」一詞含有身分、特性和認同(同一性)三方面的含義。認同的形成是社會建構的結果,是「基於他人的社會承認之上的一種自我表像,這種自我表像的內容要和其他行為體對該行為體的再表像取得一致性」,換言之,個體從他者的眼中獲知自我的身分,身分「存在於和他者的關係之中」[329]。

「認同」為什麼與「文化」有著如此密切的關係?馬林諾思基認為,文化對人產生了直接的作用,「文化真正的要素有它相當的永久性、普遍性,及獨立性的,是人類活動有組織的體系,就是我們所謂『社會制度』。任何社會制度都針對一根本的需要;在一合作的事務上,和永久地團集著的一群人中,有它特具的一套規律及技術。任何社會制度亦都是建築在一套物質的基礎上,包括環境的一部分及種種文化的設備」。[330]文化認同是一種「內在於個人的東西」,人們最早體驗到的是攜帶在血液中的文化認同,「它不是被實踐的,而是內在固有的,不是獲得的,而是先賦的」,因此,「在最強的意義上,它是用種族或生物遺傳的概念表達的。在較弱的意義上,它被表述成傳統,或者是每個個體都可學習的文化遺產」。[331]馬克·J.史密斯則認為文化提供了一個場所,使得「自我」概念

的諸多內容能夠在有意義的對話中與其他認同成分相容，而且使相互的發現成為可能。

縱觀臺灣光復六十年來，臺灣的文化認同經歷了一個複雜的演變過程。具體而言：第一，臺灣文化認同體系由一元認同朝向了多元認同，即除了對中華文化認同以外，還有對西方文化的認同，對臺灣本土文化的認同。第二，母體文化即中華文化認同日趨削弱，而與此相反，臺灣的本土文化認同和西方文化認同則日趨強化；第三，在臺灣的文化認同體系中，中華文化的認同、本土文化的認同和西方文化的認同三者處於一種非和諧的狀態，有中華文化認同與西方文化認同的對立，也有中華文化認同與臺灣本土文化認同的對立[332]。一直以來，與經濟交流相比，兩岸的文化交流要薄弱許多。

2009年，《遠見》雜誌發表了一篇《兩岸民眾互看價值觀關鍵調查》，這篇調查文章發現，大陸人認為臺灣人是他們的家人與親戚，超過52.3%，認為臺灣人是生意夥伴的僅是16.2%。臺灣過半數的民眾認為兩岸關係最好的狀態還是維持在經濟緊密互動，最親密也只是做到朋友，至於當家人、親戚的比率則都低於10%。[333]臺灣人與大陸人互看價值觀上之所以會有如此大反差，是因為兩岸關係很大程度上體現在經濟交流的層面上，是以經濟關係為主導的，而經濟關係注重務實，往往透過利益來維持雙方的關係。所以，一旦臺灣對大陸經濟的依賴程度降低，那麼兩岸關係就會變得極為脆弱。吳伯雄在第五屆經貿文化論壇開幕式上說：「從經貿的角度來看兩岸，大家追求的是經濟的利益，從文化的角度來看兩岸，大家重視的是品質與價值的問題，包括制度的改革，生活的方式，以及社會的活力與創造力等等。」「全球金融風暴下的此刻，當我們重新審視兩岸關係的未來時，我們意識到兩岸關係是否能持續且長遠地發展，是否能在不遠的未來產生實質性的更大突破，文化平臺上的溝通，往來與融合是問題解答的一個關鍵所在。」「經貿與文化是連接兩岸的兩大橋樑，缺一不可，現在該是搭起文化橋樑的時候了。」

「天處乎上，地處乎下，居天地之中者曰中國，居天地之偏者曰四夷，四夷外也，中國內也。」[334]中國傳統意識的認同是天下、國家、文化三位一體。由

於血緣關係本身的拓展性以及心理穩固性，長期經過積澱的共同特徵也就在文化上形成了綿延不斷的脈絡，構成了整個社會運行的基本網路，即費孝通總結的「差序格局」。這種網路成為了古典中國社會文化認同的基礎，儒家學說以及龍、媽祖等圖騰成為連接這些網路的關鍵環節，形成了所謂的古典中國的「道統」。這種社會網路成為連接「中華」的主鏈條。臺灣民眾文化上對於中華的認同仍然具有主導的位置。兩岸應該把培育文化認同視為自己的重要任務，提供兩岸公共文化服務。

　　文化認同的實現不僅在於文化因素本身，更與官方的文化認同建構能力有關。兩岸需要的是一種大規模共同文化參與的「文化動員」。覆蓋網路的構成除了包括公共圖書館與博物館、美術館、劇院以及藝術中心之外，也涵蓋了文化館與文化廣場、電影院、電視臺、文化資訊數位網路、書店等。「很明顯，文化傳統必須從一代傳遞給下一代。某種教育方法和機制必然存在於每種文化之中。……文化的物質底層也需要更新並維持其正常的運轉狀態」。[335]對公共文化資源的充分利用正是傳承文化所必需的。對民眾的成功教育以及一種集體意識的形成得益於在直觀文化形態的幫助下所形成的歷史與文化的「記憶」。這種記憶是普通民眾形成集體意識的基礎，對於那些更強調透過批判而恢復理性認同的知識精英而言當然也具有同樣的功能。因此，對這種資源的善加利用是所有民族國家的政府所必然重視並主動承擔的責任。真實地建構過去總是與從今天向明天的轉變有關。[336]對文化資源的整合是對歷史認知與文化意識的重新建構，動員民眾的文化參與，推動這個體系的形成便是在完成一個歷史的建構過程。在國家現代化過程中，文化認同常常被認為是指對既有的或曾經有過的自然、歷史、道德和文化模式的認同。但這樣的認同是一種初級的「事實性認同」方式。現代化是一個社會全方位的變遷過程，認同的獲得無法透過簡單的事實比較和價值選擇就能夠實現，既有的文化事實不可能拿來作為認同的對象。因此，現代社會的文化認同應該是一種新的「建構性認同」方式。尤其是要利用媒體來再現集體記憶，比如將兩岸相關的集體記憶融入故事敘述、藉助於新聞報導喚醒公眾記憶等；臺灣需要進一步加強認識當代大陸，大陸則需要體認臺灣的多元化政治環境，要善於利用媒體培養兩岸共同的歷史記憶，以一種積極的、參與的方式，透過開放性的

討論,在動態的過程中(不是靜態地對歷史或現實的事實的認定)逐步建構兩岸共同體的文化認同。中華民族的建構要周延,終究要找出彼此都接受的政治理念。

最後,開放思維,靈活增進政治互信。大陸如果想要加強臺灣人對中國人的身分的認同,政策措施上必須弱化臺灣人對大陸的敵意。一個途徑就是自下而上地把臺灣的專家、組織拉進國際代表團,更多地藉助於軟訴求,比如溫總理的兄弟說。考慮到臺灣的政治現實,「中華民國」的問題在非官方、非正式場合,適當採取模糊或者彈性處理。放寬自下而上的溝通管道,使更多臺灣民眾切身體驗到做一個中國人時大陸帶給他們的便利、光榮、尊重、安全、實利,從而願意做一個中國人。兩岸從可以改變的地方入手,依靠點滴來累積善意和擴大共識。兩岸共同探討兩岸互動模式,如「和平發展下的治權競爭」、「多種形式下的中華共同體」等。兩岸可以考慮發展「一種富有層次性和延展性的主權觀念」。創建新的兩岸目標,體現一種兩岸共同要求交流與發展的訴求觀,共同推動建構的國家。[337]在涉外事務方面,雙方應相互支持,共同維護兩岸民眾在國際上的合法權益,並透過務實協商,解決臺灣民眾關心的參與國際活動的問題。

兩岸雙方都帶著自己由歷史給予的「視域」去理解對方時,就一定會出現兩個不同「視域」的問題。我們無法擺脫由自身歷史存在而帶來的「先見」,又不能以自身的先見去任意曲解對方,所以我們需要一種融合產生的新的可以擴大行動啟用集合的更大視域,意味著給兩岸政治互信開闢新的[338]可能。兩岸的政治互信就是我們在互為「他者」的情境下,互相理解,然後形成共同理解。兩岸長期存在的「刻板印象」,唯有透過持續、善意的交流,重建對「他者」的認知圖像,逐步產生認同並營造共同利益,才可能為增進政治互信夯實基礎。尊重可以產生信任,信任可以使人敞開心扉,尋找共識,尋求合作的可能。減少侮辱、蔑視和暴力,不斷地把「他」變成「我們」,不斷加強對話和交往共同體內的聯合,從而增進人們的「團結」,形成和創造更具包容性的兩岸的「命運共同體」。

參考文獻

一、中文論著類

[德]馬克斯·韋伯：《經濟與社會（上卷）》，林榮遠譯，北京：商務印書館，1998年版。

[德]哈貝馬斯：《交往行動理論》，洪佩郁、藺青譯，重慶：重慶出版社，1996年版。

[德]哈貝馬斯：《重建歷史唯物主義》，郭官義譯，北京：社會科學文獻出版社，2000年版。

[德]阿佩爾：《哲學的改造》，孫周興、陸興華譯，上海：上海譯文出版社，1997年版。

[德]哈貝馬斯：《合法化危機》，劉北成譯，上海：上海人民出版社，2000年版。

[德]哈貝馬斯：《後形而上學思想》，曹衛東譯，南京：譯林出版社，2001年版。

[德]哈貝馬斯：《對話論理學與真理的問題》，沈清楷譯，北京：中國人民大學出版社，2005年版。

[德]哈貝馬斯：《在事實與規範之間——關於法律和民主法治國的商談理論》，童世駿譯，北京：生活·讀書·新知三聯書店，2003年版。

[德]伽達默爾：《真理與方法》，洪漢鼎譯，上海：上海譯文出版社，1999年版。

[德]伽達默爾：《伽達默爾集》，上海：上海遠東出版社，1997年版。

[德]伽達默爾，杜特：《解釋學、美學、實踐哲學——伽達默爾與杜特對話錄》，金惠敏譯，北京：商務印書館，2005年版。

[美]羅蒂：《真理與進步》，楊玉成譯，北京：華夏出版社，2003年版。

[日]青木昌彥：《比較制度分析》，周黎安譯，上海：上海遠東出版社，2001年版。

[美]萊斯利·裡普森：《政治學的重大問題：政治學導論》，劉曉譯，北京：華夏出版社，2001年版。

朱熹：《周易本義》，上海：世界書局，1936年。

[美]羅伯特·派特南：《使民主運轉起來》，王列等譯，南昌：江西人民出版社，2001年版。

[美]道格拉斯·C·諾思：《制度、制度變遷與經濟績效》，劉守英譯，上海：上海三聯書店，1994年版。

[美]康芒斯：《制度經濟學》，於樹生譯，北京：商務印書館，1962年版。

[美]塞謬爾·亨廷頓：《變化社會中的政治秩序》，王冠華等譯，北京：生活·讀書·新知三聯書店，1989年版。

[美]約翰·塞爾：《心靈、語言與社會》，李步樓譯，上海：譯文出版社，2001年版。

[英]弗裡德里希·馮·哈耶克：《自由憲章》，楊玉生譯，北京：中國社會科學出版社，1999年版。

[英]弗裡德里希·馮·哈耶克：《哈耶克論文集》，鄧正來譯，北京：首都經濟貿易大學出版社，2003年版。

[英]M·盧瑟福：《經濟學中的制度：老制度主義與新制度主義》，郁仲莉等譯，北京：中國社會科學出版社，1999年版。

[美]科斯：《財產權利與制度變遷》，劉守英譯，上海：三聯書店，1994年版。

[美]林南：《社會資本——關於社會結構與行動的理論》，張磊譯，上海：世紀出版集團，2005年版。

[美]羅伯特・派特南：《使民主運轉起來》，王列等譯，南昌：江西人民出版社，2001年版。

[法]皮埃爾・布迪厄：《實踐與反思——反思社會學導引》，李猛等譯，北京：中央編譯出版社，1998年版。

[德]柯武剛，史漫飛：《制度經濟學——社會秩序與公共政策》，韓朝華譯，北京：商務印書館，2000年版。

[美]馬克・沃倫：《民主與信任》，吳輝譯，北京：華夏出版社，2004年版。[英]詹寧斯、瓦茨：《奧本海國際法》，王鐵崖等譯，北京：中國大百科全書出版社，1995年版。

[德]馬克斯・韋伯著：《社會學的基本概念》，廣西師範大學出版社，2005年版。

[美]本尼迪克特・安德森：《想像的共同體：民族主義的起源與散布》，吳睿人譯，上海：上海人民出版社，2003年版。

[美]羅伯特・吉爾平：《全球政治經濟學——解讀國際經濟秩序》，楊宇光等譯，上海：上海人民出版社，2003年版。

[美]羅伯特・傑維斯：《國際政治中的知覺與錯誤知覺》，秦亞青譯，北京：世界知識出版社，2003年版。

[美]羅伯特・基歐漢：《霸權之後》，蘇長和等譯，上海：上海人民出版社，2001年版。

[美]羅伯特・基歐漢編：《新現實主義及其批判》，郭樹勇譯，北京：北京大學出版社，2002年版。

197

［美］德里克·麥克法誇爾、費正清編：《劍橋中華人民共和國史：中國革命內部的革命（1966—1982）》，俞金堯等譯，北京：中國社會科學出版社，1992年版。

［加］菲力浦·漢森：《歷史、政治與公民權：阿倫特傳》，劉佳桂譯，江蘇：江蘇人民出版社，2004年版。

［美］本傑明·巴伯：《強勢民主》，彭斌、吳潤洲譯，吉林：吉林人民出版社，2006年版。

何俊志、任軍鋒、朱德米：《新制度主義政治學譯文精選》，天津：天津人民出版社，2007年版。

包亞明主編：《現代性的地平線——哈貝馬斯訪談錄》，李東安等譯，上海：上海人民出版社，1997年版。

梁漱溟：《梁漱溟全集》，濟南：山東人民出版社，1992年版。

高宣揚：《哈伯馬斯論》，臺北：遠流出版社，1991年版。

李鵬：《海峽兩岸關係析論——以和平發展為主題之研究》，廈門：鷺江出版社，2009年版。

楊開煌：《出手——胡政權對臺政策初探》，臺北：海峽學術出版社，2005年版。

蘇國勳：《理性化及其限制——韋伯思想引論》，上海：上海人民出版社，1988年版。

石之瑜：《當代臺灣的中國意識》，臺北：正中書局，1993年版。

章國鋒：《關於一個公正世界的「烏托邦」重建》，濟南：山東人民出版社，2001年版。

王曉東：《西方哲學主體間性理論批判：一種形態學視野》，北京：中國社會科學出版社，2004年版。

杜維明：《儒家傳統與文明對話》，河北人民出版社，2006年版。

劉國深：《臺灣政治概論》，北京：九州出版社，2006年版。

國務院臺灣事務辦公室：《中國臺灣問題外事人員讀本》，北京：九州出版社，2006年版。

朱天順：《當代臺灣研究》，廈門：廈門大學出版社，1999年版。

李登輝：《李登輝先生七十九年言論選集》，臺北：「行政院新聞局」，1991年版。

劭宗海：《兩岸關係》，臺北：五南圖書出版股份有限公司，2006年版。

張立文：《和合學——21世紀文化戰略的構想》，北京：中國人民大學出版社，2006年版。

梁啟超：《中國近三百年學術史》，上海：復旦大學出版社，1985年版。

李惠斌：《全球化與公民社會》，桂林：廣西師範大學出版社，2002年版。

王浦劬：《政治學基礎（第二版）》，北京：北京大學出版社，1995年版。

石之瑜：《創意的兩岸關係》，臺北：揚智文化事業股份有限公司，1997年版。

王鐵崖著：《國際法》，臺北：五南圖書出版有限公司，1992年版。

石之瑜：《兩岸關係的深層結構：文化發展與政治認知》，臺北：永然文化出版公司，1992年版。

林國章：《民族主義與臺灣抗日運動（1895—1945）》，臺北：海峽學術出版社，2004年版。

施正鋒：《臺灣政治建構》，臺北：前衛出版社。

施正鋒：《臺灣人的民族認同》，臺北：前衛出版社，2000年版。

施正鋒：《臺灣民族主義》，臺北：前衛出版社，2003年版。

199

徐宗懋：《務實的臺灣人》，臺北：天下文化出版股份有限公司，1995年版。

俞可平：《治理與善治》，北京：社會科學文獻出版社，2000年版。

陳學明：《哈貝馬斯的「晚期資本主義論」述評》，重慶：重慶出版社，1993年版。

薛華：《哈貝馬斯的商談倫理學》，瀋陽：遼寧教育出版社，1988年版。

李忠尚：《第三條道路：瑪律庫塞和哈貝馬斯的社會批判理論研究》，廣州：學苑出版社，2004年版。

傅永軍：《批判的意義：瑪律庫塞、哈貝馬斯文化與意識形態批判理論研究》，上海：上海大學出版社，1997年版。

李蓉：《海峽兩岸關係大事記》，北京：中共黨史出版社，1993年版。

張克山：《臺灣問題大事記》，北京：華文出版社，1988年版。

薑殿銘：《臺灣二〇〇一》，北京：中國友誼出版公司，1992年版。

許世銓，餘克禮：《臺灣二〇〇六》，北京：九州出版社，2007年版。

龐樸：《文化的民族性與時代性》，北京：中國和平出版社，1998年版。

鄭曉雲：《文化認同與文化變遷》，北京：中國社會科學出版社，1992年版。

馬建離，譚克強，肖德才：《海峽兩岸關係40年》，武漢：湖北教育出版社，1995年版。

餘克禮：《海峽兩岸關係概論》，武漢：武漢出版社，1998年版。

姚同發：《臺灣歷史文化淵源》，北京：九州出版社，2002年版。

童世駿：《文化軟實力》，重慶：重慶出版社，2004年版。

李立：《中華文化在兩岸》，北京：臺海出版社，2007年版。

李道湘，於銘松：《中華文化與民族凝聚力》，北京：中央編譯出版社，2007年版。

許世銓：《激盪中的臺灣問題》，北京：九州出版社，2007年版。

李強：《自由主義》，北京：中國社會科學出版社，1998年版。

連橫：《臺灣通史》，北京：商務印書館，1983年版。

劉宋斌：《國家統一方略》，南昌：江西人民出版社，2001年版。

林仁川：《大陸與臺灣的歷史淵源》，上海：文匯出版社，1991年版。

倪健中主編：《國是論衡：臺灣禍福——梳理大陸與大洋之間的歷史流變》，北京：中國社會出版社，1996年版。

倪世雄等：《當代西方國際關係理論》，上海：復旦大學出版社，2001年版。

秦亞青：《霸權體系與國際衝突——美國在國際武裝衝突中的支持行為（1945—1988）》，上海：上海人民出版社，1999年版。

蘇長和：《全球公共問題與國際合作：一種制度的分析》，上海：上海人民出版社，2000年版。

唐正瑞：《中美棋局中的臺灣問題》，上海：上海人民出版社，2000年版。

王巍：《科學哲學問題研究》，北京，清華大學出版社，2004年版。

王藝生：《臺灣史話》，北京：中國青年出版社，1955年版。

王逸舟：《全球政治和中國外交》，北京：世界知識出版社，2003年版。

閻學通：《中國國家利益分析》，天津：天津人民出版社，1997年版。

陳振明：《政治學前沿》，福州：福建人民出版社，2000年版。

陳振明：《新馬克思主義：從盧卡奇、科爾施到法蘭克福學派》，北京：中國人民大學出版社，1992年版。

陳炳輝：《西方馬克思主義的國家理論》，北京：中央編譯出版社，2004年版。

二、中文文獻

[德]哈貝馬斯：《解釋學要求普遍適用》，《哲學譯叢》，1986年第3期。

[德]哈貝馬斯：《解釋學要求普遍適用》，《哲學譯叢》，1986年第3期。

顧紅亮：《現代性的對話維度和獨白維度——對布伯現代性理論的闡釋》，《雲南社會科學》，2005年第3期。

李素豔：《合理性理論上的「對話」——哈貝馬斯對韋伯合理性理論的改造》，《理論探討》，2006年第4期。

李逸舟：《法理情三維建構下的「一中原則」》，《中國評論》，2009年11月。

馬匯瑩，張曉鋒，童兵：《傳媒在兩岸政黨溝通中的角色審視》，《新聞大學》，2006年第1期。

張再林：《交往理性與仁學》，《陝西師範大學學報（哲學社會科學版）》，1997年第3期。

王茹：《兩岸命運共同體與兩岸公共生活的建構》，《臺灣研究集刊》，2006年第3期。

耿新奇：《哈貝馬斯普遍語用學理論及其意義》，山西大學碩士學位論文，2007年。

謝瑩：《哈貝馬斯合理化研究》，蘭州大學研究生學位論文，2008年。

李宏勇：《從交往理性看全球問題的出路》，山西大學碩士研究生學位論文，2005年。

耿超：《國際關係視野中的哈貝馬斯商談倫理思想研究》，廣西師範大學碩士學位論文，2008年。

楊金華：《走向主體間性的理解——歷史理解的普遍有效性探究》，華中科技大學博士學位論文，2007年。

耿超：《國際關係視野中的哈貝馬斯商談倫理思想研究》，廣西師範大學碩士學位文，2008年。

杜軍：《哈貝馬斯交往行為理論研究》，西南師範大學碩士學位論文，2004年。

吳世永：《解構與重建——論哈貝馬斯交往行為理論對詩學的建構性意義》，華中師範大學碩士學位論文，2008年。

趙靖偉：《中國社會轉型中的制度變遷研究》，西北農林科技大學碩士論文，2008年。

郭震遠：《中國內戰及其延續中的兩岸政治關係——關於兩岸政治協商起點的探討》，《中國評論》，2010年第5期。

《告臺灣同胞書》，《人民日報》，1958年10月6日；《再告臺灣同胞書》，《人民日報》，1958年10月26日。

任勇：《從認同的二元性看未來兩岸關係的發展趨勢》，《世界經濟與政治論壇》，2006年第3期。

陳孔立：《兩岸隔絕的歷史記憶與臺灣民眾的複雜心態》，《臺灣研究集刊》，2004年第1期。

許雪毅：《兩岸青年交流進入「80後」世代》，《瞭望新聞週刊》。2010年7月26日。

李德忠，於廣濤：《從內隱態度研究到雙重態度模型》，《山東師範大學學報（人文社會科學版）》，2001年第3期。

劉國深：《兩岸關係和平發展新課題淺析》，《臺灣研究集刊》，2008年第4期。

楊劍：《關於兩岸關係和平發展與和平統一目標的理論思考》，《海峽評

論》，2008年10月第1期。

張喜紅：《當代中國社會團體政治參與問題研究》，吉林大學博士論文，2004年。

楊瑞龍：《中國制度變遷方式轉換的三階段論——兼論地方政府的制度創新行為》，《經濟研究》，1998年第1期。

王宏強：《從新制度主義視角看政治發展的戰略機遇期及其選擇》，《教學與研究》，2006年第2期。

苗壯：《制度變遷中的改革戰略選擇問題》，《經濟研究》，1992年第10期。

郭小聰：《中國地方政府制度創新的理論：作用與地位》，《政治學研究》，2000年第1期。

童星，羅軍：《社會規範的三種形式及其相互關係》，《江海學刊》，2001年第3期。

張靜：《信任問題》，《社會學研究》，1997年第2期。

吳光藝，楊龍：《超越集體行動的困境：社會資本與制度分析》，《東南學術》，2006年第3期。

楊秋菊：《良性互動：社會資本建構的綜合分析框架》，《求實》，2005年第7期。

胡榮：《社區社會資本測量：一項基於經驗資料的研究》，《社會學研究》，2008年第3期。

李南海：《韋伯的理性化思想及其現代啟示》，《贛州師範學院學報》，2006年第2期。

黃嘉樹：《兩岸和平研究：路徑與架構》，《中評月刊》，2007年8月。

郝時遠：《臺灣的「族群」與「族群政治」析論》，《中國社會科學》，2004年第2期。

葉江：《當代西方的兩種民族理論》，《中國社會科學》，2002年第1期。

閆偉傑：《當代西方民族主義研究範式論述》，《民族研究》，2008年第4期。

田子渝：《臺灣民族主義與中華民族主義》，《學習與實踐》，2007年第8期。

馬若孟：《臺灣面對新挑戰衝突：信念的調和》《國際政治研究》，2002年第3期。

謝郁、劉佳雁：《臺灣當局「去中國化」的實質與危害》，《統一論壇》，2002年第2期。

吳瑛：《多維視野下的民族主義的詮釋》，《當代亞太》，2008年第2期。

李道湘：《「文化臺獨」理論及其批判》，《中央社會主義學院學報》，2003年第6期。

莊傳鴻：《弘揚中華文化，促進兩岸交流》，《統一論壇》，1995年第5期。

三、學術期刊

《福建師範大學學報（哲學社會科學版）》，2003年第1期。

《民族譯叢》，1985—1994年，合訂本。

《世界民族》，1995—2003年，合訂本。

《思想戰線》，2002年第5期。

《臺灣社會研究季刊》（臺北），2001年6月號。

《臺灣研究集刊》，1999—2009年。

《臺灣研究》，1998—2009年。

《天津大學學報（社會科學版）》，2001年第4期。

《中山大學學報》，1988年第2期。

《中國社會科學》，2004年第2期。

四、網路文獻

李家泉：《兩岸關係發展上的重大轉捩點》，中國評論新聞網，http://www.chinareviewnews.com.2008年12月31日。

《胡錦濤同中國國民黨主席吳伯雄舉行會談》，中國新聞網，2009年5月26日http://www.chinanews.com.cn/tw/news/2009/05—26/1708916.shtml。

陳斌華：《兩岸透過政黨對話打開「機會之窗」》，新華社2005年5月13日消息，新華網，http://news.xinhuanet.com/taiwan/2005—05/13/content_2955405.htm。

樂美真：《兩岸新聞交流不能就此止步》，中國評論新聞網，http://cn.chinareviewnews.com/crn—webapp/search/。

國臺辦：《兩會第四次領導人會談取得四項成果》，中國臺灣網，http://news.southcn.com/h/2009—12/30/content_7680471.htm。

徐青：《馬英九大陸政策的本質特點》，中國評論新聞網，http://cn.chinareviewnews.com/doc/1010/8/9/3/101089325.html？coluid=63&kindid=0&docid=101089325&mdate=1102151926。

賈慶林：《大力加強兩岸文化教育交流建設兩岸同胞共同精神家園》，中央政府門戶網站，http://www.gov.cn/ldhd/2009—07/11/content_1363170.htm。

張文生：《臺灣意識不等於「臺獨」意識》，華夏經緯網，http://news.ifeng.com/opinion/taiwan/200907/0720_6441_1258288.shtml。

彭維學：《兩岸關係發展主要表現為四個方面》，宣講家，http://www.xj71.com/html/76/n—102476.html。

《胡錦濤與連戰會談新聞公報（全文）》，人民網，http://tw.people.com.cn/GB/26741/47107/47312/3360547.html。

《中國共產黨總書記胡錦濤與親民黨主席宋楚瑜會談公報》，中國日報，
http://www.chinadaily.com.cn/gb/doc/2005—05/13/content_441721.htm。

陳信鳳：《臺海兩岸的新目標》，價值中國網，
http://www.chinavalue.net/Blog/327179.aspx。

鄧亞萍：《兩岸發展新進程為青年交流提供難得機遇》，中國臺灣網，
http://www.chinataiwan.org/xwzx/bwkx/201006/t20100620_1419150.htm。

夏雯震：《淺談海峽兩岸青年交流現況》，青年文化評論，
http://m.ycreview.com/node/216。

《兩岸青年嘉年華攜手發展大平臺》，《福建日報》，2010年6月21日。
http://www.hxlt.org/new_play.asp？id=13771。

《兩岸邁向全面「三通」時代》，《人民日報》網站，
http://news.xinhuanet.com/tw/2009—04/27/content_11263128.htm。

《國民黨大陸政策發生重大改變，不再堅持「一中」》，人民網，2003年12月18日消息，http://www.people.com.cn/news/0031218.html。

國務院臺灣事務辦公室2003年12月17日發表《以民為本，為民謀利，積極務實推進兩岸「三通」》的政策說明書，搜狐網消息，
http://www.sohu.com/news/0031217.html。

《李登輝的老謀深算》，鳳凰衛視，2004年3月12日消息，
http://www.phoenixtv.com/home/news/index9.html。

《兩岸民調維持現狀是民眾最大共識》，鳳凰衛視，2004年5月8日消息。
http://www.phoenixtv.com/home/news/index10.html。

《臺灣概況與臺灣問題》，國務院臺灣事務辦公室網站，
http://www.gwytb.gov.cn/zlzx/twwt.htm。

《一個中國的原則與臺灣問題》，國務院新聞辦，2000年2月，
http://www.china.org.cn/ch—book/taiwan/itaiwan.htm。

《臺灣對大陸貿易依存度升至35.4%》，人民網，2004年2月10日，http://news.fjii.com/2004/02/10/202450.htm。

《臺灣問題與中國的統一白皮書》，國臺辦，1993年8月1日，http://www.southcn.com/news/hktwma/zhongyang/zhysy/200109270159.htm。

《中國關注日臺關係升溫——中國國際問題研究所晉林波談日臺關係》，鳳凰衛視2004年2月23日消息，http://www.phoenixtv.com/home/news/index9.html。

《專家談「公投」：陳水扁挑釁在先，我將師出有名》，搜狐網，2004年2月4日，http://www.sohu.com/news/0040204.html。

五、英文著作

Ole R. Holsti.Content Analysis for the Social Sciences and Humanities[M].Reading, Mass.：Addison—Wesley Pub.Co.1969.

Alexander L. George, Richard Smoke.Deterrence in American foreign policy：theory and practice[M].New York, Columbia University Press, 1974.

Linda Chao and Ramon H. Myers：The divided China problem：conflict avoidance and resolution[M].Hoover Institution, 2000.

Graham T. Allison, Philip Zelikow.Essence of decision：Explaining the Cuban Missile Crisis[M].Peking University Press, 2008.

Tim May. Social research：issues, methods and process[M].Open University Press, 2001.

Adam, Barry D. The Rise of a Gay and Lesbian Movement[M].Boston：Twayne Publishers, 1987.

Altman, Dennis. The Homosexualizatione of American[M].Boston：Beacon Press, 1983.

Bright, Charles And Susan Hariding. Statemaking and Social Movements：Essays in History and Theory[M].University of Michigan Press, 1984.

Crane Brinton. The Anatomy of revolution[M],New York:Vintage Bookes,1965.

Evans,Peter B.,Dietrich Rueschemeyer and Theda Skocpol. Bringing the State Back In[M].Cambridge:Cambridge University Press,1985.

六、英文文獻

H. R.441 ACT of 108th CONGRESS,Passed the House of Representatives March 11,2003.

S. 243:Concerning participation of Taiwan in the Word Health Organization,January 7,2003.

S. 2092:to address the participation of Taiwan in the Word Health Organization,Jan 20,2004.

H. R.4019EH:to address the participation of Taiwan in the Word Health Organization,Passed the House of Representatives April 21,2004.

James A. Kelly,Overview of U.S.Policy Toward Taiwan,Testimony at a hearing on Taiwan,House International Relations Committee,Washington,DC,April 21,2004,http://www.mtholyoke.edu/acad/intrel/china/kelly.htm.

Loh I—cheng. The Gordian Knot in Cross—Strait Relations:The Question of Taiwan's Participation in International Organizations.Taiwan Strait Dilemmas—China—Taiwan—U.S.Policies in the new centuty,2000 by The CSIS Press,Washington,D.C.p33—57.

Vincent Wei—cheng Wang. A New Model of Taiwan's Participation in International Organizations:Functional Competency in a Globalized World,2008 Annual Meeting of the American Political Association,Boston,August 28—31,2008.

Chu Shulong. International Space for What？:Beijing's Concerns and Position

Regarding Taiwan's Participation in International Organizations[M].Taiwan Strait Dilemmas：China—Taiwan—U.S.Policies in the new century，2000 by The CSIS Press，Washington，D.C.p58—79.

後記

　　經過兩年的寫作,終於完稿,真是一次漫長的心力與智力的煎熬。心下反倒不安,其中諸多不足,自感慚愧萬分。成長的鏡像源自於對自我的認同,止於對他者的認同,從而生成新的主體。整個寫作過程我受益良多,磨煉我堅持不懈的精神,成長的同時發現了自己所堅持的和以後將繼續思考的主題。酣暢淋漓地閱讀西方古典思想家們的哲學論述對早期的我來說,的確很有一種愉悅感。這次我把眼光投向中國大陸的現實,尤其是親眼看到原先不可能的行動形式的發生,或者感覺到其他人正在嚴肅地考慮採納這類行動的可能性的力量;才更加體會到空洞的敘述方式的過度可能無助於這個社會的制度及民智等方面的建設。

　　感謝導師陳振明教授的悉心指導,師門十年,師恩深重,彌足珍貴。感謝當年李鵬教授的知遇之恩,從踏進臺灣研究領域至今,他都深深影響了我。感謝幾次赴臺的過程中臺灣的張五嶽教授、邱毅委員和大鈞的精心安排,感謝曹老師和師母的疼愛,經師易遇,人師難遭,每次赴臺的經歷都豐富了我的人生。感謝劉國深教授、張文生教授、林勁教授與我的學術討論及互動,讓我得以在混亂中理清自己的思路。感謝楊錦麟先生在院慶30週年對我的叮嚀,是他鼓勵我將這個理念繼續深入思考下去。感謝連岳、梁文道以及那些為捍衛權利而做出努力的人們。感謝我的父親,每天跟我的電話溝通,他對學問的熱愛和執著影響了我。父親過了知天命的年歲,卻因為我的一句「是思想不是政治」的無心奚落,重新捧起書本。原本以為只是三分鐘熱度,沒想到延燒了幾年還在持續。原本以為他只是翻一些簡單的書,沒想到連康德的三大批判上都有他密密麻麻的筆記。他眼神中閃爍著仿若康德頭頂星空般的光芒,那份對知識純真質樸的追求從未喪失過。感謝我的母親,沒有她的善良、能幹和慈愛,我無法如此順利地走上學術道路。我的一切皆來源於她。感謝李竟菲,有了她的陪伴,我這一年的日子才不孤單。

感謝安安，再忙碌也永遠不忘記給我留一個角落。本書的付梓出版，特別感謝九州出版社的支持。本書是在眾多研究成果和學術觀點的基礎上思考完成的，在此一併感謝。

哲學思想是天生的，有些人將它打磨並發揚光大，成了秉性中不可或缺的部分。有的人在成長中慢慢消失了。世事無常，萬物都不足以長久倚賴。雖興致頗高也要學著淡然處之。這個時代，每個人都早熟。過早地明白生存的無奈與夢想的缺失。平庸的時代，人們只顧眼前的事物，為有限的施予感到幸福。我們在現實中找不到判斷事物的標準及通往外來的座標；我們既意識不到自身的能力也意識不到自身的侷限，甚至失去全部生活的意義。如果連思想者都腐化了，還到哪裡去尋找道德善良。城市化進程裡，付出很多的社會底層卻走不進，我總是想起紀伯倫的那句名言：我們已經走得太遠，以至於忘記了為什麼而出發。

知識與生命的隱喻通常都充滿光明，深層的學習卻來自黑暗。生活中，所有相反的東西都結合在一起，存在於一起。人處在無限大的深淵和無限小的深淵之間。無限大的深淵我們容易看到，而無限小的深淵卻常常被忽略。「人之存在的見證以及人之存在的本真實行，乃是憂鬱決斷的自由。」一樣的圈圈，不論你是向內層層畫，還是向外層層畫，你所付出的力氣與消耗的能量，都是完全相等，而且無止境的。直到你必須停止。唯一的差別，只是你那向內或向外的選擇而已。在社會強大的秩序面前，我並不企圖改變什麼，而是在自己的主觀意念中，透過對自身存在狀態的選擇，實現自我存在的價值。遙想起儲安平當年給胡適的信中提到：「我們創辦《觀察》的目的，希望在國內能有一種真正無偏無倚的言論，能替國家培養一點自由思想的種子，並使楊墨之外的超然分子有一個共同説話的地方。但是先生或能想到，在滔滔天下，今日到底有幾個人能不顧一己的利益，忘私從公，獻身於一種理想，盡心盡智，為國家造福。到底有幾個人，能這樣認認真真，實實在在，做人做事。」一個人存心要活得更正當、結實、有用一點，絕不會輕易倒下去的。不圖速成，不謀小就，堅持自己生活的基本信仰，只要肯努力，雖然做著近於無望的事，卻並不會長久寂寞的。我的努力或許對知識巨大而不斷增長的洪流來説只不過是幾滴水，但如果能鼓動其他人把他們的水也倒進去，我就感覺到真正完成了自己的任務。

唐樺

[1] [德]馬克斯・韋伯：《經濟與社會（上卷）》，林榮遠譯，北京：商務印書館，1998年版，第56頁。

[2] [德]馬克斯・韋伯：《經濟與社會（上卷）》，林榮遠譯，北京：商務印書館，1998年版，第166頁。

[3] [德]馬克斯・韋伯：《經濟與社會（上卷）》，林榮遠譯，北京：商務印書館，1998年版，第90頁。

[4] 李素豔：《合理性理論上的「對話」——哈貝馬斯對韋伯合理性理論的改造》，《理論探討》，2006年第4期。

[5] 蘇國勳：《理性化及其限制——韋伯思想引論》，上海：上海人民出版社，1988年版，第243頁。

[6] 「交往」（verkehr）這個術語在《德意志意識形態》中含義很廣。它包括單個人、社會團體以及國家之間的物質交往和精神交往。馬克思和恩格斯在這部著作中指出：物質交往，而首先是人們在生產過程中的交往，這是任何其他交往的基礎。參見《馬克思恩格斯選集》第1卷，人民出版社，1995年版，第791頁。

[7] [德]馬克斯・韋伯：《經濟與社會（上卷）》，林榮遠譯，北京：商務印書館，1998年版，第335頁。

[8] [德]馬克斯・韋伯：《經濟與社會（上卷）》，林榮遠譯，北京：商務印書館，1998年版，第169頁。

[9] 歐力同：《交往理論的演變：從近代到當代》，《上海社會科學院學術季刊》，1995年第4期。

[10] [德]哈貝馬斯：《交往行動理論：第1卷》，洪佩郁、藺青譯，重慶：重慶出版社，1996年版，第128、135、141頁。

[11] [德]哈貝馬斯：《重建歷史唯物主義》，郭官義譯，北京：社會科學文獻出版社，2000年版，第144頁。

[12] [德]阿佩爾：《哲學的改造》，孫周興、陸興華譯，上海：上海譯文出版社，1997年版，第25頁。

[13] [德]哈貝馬斯：《交往行動理論：第2卷》，洪佩郁、藺青譯，重慶：重慶出版社，1996年版，第167頁。

[14] [德]哈貝馬斯：《交往行動理論：第2卷》，洪佩郁、藺青譯，重慶：重慶出版社，1996年版，第188頁。

[15] [德]哈貝馬斯：《交往行動理論：第2卷》，洪佩郁、藺青譯，重慶：重慶出版社，1996年版，第253頁。

[16] [德]哈貝馬斯：《後形而上學思想》，曹衛東譯，上海：譯林出版社，2001年版，第82頁。

[17] [德]哈貝馬斯：《合法化危機》，劉北成譯，上海：上海人民出版社，2000年版，第7頁。

[18]高宣揚：《哈伯馬斯論》，臺北：遠流出版社，1991年版，第265頁。

[19][德]哈貝馬斯：《交往行動理論：第2卷》，洪佩郁、藺青譯，重慶：重慶出版社，1996年版，第120頁。

[20][德]哈貝馬斯：《交往行動理論：第1卷》，洪佩郁、藺青譯，重慶：重慶出版社，1996年版，第307頁。

[21]耿新奇：《哈貝馬斯普遍語用學理論及其意義》，山西大學碩士學位論文，2007年。

[22][德]哈貝馬斯：《交往與社會進化》，張博樹譯，重慶：重慶出版社，1989年版，第2頁。

[23]章國鋒：《關於一個公正世界的「烏托邦」重建》，濟南：山東人民出版社，2001年版，第152頁。

[24]如果訴諸策略行為，行為者採取「以言取效」的語言運用，將交往主體及其語言運用客觀化。不惜一切手段追求符合自己意願的目標，那麼社會整合無從談起。

[25][德]哈貝馬斯：《重建歷史唯物主義》，譯序，郭官義譯，北京：社會科學文獻出版社，2000年版，第12頁。

[26][德]哈貝馬斯：《交往行動理論：第1卷》，洪佩郁、藺青譯，重慶：重慶出版社，1996年版，第285頁。

[27]謝瑩：《哈貝馬斯合理化研究》，蘭州大學研究生學位論文，2008年。

[28]李宏勇：《從交往理性看全球問題的出路》，山西大學碩士研究生學位論文，2005年。

[29]李鵬：《海峽兩岸關係析論——以和平發展為主題之研究》，廈門：鷺江出版社，2009年版，第4頁。

[30]楊開煌：《出手——胡政權對臺政策初探》，臺北：海峽學術出版社，2005年版，第1～2頁。

[31]耿超：《國際關係視野中的哈貝馬斯商談倫理思想研究》，廣西師範大學碩士學位論文，2008年。

[32][德]哈貝馬斯：《對話倫理學與真理的問題》，沈春楷譯，北京：中國人民大學出版社，2005年版，第12頁。

[33]王曉東：《西方哲學主體間性理論批判：一種形態學視野》，北京：中國社會科學出版社，2004年版，第22頁。

[34]王東海：《主體性・主體間性・交往實踐》，湘潭大學碩士學位論文，2002年。

[35]閆青會：《論主體性思想的發展》，山西大學碩士學位論文，2005年。

[36][德]哈貝馬斯：《解釋學要求普遍適用》，《哲學譯叢》，1986年第3期。

[37]杜軍：《哈貝馬斯交往行為理論研究》，西南師範大學碩士學位論文，2004年。

[38][德]哈貝馬斯：《解釋學要求普遍適用》，《哲學譯叢》，1986年第3期。

[39]呂鳴章：《論人的交互主體性》，山西大學碩士學位論文，2006年。

[40]劉在複，楊春時：《關於文學的主體間性的對話》，《南方文壇》，2002年第6期。

[41]王曉東：《生存論視域中主體間性理論及其理論失誤——一種對主體間性類存在關係的哲學人類學反思》，《人文雜誌》，2003年第1期。

[42]李家泉：《兩岸關係發展上的重大轉捩點》，中國評論新聞網，http://www.chinareviewnews.com.2008.12.31。

[43]《胡錦濤同中國國民黨主席吳伯雄舉行會談》，中國新聞網，2009年5月26日，http://www.chinanews.com.cn/tw/news/2009/05—26/1708916.shtml。

[44][德]哈貝馬斯：《後形而上學思想》，曹衛東譯，南京：譯林出版社，2001年版，第28頁。

[45][德]哈貝馬斯：《後形而上學思想》，曹衛東譯，南京：譯林出版社，2001年版，第82頁。

[46]章國鋒：《關於一個公正世界的「烏托邦」構想——解讀哈貝馬斯〈交往行為理論〉》，濟南：山東人民出版社，2001年版，第26頁。

[47]吳世永：《解構與重建——論哈貝馬斯交往行為理論對詩學的建構性意義》，華中師範大學碩士學位論文，2008年。

[48]「前見」（prejudice）又稱之為先見、前理解，是指一切構成理解主體因素和構成理解者存在的種種歷史條件，也意指一切不經過理性思考判斷。傳統歷史理解認為我們可以復原已逝的歷史，發現歷史的原意。前見就成為傳統中對理性加以束縛反對的思想勢力。在伽達默爾看來，前見是由歷史、傳統構成的，對先見的排除是「以先見反對先見」。

[49]海德格爾認為，理解的先決條件由三方面的因素構成，一是「先有」：指每個人必須降生於並存在於某一歷史文化中。二是「先見」：指我們在思考與理解時所藉助的語言、觀念以及運用語言的方式。三是「先知」：指我們在理解前必須具有的觀念、前提和假設等。

[50]殷鼎：《合法的偏見》，《哲學研究》，1987年第10期。

[51]解釋學上的視域主要強調調解者和理解對象的背景條件和基礎。

[52]楊金華：《走向主體間性的理解——歷史理解的普遍有效性探究》，華中科技大學博士學位論文，2007年。

[53]石之瑜：《當代臺灣的中國意識》，臺北：正中書局，1993年版，第233頁。

[54][德]哈貝馬斯、《交往與社會進化》，張博樹譯，重慶：重慶出版社，1989年版，第3頁。

[55][德]哈貝馬斯：《重建歷史唯物主義》，郭官義譯，北京：社會科學文獻出版社，2001年版，第53頁。

[56][德]伽達默爾：《交談無能》，《伽達默爾集》，鄧安慶等譯，上海：上海遠東出版社，1997年版，第190頁。

[57]顧紅亮：《現代性的對話維度和獨白維度——對布伯現代性理論的闡釋》，《雲南社會科學》，

2005年第3期。

[58][德]布伯：《我與你》，陳維綱譯，北京：三聯書店，2002年版，第24頁。

[59][法]薩特：《存在與虛無》，北京：三聯書店，1987年版，第531頁。

[60][德]哈貝馬斯：《交往與社會進化》，張博樹譯，重慶：重慶出版社，1989年版，第4頁。

[61]賀來：《「相互承認」與「人類團結」：社會批判規範基礎的範式轉換》，《社會科學戰線》，2006年，第3期。

[62][美]羅蒂：《真理與進步》，楊玉成譯，北京：華夏出版社，2003年版，第141頁。

[63][德]布伯：《我與你》，陳維綱譯，北京：三聯書店，2002年版，第40頁。

[64][德]黑格爾：《精神現象學》，賀麟、王玖興譯，北京：商務印書館，1983年版，第122頁，第118頁。

[65][德]哈貝馬斯：《對話倫理學與真理的問題》，沈清楷譯，北京：中國人民大學出版社，2005年版，第85頁。

[66]殷傑：《哈貝馬斯「語用學」轉向的實質》，《哲學堂》，2004年第1期。

[67][德]伽達默爾，杜特：《解釋學、美學、實踐哲學——伽達默爾與杜特對話錄》，金惠敏譯，北京：商務印書館，2005年版，第21頁。

[68]《全國人大常委會告臺灣同胞書》，《人民日報》，1979年1月1日，第1版。

[69]李逸舟：《法理請三維建構下的「一種原則」》，《中國評論》，2009年11月。

[70]儘管事後雙方都聲稱只是一次事務性談判，但因談判雙方背後直接由高層主導，普遍被認為極具政治意味。

[71]劉國深：《臺灣政治概論》，北京：九州出版社，2006年，第124頁。

[72]資料：第一次辜汪會談（1993年），中國臺灣網，http://news.sina.com.cn/c/2005—01—03/10115408286.shtml。

[73]《中共中央臺灣工作辦公室、國務院臺灣事務辦公室就臺灣產生新的領導人發表聲明》，《人民日報》，2000年3月19日第一版。

[74]國務院臺辦新聞發布會，2001年5月30日。

[75]李鵬：《海峽兩岸關係析論——以和平發展為主題之研究》，鷺江出版社，2009年版，第72頁。

[76]《中臺辦、國臺辦受權就當前兩岸關係發表聲明》，國臺辦網站，http://www.gwytb.gov.cn/zywg/zywg0.asp?zywg_m_id=105。

[77]陳斌華：《兩岸透過政黨對話打開「機會之窗」》，新華社2005年5月13日消息，新華網，http://news.xinhuanet.com/taiwan/2005—05/13/content_2955405.htm。

[78]馬匯瑩，張曉鋒，童兵：《傳媒在兩岸政黨溝通中的角色審視》，《新聞大學》，2006年第1期。

[79]樂美真：《兩岸新聞交流不能就此止步》，中國評論新聞網，http://cn.chinareviewnews.com/crn—webapp/search/。

[80]國臺辦：《兩會第四次領導人會談取得四項成果》，中國臺灣網，http://news.southcn.com/h/2009—12/30/content_7680471.htm。

[81]《中央日報》，2006年3月29日消息。

[82]《中時晚報》，2008年3月14日消息。

[83]《中國時報》，2009年6月26日消息。

[84]徐青：《馬英九大陸政策的本質特點》，中國評論新聞網，http://cn.chinareviewnews.com/doc/1010/8/9/3/101089325.html?coluid=63&kindid=0&docid=101089325&mdate=1102151926。

[85]徐青：《馬英九大陸政策的本質特點》，中國評論新聞網，http://cn.chinareviewnews.com/doc/1010/8/9/3/101089325.html?coluid=63&kindid=0&docid=101089325&mdate=1102151926。

[86]《2009兩岸關係回顧》，華夏經緯網。

[87]《臺灣熱議吳伯雄大陸行：開啟兩岸新契機》，《人民日報》（海外版），2009年6月2日。

[88]《海協會副會長安民率團訪臺兩會理監事交流互訪》，新華網，2009年4月7日消息。

[89]《第三次江陳會在南京舉行兩岸簽署三項協議》，《人民日報》（海外版），2009年04月27日。

[90]《第四次「江陳會」簽署三項協定》，《潮州日報》，2009年12月30日。

[91]《國際金融危機：客觀上推動兩岸關係向前發展》，中國網，2009年7月10日消息。

[92]《陳菊訪問大陸盤點：媒體強調意義臺灣反響不一》，大江網，2009年5月25日消息。

[93]《2009兩岸文教交流機制初步建立合作領域取得突破》，《人民日報》（海外版），2010年1月6日。

[94]《鄭欣淼回訪臺北故宮》，《海峽導報》，2009年3月2日。

[95]《海協會新聞交流團抵臺談兩岸媒體互設辦事機構》，《海峽導報》，2009年7月28日。

[96]《楊毅：首屆海峽論壇圓滿成功有三大特點》，中國臺灣網，2009年5月27日消息。

[97]《王毅提兩岸僑胞「聚同化異」臺方及華媒積極評價》，中新網，2009年6月21日消息。

[98]《兩岸互設旅遊辦事處雙方已正式遞件》，臺海網，2009年10月22日消息。

[99]《兩岸一甲子研討會的意義》，《文匯報》，2009年11月17日。

[100]尹茂祥：《臺灣參加WHA備受各界關注》，《臺灣週刊》，2009年第21期。

[101]《2009年兩岸關係回顧：和平發展的歷史潮流難以抵擋》，中國網，2009年12月18日消息。

[102]劉紅：《2009——兩岸和平發展繼續前進的一年》，中國臺灣網，2010年1月8日。

[103]汪曙申：《構建兩岸關係和平發展觀念芻議》，《臺灣研究》，2009年第3期。

[104]王建民：《2009年兩岸關係「大突破，大發展」》，華夏經緯網，2009年12月14日。

[105]《高雄電影節將播熱比婭紀錄片》，鳳凰網，2009年9月6日消息。

[106]李家泉：《兩岸關係有隱憂但難擋和平發展大勢》，香港《文匯報》，2009年5月21日。

[107]《回首2010：兩岸大交流格局形成》，人民網，2010年12月10日消息。

[108]《回首2010：兩岸大交流格局形成》，人民網，2010年12月10日消息。

[109]《上海市長韓正今赴臺出席上海、臺北「雙城論壇」》，中國新聞網，2010年4月6日消息。

[110]《川甘冀三省高官接連訪臺兩岸高層交流掀熱潮》。中國新聞網，2010年5月23日消息。

[111]《兩會簽訂ECFA兩岸共用和平紅利》，華廣網，2010年6月29日消息。

[112]《兩岸金融監管合作備忘錄（MOU）1月16日正式生效》，新華社，2010年1月16日消息。

[113]《大陸對臺採購直逼5000億臺幣　臺媒驚歎》，中國評論新聞網，2010年9月21日消息。

[114]《2010兩岸關係：高層互動熱絡民間交流繼續推進》，中國網，2010年12月23日消息。

[115]《第二屆海峽論壇系列活動成果回顧》，《福建日報》，2010年6月28日。

[116]《馬英九「雙十」講話再提中華民族重申九二共識》，《環球時報》，2010年10月11日。

[117]《馬英九強調：「九二共識」是兩岸關係的基石》，中國新聞網，2010年12月23日消息。

[118]《臺灣輿論：五中全會勾勒未來兩岸關係發展主軸》，新華網，2010年10月19日消息。

[119]《王毅：ECFA將對兩岸關係發展產生重大和深遠影響》，華夏經緯網，2010年6月30日消息。

[120]《賈慶林：增進臺胞對中華民族和文化認同臺媒關注兩會議程》，中國臺灣網，2010年3月17日消息。

[121]《馬英九：推進具臺灣特色的中華文化》，臺海網，2010年3月29日消息。

[122]《兩岸構築防災救災體系福州政協委員指可共患難》，中國新聞網，2010年1月13日消息。

[123]《臺媒民調：兩岸戰爭可能性低過半支持維持現狀》，東南網，2010年9月17日消息。

[124]《旺報》，2011年2月10日消息。

[125]梁漱溟：《梁漱溟全集》，第五卷，濟南：山東人民出版社，1992年版，第86頁。

[126]蘇莉：《構建兩岸文化交流新格局》，《湖南日報》，2009年7月12日消息。

[127][德]哈貝馬斯：《重建歷史唯物主義》，郭官義譯，社會科學文獻出版社，2001年版，第53頁。

[128]《左傳·隱公十一年》。

[129]《左傳·昭公二十年》。

[130]周宏：《試論孔子學說中的交互主體思想》，《南京社會科學》，1997年第2期。

[131]《孟子字義疏證》。

[132]張再林：《交往理性與仁學》，《陝西師範大學學報（哲學社會科學版）》，1997年第3期。

[133]具體時間有不同說法，一是《從「文化中國」的精神資源看儒學發展的困境》說是1987年，在中華文化國際學術研討會文集《中華文化：發展與變遷》，馬來西亞，1997年3月，《文集》第五卷，第460—461頁；或以為是1988年，1995年8月3日《武漢大學訪談》，《文集》第五卷，第699—700頁。

[134]杜維明：《文化中國：以外緣為中心》，《文集》第五卷，第389頁。

[135]杜維明：《文化中國：以外緣為中心》，《文集》第五卷，第389頁。

[136]杜維明：《文化中國：以外緣為中心》，《文集》第五卷，第394—397頁。

[137]杜維明：《從「文化中國」的精神資源看儒家發展的困境》，《文集》第五卷，第462頁。

[138]張再林：《交往理性與仁學》，《陝西師範大學學報（哲學社會科學版）》，1997年，第3期。

[139]賈慶林：《大力加強兩岸文化教育交流建設兩岸同胞共同精神家園》，中央政府門戶網站，http://www.gov.cn/ldhd/2009—07/11/content_1363170.htm。

[140]張文生：《臺灣意識不等於「臺獨」意識》，華夏經緯網，http://news.ifeng.com/opinion/taiwan/200907/0720_6441_1258288.shtml。

[141]杜維明：《儒家傳統與文明對話》，河北人民出版社，2006年版，第111頁。

[142]杜維明：《儒家傳統與文明對話》，河北人民出版社，2006年版，第108頁。

[143]杜維明：《儒家傳統與文明對話》，河北人民出版社，2006年版，第113頁。

[144]杜維明：《儒家傳統與文明對話》，河北人民出版社，2006年版，第114頁。

[145]杜維明：《儒家傳統與文明對話》，河北人民出版社，2006年版，第64頁。

[146]張文彥：《杜維明「文明對話」理念評述》，天津大學碩士學位論文，2009年。

[147]彭為學：《兩岸關係發展主要表現為四個方面》，宣講家，http://www.xj71.com/html/76/n—102476.html。

[148]薛華：《哈貝馬斯的商談倫理學》，遼寧教育出版社，1988年版，第2頁。

[149]薛華：《哈貝馬斯的商談倫理學》，遼寧教育出版社，1988年版，第16頁。

[150]薛華：《哈貝馬斯的商談倫理學》，遼寧教育出版社，1988年版，第25頁。

[151]包亞明：《現代性的地平線——哈貝馬斯訪談錄》，李東安、段懷清譯，上海：上海人民出版社，1997年版，第137頁。

[152]章國鋒：《哈貝馬斯訪談錄》，《外國文學評論》，2000年，第1期。

[153]洪波：《哈貝馬斯商談倫理學的基本理路》，《浙江學刊》，2007年第1期。

[154]包亞明：《現代性的地平線——哈貝馬斯訪談錄》，李東安、段懷清譯，上海：上海人民出版

社,1997年版,第198頁。

[155]中國社會科學院哲學研究所:《哈貝馬斯在華講演集》,北京:人民出版社,2002年版,第141頁。

[156]薛華:《哈貝馬斯的商談倫理學》,遼寧教育出版社,1988年版,第2頁。

[157]洪波:《哈貝馬斯商談倫理學的基本理路》,《浙江學刊》,2007年第1期。

[158]王茹:《兩岸命運共同體與兩岸公共生活的建構》,《臺灣研究集刊》,2006年第3期。

[159]汪行福:《通向話語之路——與哈貝馬斯對話》,四川人民出版社,2002年版,第87、88頁。哈貝馬斯對規範協商過程的條件的探討散見於其語用學、交往行為理論及話語倫理學等研究成果中,這是汪行福根據哈貝馬斯交往行為理論中的論述所做的總結。

[160]兩岸的交往行動的概念所涉及的,「是兩個以上的具有語言能力和行動能力的主體之間的互動,這些主體使用口語或口頭之外的手段,建立起一種人際關係。行動者透過行為語境需求溝通,以便在相互理解的基礎上把他們的行為計畫和行為協調起來」。

[161]「有效性要求具有兩面性:作為要求,它們超越了任何一個局部語境;但是,如果它們想要讓互動參與者透過協調達成共識的話,它們必須在一定的時空範圍內提出來,並切實得到承認」。哈貝馬斯:《後形而上學思想》,曹衛東、付德根譯,南京:譯林出版社,2001年版,第45頁。

[162]陳家剛:《協商民主:概念、要素與價值》,《中共天津市委黨校學報》,2005年,第3期。

[163]羅祥喜:《「兩岸一甲子學術研討會」的意涵、共識與建言》,中國評論新聞網,http://www.chinareviewnews.com/doc/1011/5/5/0/101155001.html?coluid=0&kindid=0&docid=101155001。

[164]公共領域是從生活世界自身擴展出來的,對交往之流進行過濾和綜合,從而形成公共意見或輿論的公共空間,是民主意願的策源地,而國家的制度性組織是民主意願的載體或表達管道。

[165][美]約翰・費爾約翰:《建構協商民主制度》,陳家剛選編,《協商民主》,上海:三聯書店,2004年版,第193頁。

[166]許世銓:《大陸對臺政策三十年歷史大演進》,中國臺灣網,http://www.chinataiwan.org/plzhx/zhjzhl/zhjlw/200901/t20090105—810151.htm。

[167]許世銓:《大陸對臺政策三十年歷史大演進》,中國臺灣網,http://www.chinataiwan.org/plzhx/zhjzhl/zhjlw/200901/t20090105—810151.htm。

[168][德]哈貝馬斯:《在事實與規範之間——關於法律和民主法治國的商談理論》,童世駿譯,北京:生活・讀書・新知三聯書店,2003年版,第548頁。

[169]陳重成:《全球化下的兩岸社會交流與互動:一個從他者轉向自身的歷程》,《遠景基金會季刊》第九卷,2008年第1期。

[170]何俊志、任軍鋒、朱德米:《新制度主義政治學譯文精選》,天津:天津人民出版社,1997年版,第57頁。

[171]何俊志、任軍鋒、朱德米：《新制度主義政治學譯文精選》，天津：天津人民出版社，1997年版，第62頁。

[172][美]康芒斯：《制度經濟學》，於樹生譯，北京：商務印書館，1997年版，第15頁。

[173]朱德米：《當代西方政治科學最新進展》，《江西社會科學》，2004年，第4期。

[174][美]凡勃倫：《有閒階級論》（中譯本），蔡受百譯，北京：商務印書館，1997年版，第138頁。

[175]楊龍：《西方新政治經濟學的政治觀》，天津：天津人民出版社，2004年版，第114頁。

[176][美]R.科斯、A.阿爾欽、D.諾斯等著：《財產權利與制度變遷》，劉守英等譯，上海：上海人民出版社，1994年版，第375頁。

[177][美]大衛·A.鮑德溫：《新自由主義和新現實主義》，肖歡容譯，浙江：浙江人民出版社，2001年版，第31頁。

[178][美]諾斯著：《制度、制度變遷與經濟績效》，劉守英譯，上海：上海三聯書店，1994年版，第1頁。

[179]楊龍：《西方新政治經濟學的政治觀》，天津：天津人民出版社，2004年版，第116頁。

[180][美]R.科斯、A.阿爾欽、D.諾斯等著：《財產權利與制度變遷》，劉守英譯，上海：上海人民出版社，1994年版，第271頁。

[181][美]R.科斯、A.阿爾欽、D.諾斯等著：《財產權利與制度變遷》，劉守英譯，上海：上海人民出版社，1994年版，第375頁。

[182][美]R.科斯、A.阿爾欽、D.諾斯等著：《財產權利與制度變遷》，劉守英譯，上海：上海人民出版社，1994年版，第384頁。

[183][美]諾思：《制度是一種規則或規範體系》，見道格拉斯·C.諾思：《制度、制度變遷與經濟績效》，劉守英譯，上海：上海三聯書店，1994年版，第5頁；[美]康芒斯：《制度是集體行動控制個體行動》，見康芒斯：《制度經濟學》（上），於樹生譯，北京：商務印書館，1962年版，第86頁；[美]亨廷頓：《制度就是穩定的，受珍重的和週期性發生的行為模式》，見撒母耳·亨廷頓：《變化社會中的政治秩序》，王冠華等譯，北京：生活·讀書·新知三聯書店，1989年版，第12頁；[日]青木昌彥：《制度是關於博弈重複進行的主要方式的共有信念的自我維繫系統》，見青木昌彥：《比較制度分析》，周黎安譯，上海：遠東出版社，2001年版，第5頁。

[184][美]約翰·塞爾：《心靈、語言與社會》，李步樓譯，上海：譯文出版社，2001年版，第65頁。

[185]趙靖偉：《中國社會轉型中的制度變遷研究》，西北農林科技大學碩士論文，2008年。

[186]一方面，過去制度與規則中較為適應的部分得以保留，不適應的部分得以修正或淘汰，從而形成一種漸進演化；另一方面，在互動博弈中，個體及人群實現了資訊與知識的充分交流與共用，從而進一步促進了制度的演進。[英]弗裡德里希·馮·哈耶克：《自由憲章》，楊玉生譯，北京：中國社會科學出版社，1999年版，第89頁。

[187][英]弗裡德里希·馮·哈耶克：《哈耶克論文集》，鄧正來譯，北京：首都經濟貿易大學出版社，2003年版，第16頁。

[188][英]M.盧瑟福：《經濟學中的制度：老制度主義與新制度主義》，郁仲莉等譯，北京：中國社會科學出版社，1999年版，第25頁。

[189][美]道格拉斯·C.諾思：《制度、制度變遷與經濟績效》，劉守英譯，上海：上海三聯書店，1994年版，第48頁。

[190][美]諾思：《制度、制度變遷與經濟績效》，劉守英譯，上海：上海三聯書店，1994年版，第90頁。

[191][美]科斯：《財產權利與制度變遷》，劉守英譯，上海：三聯書店，1994年版，第384頁。

[192]楊瑞龍：《中國制度變遷方式轉換的三階段論——兼論地方政府的制度創新行為》，《經濟研究》，1998年第1期。

[193]林毅夫：《關於制度變遷的經濟學理論：誘致性變遷與強制性變遷》，見《財產權利與制度變遷——產權學派與新制度學派譯文集》，上海：上海人民出版社，1994年版，第28頁。

[194]王宏強：《從新制度主義視角看政治發展的戰略機遇期及其選擇》，《教學與研究》，2006年第2期。

[195]林毅夫：《關於制度變遷的經濟學理論：誘致性變遷與強制性變遷》，見《財產權利與制度變遷——產權學派與新制度學派譯文集》，上海：上海人民出版社，1994年版，第386頁。

[196]苗壯：《制度變遷中的改革戰略選擇問題》，《經濟研究》，1992年第10期。

[197]郭小聰：《中國地方政府制度創新的理論：作用與地位》，《政治學研究》，2000年第1期。

[198][法]布迪厄：《文化資本與社會煉金術》，包亞明譯，上海：上海人民出版社，1997年版，第5頁。

[199][美]詹姆斯·S·科爾曼：《社會理論的基礎》，鄧方譯，北京：社會科學文獻出版社，1999年版，第354頁。

[200]包亞明：《文化資本與社會煉金術——布林迪厄訪談錄》，上海：上海人民出版社，1997年版，第206頁。

[201]肖鴻：《試析當代社會網路研究的若干進展》，《社會學研究》，1999年第3期。

[202]《兩岸邁向全面「三通」時代》，《人民日報》網站，http://news.xinhuanet.com/tw/2009—04/27/content_11263128.htm。

[203]胡錦濤在紀念《告臺灣同胞書》發表30週年會上講話全文，http://www.china.com.cn/policy/txt/2009—01/01/content_17045563.htm。

[204][美]林南：《社會資本——關於社會結構與行動的理論》，張磊譯，上海：世紀出版集團，2005年版，第28頁。

[205][美]羅伯特·派特南：《使民主運轉起來》，王列等譯，南昌：江西人民出版社，2001年版，第195頁。

[206][法]皮埃爾·布迪厄：《資本是一種累積的勞動》，見皮埃爾·布迪厄：《實踐與反思——反思社會學導引》，李猛等譯，北京：中央編譯出版社，1998年版，第98頁。

[207]周紅雲：《當代西方社會資本理論述評》，見李惠斌：《全球化與公民社會》，桂林：廣西師範大學出版社，2002年版，第325—329頁。

[208]童星，羅軍：《社會規範的三種形式及其相互關係》，《江海學刊》，2001年第3期。

[209]在理性選擇學派看來，信任是一種風險性行為，而理性人的行為目的在於增進自身福利的最大化。只有在確信信任別人可能使自己受益的情況下，才會選擇信任別人。這通常取決於潛在利益與潛在損失的比較和雙方失信的可能性。王紹光提出了一個修正的信任理性解釋模型，即在對待失信可能帶來的損失的判斷上，理性的行為者更看重其自身對於對方失信所可能帶來的損失的承受力能力。

[210]張靜：《信任問題》，《社會學研究》，1997年第2期。

[211][德]柯武剛，史漫飛：《制度經濟學——社會秩序與公共政策》，韓朝華譯，北京：商務印書館，2000年版，第123頁。

[212]吳光藝，楊龍：《超越集體行動的困境：社會資本與制度分析》，《東南學術》，2006年第3期。

[213][美]瓊·科恩：《信任、自願社團與有效民主：當代美國的市民社會話語》，見[美]馬克·沃倫：《民主與信任》，吳輝譯，北京：華夏出版社，2004年版，第206頁。

[214]某一時期建立互惠關係的投資能在未來某個時期獲得更高的收益，即使建立互惠的人們沒有意識到建構的社會資本。

[215]楊秋菊：《良性互動：社會資本建構的綜合分析框架》，《求實》，2005年第7期。

[216][美]法蘭西斯·福山：《信任——社會道德與繁榮的創造》，李婉容譯，呼和浩特：遠方出版社，1998年版，第34頁。

[217][美]法蘭西斯·福山：《信任——社會道德與繁榮的創造》，李婉容譯，呼和浩特：遠方出版社，1998年版，第35頁。

[218][美]法蘭西斯·福山：《信任——社會道德與繁榮的創造》，李婉容譯，呼和浩特：遠方出版社，1998年版，第36頁。

[219]胡榮：《社區社會資本測量：一項基於經驗資料的研究》，《社會學研究》，2008年第3期。

[220]橫向關係網絡把具有相同地位和權力的行為者聯繫在一起，而垂直關係網絡將不平等的行為者綜合到不對稱的等級和依附關係之中。[美]羅伯特·派特南：《使民主運轉起來》，王列等譯，南昌：江西人民出版社，2001年版，第205頁。

[221]戴肖峰：《今年大陸將繼續加大兩岸文化交流力度》，國務院臺灣事務辦公室網站：http://www.gwytb.gov.cn/jlwl/lajl0.asp?lajl_m_id=1063。

[222]民政部把全部社會團體分成學術性團體（指從事自然科學、社會科學以及交叉學科研究究的團體），行業性團體（同行業的企業自願組織的團體），專業性團體（指由專業人員組成或以專門技術、專門資金為從事某項事業而成立的社會團體），聯合性團體（人群的聯合體或團體的聯合體）。張喜紅：《當代中國社會團體政治參與問題研究》，吉林大學博士論文，2004年。

[223][德]哈貝馬斯：《在事實與規範之間——關於法律和民主治國的商談理論》前言，童世駿譯，北京：生活·讀書·新知三聯書店，2003年版，第5頁。

[224]佚名：《廈門社會組織在海峽兩岸交流中地位和作用研究》，廈門社會科學網站：http://www.xmsk.cn/jcjyinfo.asp?id=111。

[225]李南海：《韋伯的理性化思想及其現代啟示》，《贛州師範學院學報》，2006年第2期。

[226][美]漢娜·阿倫特：《人的條件》，竺乾威譯，上海：上海人民出版社，1999年版，第41頁。

[227][美]漢娜·阿倫特：《人的條件》，竺乾威譯，上海：上海人民出版社，1999年版，第90頁。

[228][美]漢娜·阿倫特：《人的條件》，竺乾威譯，上海：上海人民出版社，1999年版，第42頁。

[229][美]漢娜·阿倫特：《人的條件》，竺乾威譯，上海：上海人民出版社，1999年版，第48頁。

[230][美]漢娜·阿倫特：《人的條件》，竺乾威譯，上海：上海人民出版社，1999年版，第42頁。

[231]陳周旺：《理解政治現象：漢娜阿倫特政治思想述評》，《政治學研究》，2000年，第2期。

[232]「共同世界是一切人的共同彙聚之地，一個人所處的位置不可能與另一個人所處的位置正好一樣，如同兩個物體不可能處在同一個位置上一樣」。參見[美]阿倫特，《人的條件》，第44頁。

[233][美]漢娜·阿倫特：《人的條件》，竺乾威譯，上海：上海人民出版社，1999年版，第26頁。

[234]李娜：《追尋失落的共同世界—漢娜·阿倫特「公共領域」理論簡析》，《中國哲學大會特輯》，http://202.113.239.76/news/xn/lina.doc。

[235][德]哈貝馬斯：《公共領域的結構轉型》，曹衛東等譯，上海：學林出版社，1999年，第32頁。

[236][德]哈貝馬斯：《在事實與規範之間》，童世駿譯，北京：生活·讀書·新知三聯書店，2003年版，第446頁。

[237][德]哈貝馬斯：《在事實與規範之間》，童世駿譯，北京：生活·讀書·新知三聯書店，2003年版，第446頁。

[238]梁書宏：《哈貝馬斯的公共領域思想及其啟示》，山西大學碩士學位論文，2010年。

[239][德]哈貝馬斯：《在事實與規範之間》，童世駿譯，北京：生活·讀書·新知三聯書店，2003年版，第26—27頁。

[240]薛華：《哈貝馬斯的商談倫理學》，瀋陽：遼寧教育出版社，1988年版，第33頁。

[241][德]哈貝馬斯：《在事實與規範之間》，童世駿譯，北京：生活·讀書·新知三聯書店，2003年版，第189頁。

[242][德]哈貝馬斯：《公共領域的結構轉型》，曹衛東等譯，學林出版社，2002年版，第96頁。

[243][德]哈貝馬斯：《公共領域的結構轉型》，曹衛東等譯，學林出版社，2002年版，第283頁。

[244][德]哈貝馬斯：《公共領域》，《文化與公共性》，北京：三聯書店，1998年版，第185頁。

[245]陳學明：《哈貝馬斯的「晚期資本主義論」述評》，重慶：重慶出版社，1993年版，第199頁。

[246][英]戈登·懷特：《公民社會、民主化和發展：廓清分析的範圍》，《民主化》，1994年，第1期。

[247]劉國深：《臺灣政治概論》，北京：九州出版社，2006年版，第124頁。

[248]張泌、羅序文：《如何建立一個有效的公共領域模式》，《新聞界》，2003年，第6期。

[249]柳溪：《從民生新聞到公共新聞》，湖南師範大學碩士學位論文，2007年。

[250]楊志弘：《海峽兩岸新聞交流之探討》，《報學》，1993年，第7期。

[251]羅森棟、董益慶：《兩岸新聞交流》，《新聞年鑒》，1996年，第319頁。

[252]陳斌華：《兩岸透過政黨對話打開「機會之窗」》，新華社2005年5月13日消息，新華網，http://news.xinhuanet.com/taiwan/2005—05/13/content_2955405.htm。

[253]馬淥：《差異與共通：兩岸報紙媒體臺海時政新聞報導解析》，《新聞大學》，2009年第2期。

[254]馬匯瑩，張曉鋒，童兵：《傳媒在兩岸政黨溝通中的角色審視》，《新聞大學》，2006年第1期。

[255]公共領域是從生活世界自身擴展出來的，對交往之流進行過濾和綜合，從而形成公共意見或輿論的公共空間，是民主意願的策源地，而國家的制度性組織是民主意願的載體或表達管道。

[256][德]哈貝馬斯：《在事實與規範之間——關於法律和民主治國的商談理論》前言，童世駿譯，北京：生活·讀書·新知三聯書店，2003年版，第5頁。

[257]佚名：《廈門社會組織在海峽兩岸交流中地位和作用研究》，廈門社會科學網站：http://www.xmsk.cn/jcjyinfo.asp?id=111，2009年3月5日。

[258]石之瑜《誰的新聞自由？誰的國家安全？——兩岸關係中的媒體與敵意》，臺灣《新聞論壇》，1994：40。

[259]郭偉峰：《兩岸新聞媒體進入共構期與兩岸共同媒體的發展》，中國評論新聞網，2008年6月18日，http://gb.chinareviewnews.com/doc/1006/6/4/3/100664376.html?coluid=118&kindid=3704&docid=10066 4376&mdate=0922074558。

[260]許英，馬廣海：《關於公共領域與資訊時代的若干思考》，《青島海洋大學學報（社會科學版）》，2002年第1期。

[261]王茹：《兩岸命運共同體與兩岸公共生活的建構》，《臺灣研究集刊》，2006年第3期。

[262]鄧亞萍：《兩岸發展新進程為青年交流提供難得機遇》，中國臺灣網，http://www.chinataiwan.org/xwzx/bwkx/201006/t20100620_1419150.htm。

[263]夏雯震：《淺談海峽兩岸青年交流現況》，青年文化評論，http://m.ycreview.com/node/216。

[264]許雪毅：《兩岸青年交流進入「80後」世代》，《瞭望新聞週刊》，2010年7月26日。

[265]張清敏：《外交政策分析的認知視角：理論與方法》，《國際論壇》，2003年，第1期。

[266][美]羅伯特‧傑維斯：《國際政治中的知覺與錯誤知覺》，秦亞青譯，世界知識出版社，2003年版，第222頁。

[267]章志光：《社會心理學》，北京：人民教育出版社，1998年版，第187頁。

[268]張林，張向葵：《態度研究的新進展——雙重態度模型》，《心理科學進展》，2003年，第11期。

[269]張林，張向葵：《態度研究的新進展——雙重態度模型》，《心理科學進展》，2003年，第11期。

[270]李德忠，鐘廣濤：《從內隱態度研究到雙重態度模型》，《山東師大學報》，2001年，第3期。

[271]李德忠、於廣濤：《從內隱態度研究到雙重態度模型》，《山東師範大學報（人文社會科學版）》，2001年第3期。

[272]薑新立：《由「兩岸中國」到「一個中國」》（發言稿），2002年3月25日。

[273]陳孔立：《兩岸隔絕的歷史記憶與臺灣民眾的複雜心態》，《臺灣研究集刊》，2004年，第1期。

[274]《臺民眾對大陸心態矛盾：抱怨批評又想到大陸工作》。中國新聞網，http://www.chinanews.com.cn/tw/2010/12-23/2742228.shtml。

[275]《兩岸青年嘉年華攜手發展大平臺》，《福建日報》，2010年6月21日，http://www.hxlt.org/new_play.asp?id=13771。

[276]陳強：《兩岸青年社團負責人圓桌會議舉行》，中國共青團網，http://www.ccyl.org.cn/newscenter/tendency/200905/t20090518_242637.htm。

[277]鄧志慧，申亞欣，郭嵩：《鄧亞萍：兩岸關係和平發展為促進青年交流提供難得機遇》，人民網，http://tw.people.com.cn/GB/14810/11915285.html。

[278]劉國深：《兩岸關係和平發展新課題淺析》。《臺灣研究集刊》，2008年第4期。

[279]楊劍：《關於兩岸關係和平發展與和平統一目標的理論思考》，《海峽評論》，2008年10月第1期。

[280]橫向關係網絡把具有相同地位和權力的行為者聯繫在一起，而垂直關係網絡將不平等的行為者綜合到不對稱的等級和依附關係之中。[美]羅伯特‧派特南：《使民主運轉起來》，王列等譯，南昌：江西人民出版社，2001年版，第205頁。

[281]民政部把全部社會團體分成學術性團體（指從事自然科學、社會科學以及交叉學科研究究的團體），行業性團體（同行業的企業自願組織的團體），專業性團體（指由專業人員組成或以專門技術、專門資金為從事某項事業而成立的社會團體），聯合性團體（人群的聯合體或團體的聯合體）。

張喜紅：《當代中國社會團體政治參與問題研究》，吉林大學博士論文，2004年。

[282]《兩岸青年社團負責人圓桌會議舉行》，中國共青團網，http://www.ccyl.org.cn/newscenter/tendency/200905/t20090518_242637.htm。

[283]陳重成：《全球化下的兩岸社會交流與互動：一個從他者轉向自身的歷程》，《遠景基金會季刊》第九卷，2008年第1期。

[284][日]青木昌彥：《比較制度分析》，周黎安譯，上海：上海遠東出版社，2001年版，第5頁。

[285][日]青木昌彥：《比較制度分析》，周黎安譯，上海：上海遠東出版社，2001年版，第11頁。

[286]黃肯南：《主觀博弈論與制度內生演化》，《經濟研究》，2010年，第4期。

[287][日]青木昌彥：《比較制度分析》，周黎安譯，上海：上海遠東出版社，2001年版，第53頁。

[288]巴伯：《信任的邏輯與限度》，年斌、李紅、範瑞平譯，福建人民出版社，1989年版，第23頁。

[289]董才生：《社會信任的基礎——一種制度的解釋》，吉林大學博士學位論文，2004年。

[290]關鍵一點在於，一種具體表現形式只有當參與人相信它時才能成為制度。

[291][日]青木昌彥：《比較制度分析》，周黎安譯，上海：上海遠東出版社，2001年版，第13頁。

[292][日]青木昌彥：《比較制度分析》，周黎安譯，上海：上海遠東出版社，2001年版，第28頁。

[293]青木昌彥的制度觀只是強調制度的內生性特徵，但並不否認制度的可設計性以及協力廠商監督，這在青木昌彥近幾年的觀點中表現得十分明顯。

[294]何俊志、任軍鋒、朱德米：《新制度主義政治學譯文精選》，天津：天津人民出版社，2007年版，第145頁。

[295]何俊志：《結構、歷史與行為》，《國外社會科學》，2002年，第5期。

[296]何俊志：《結構、歷史與行為》，《國外社會科學》，2002年，第5期。

[297]何俊志、任軍鋒、朱德米：《新制度主義政治學譯文精選》，天津：天津人民出版社，2007年版，第13頁。

[298]內戰一方的國民黨堅持「動員戡亂」，力圖消滅另一方的中國共產黨；同樣，內戰一方的中國共產黨堅持「打倒反動派，解放全中國」，力圖消滅另一方的國民黨。

[299]郭震遠：《中國內戰及其延續中的兩岸政治關係——關於兩岸政治協商起點的探討》，《中國評論》，2010年第5期。

[300]國務院臺灣事務辦公室：《中國臺灣問題外事人員讀本》，北京：九州出版社，2006年版，第39頁。

[301]《告臺灣同胞書》，《人民日報》，1958年10月6日；《再告臺灣同胞書》，《人民日報》，1958年10月26日。

[302]郭震遠：《中國內戰及其延續中的兩岸政治關係——關於兩岸政治協商起點的探討》，《中國評

論》，2010年第5期。

[303]全國人大常委會：《告臺灣同胞書》，《人民日報》，1979年1月1日。

[304]李鵬：《海峽兩岸關係析論——以和平發展為主題之研究》，廈門：鷺江出版社，2009年版，第70頁。

[305]朱天順：《國民黨與中國統一》，朱天順，《當代臺灣研究》，廈門：廈門大學出版社，1999年版，第123頁。

[306]李登輝：《李登輝先生七十九年言論選集》，臺北：「行政院新聞局」，1991年，第35頁。

[307]雖然臺灣以「單向、間接、局部、漸進」為原則，希望藉此限制兩岸人員往來和民間交流，但兩岸交流交往的擴大和深化的格局已逐漸形成。

[308]劭宗海：《兩岸關係》，臺北：五南圖書出版股份有限公司，2006年版，第301頁。

[309]新華社，1999年7月11日電。

[310]2000年，陳水扁在臺灣領導人職演說中表示：「只要中共無意對臺動武，本人保證在任期之內，不會宣布獨立，不會更改國號，不會推動兩國論入憲，不會推動改變現狀的統獨公投，也沒有廢除國統綱領與國統會的問題。」

[311]李鵬：《海峽兩岸關係析論——以和平發展為主題之研究》，廈門：鷺江出版社，2009年版，第71—72頁。

[312]《胡錦濤與連戰會談新聞公報（全文）》，人民網，http://tw.people.com.cn/GB/26741/47107/47312/3360547.html。

[313]《中國共產黨總書記胡錦濤與親民黨主席宋楚瑜會談公報》，中國日報，http://www.chinadaily.com.cn/gb/doc/2005—05/13/content_441721.htm。

[314]樂美真：《兩岸新聞交流不能就此止步》，中國評論新聞網，http://cn.chinareviewnews.com/crn—webapp/search/。

[315][日]青木昌彥：《比較制度分析》，周黎安譯，上海：上海遠東出版社，2001年版，第240頁。

[316]不僅重要的歷史事件，某些微小的細節也可能引起制度變遷。

[317]突發性的歷史事件往往在最終推動政治互信的發展上起著至關重要的作用，這能夠解釋政治互信在歷史時期內發生的可能性。

[318]任勇：《從認同的二元性看未來兩岸關係的發展趨勢》，《世界經濟與政治論壇》，2006年第3期。

[319][美]萊斯利·裡普森：《政治學的重大問題：政治學導論》，劉曉譯，北京：華夏出版社，2001年版，第130頁。

[320]張立文：《和合學——21世紀文化戰略的構想》，北京：中國人民大學出版社，2006年版，第187頁。

[321]朱熹：《周易本義》卷一，上海：世界書局，1936年版，第2頁。

[322]這個思想在中國古代的《五經》當中就有豐富的資源，比如說，《尚書》第一篇《堯典》就說「協和萬邦」，也就是說，國家與國家之間都應該協和。在《周易》當中，就是「保合太和」。《詩經》上講「和羹」，也就是說怎麼樣使肉汁成為美味，應該把各種佐料，比如油、醬、醋等等加在一起，使它得到中和，才是美味的。後來晏子把「和羹」做了政治上的發揮，提出了「應該向君主提出不同的意見，而不能只同意君主的意見」，只有提出不同的意見，才能夠使政治完滿。《國語》就提出了「和合五教」「以他平他之謂和」，這就是說，他與他之間都是平等的，沒有你貴我賤的區別。那就是說，和是他與他在互相交流之間互相尊重，不能是你打倒我，我打倒你。進一步說「和」是什麼意思？「和」是多元元素的一種平等的、互相的融合。所以它講「土與金、木、水、火雜以成百物」。

[323]《鄭語》，《國語》，卷十六。

[324]楊慶中：《論《周易》宇宙觀的生成邏輯》，《華北電力大學學報（社會科學版）》，1997年第3期。

[325]張立文：《中國文化的和合精神與21世紀》，《學術月刊》，1995年第9期。

[326]《學而》，《論語集注》卷一，第3頁。

[327]《雍也》，《論語集注》卷三，第26頁。

[328]陳孔立：《兩岸隔絕的歷史記憶與臺灣民眾的複雜心態》，《臺灣研究集刊》，2004年第1期。

[329][美]亞歷山大·溫特：《國際政治的社會理論》，秦亞青譯，上海：上海人民出版社，2000年版，第285頁。

[330][英]馬林諾思基：《文化論》，費孝通譯，北京：中國民間文化出版社，1987年版，第18頁。

[331][美]僑納森·弗裡德曼：《文化認同與全球性過程》，郭建如譯，北京：商務印書館，2003年版，第48頁。

[332]張麗俊：《臺灣光復以來文化認同的歷史演變》，上海師範大學碩士學位論文，2010年。

[333]《參考消息》，2009年7月7日，第13版。

[334]梁啟超：《中國近三百年學術史》，上海：復旦大學出版社，1985年版，第95頁。

[335][美]B·馬林諾思基：《科學的文化理論》，黃劍波譯，北京：中央民族大學出版社，1999年版，第53頁。

[336][美]僑納森·弗裡德曼：《文化認同與全球性過程》，郭建如譯，北京：商務印書館，2003年版，第199頁。

[337]陳信鳳：《臺海兩岸的新目標》，價值中國網，http://www.chinavalue.net/Blog/327179.aspx。

[338][德]伽達默爾：《真理與方法》，洪漢鼎譯，上海：上海譯文出版社，1999年版，第391頁。

```
┌─────────────────────────────────────────────────┐
│ 國家圖書館出版品預行編目(CIP)資料                │
│                                                 │
│ 兩岸關係中的交往理性 / 唐樺 著. -- 第一版.       │
│ -- 臺北市：崧燁文化, 2019.01                    │
│                                                 │
│   面 ；   公分                                  │
│                                                 │
│ ISBN 978-957-681-772-4(平裝)                    │
│                                                 │
│ 1.兩岸關係                                      │
│                                                 │
│ 573.09          107023683                       │
└─────────────────────────────────────────────────┘

書　名：兩岸關係中的交往理性
作　者：唐樺 著
發行人：黃振庭
出版者：崧燁文化事業有限公司
發行者：崧燁文化事業有限公司
E-mail：sonbookservice@gmail.com
粉絲頁　　　　　　網　址：
地　址：台北市中正區重慶南路一段六十一號八樓 815 室
8F.-815, No.61, Sec. 1, Chongqing S. Rd., Zhongzheng
Dist., Taipei City 100, Taiwan (R.O.C.)
電　話：(02)2370-3310　傳　真：(02) 2370-3210
總經銷：紅螞蟻圖書有限公司
地　址：台北市內湖區舊宗路二段 121 巷 19 號
電　話：02-2795-3656　傳　真：02-2795-4100　網　址：
印　刷：京峯彩色印刷有限公司（京峰數位）

　　本書版權為九州出版社所有授權崧博出版事業股份有限公司獨家發行
電子書繁體字版。若有其他相關權利及授權需求請與本公司聯繫。
定價：400 元
發行日期：2019 年 01 月第一版
◎ 本書以POD印製發行
```